青海省"昆仑英才·高端创新创业人才"项目资助

XIBU DIQU
CHENGSHIQUN

Xietong Fazhan yu Chengshihua Lujing Yanjiu

西部地区城市群协同发展
与城市化路径研究

丁生喜　王小梅　◎著

中国财经出版传媒集团
经济科学出版社
Economic Science Press
·北京·

图书在版编目（CIP）数据

西部地区城市群协同发展与城市化路径研究/丁生喜，王小梅著 . -- 北京：经济科学出版社，2024.1
ISBN 978 - 7 - 5218 - 5042 - 0

Ⅰ.①西… Ⅱ.①丁…②王… Ⅲ.①城市群 - 协调发展 - 研究 - 西北地区②城市群 - 协调发展 - 研究 - 西南地区③城市化 - 研究 - 西北地区④城市化 - 研究 - 西南地区 Ⅳ.①F299.27

中国国家版本馆 CIP 数据核字（2023）第 156927 号

责任编辑：李　雪
责任校对：杨　海
责任印制：邱　天

西部地区城市群协同发展与城市化路径研究
丁生喜　王小梅　著
经济科学出版社出版、发行　新华书店经销
社址：北京市海淀区阜成路甲 28 号　邮编：100142
总编部电话：010 - 88191217　发行部电话：010 - 88191522
网址：www. esp. com. cn
电子邮箱：esp@ esp. com. cn
天猫网店：经济科学出版社旗舰店
网址：http://jjkxcbs. tmall. com
固安华明印业有限公司印装
710 × 1000　16 开　21.5 印张　330000 字
2024 年 1 月第 1 版　2024 年 1 月第 1 次印刷
ISBN 978 - 7 - 5218 - 5042 - 0　定价：108.00 元
（图书出现印装问题，本社负责调换。电话：010 - 88191545）
（版权所有　侵权必究　打击盗版　举报热线：010 - 88191661
QQ：2242791300　营销中心电话：010 - 88191537
电子邮箱：dbts@ esp. com. cn）

区域经济发展存在差异性，必须充分依据区域经济发展差异特点，构建区域经济发展路径。位于西部地区的兰西城市群的规划发展，是有效带动青海与甘肃经济竞争力提升的重要基础。青海省在兰西城市群中实现城市群协同发展和产城融合，促进都市圈健康发展，实现以人为核心的新型城镇化和绿色城镇化，是青海省现代化发展的必然选择。

本书结构由上篇、中篇和下篇构成。上篇为城市群协同发展。基于城市群协同发展理论，对兰西城市群产城互动支撑状况进行分析，对兰西城市群成长与开发区建设进行专题研究，并以西宁市为例，探索都市圈协调发展问题，进而对兰西城市群特色产业集群创新与发展开展研究。中篇为城市化发展评价。对西部地区城镇化质量与经济发展的耦合协调关系进行研究，对青海省新型城镇化发展水平进行定量评价，对兰西城市群西宁市统筹城乡发展进行专题研究，对位于城市群的青海省海东城市化高质量发展水平进行评价。下篇为城市化发展路径。探讨青海省以人为核心的新型城镇化建设实现路径，依据现代化美丽幸福大西宁建设路径，对青海省绿色城镇化发展路径开展评价研究。本书上篇主要由青海师范大学王小梅教授完成，中篇和下篇主要由青海大学丁生喜教授完成，全书最后由丁生喜教授进行统稿。

本书以西部地区城市群协同发展为切入点，对兰西城市群协同发展水平、空间状态、产业园区开展专题研究，对城市化路径进行系统研究。采用综合、跨学科的分析研究方法，具有较好的案例运用价值和扎实的资料基础价值。可作为经济类、地理学类专业本科生和研究生的参考用书，也可作为相关专业的教学案例资料，以及相关经济规划、经济管理、资源环境等部门的工作参考书。

本书是作者在长期从事青海省区域经济研究和教学的基础上，以多项省部级课题研究成果和调研报告为基础整合而成的，具备理论与实际相结合的典型特点。本书是青海省"昆仑英才·高端创新创业人才项目"的主要建设成果之一，并得到相应的人才资金支持，在此表示最诚挚的感谢。所有参考文献都做了引用标注，特此向所有前期研究学者们表示诚挚的谢意。

由于作者水平有限，书中难免有疏漏与不足之处，恳请各位读者批评指正！

作　者

2023 年 8 月 28 日于西宁

CONTENTS ▷

目　录

上篇　城市群协同发展

中篇 城市化发展评价

下篇　城市化发展路径

上篇　城市群协同发展

第一章　兰西城市群产城
互动支撑状况

城市群的建设，本质是其内部每个中心城市在溢出效应作用下内生动力不断增强的结果，是由"产、城、人、生态"四者融合协调所呈现的一个人工建造的生态系统不断协调发展的状态。有针对性地开展兰西城市群产城融合的肌理研究，可为培育构建特色城市群提供第一手资料，并为制定合理有效的区域政策提供理论依据。

一、城市群成长的梗阻：产城发展难以融合

（一）内在逻辑关系

城市群高级形态的成形，往往是从某单个城市的功能突破自身的边界，与周边其他城市及区域形成相互依赖、相互制约的一个整体系统建构过程，是区域统筹协调过程中一体化发展的结果。中国始终坚持走自身特色的新型城镇化道路，不断对城镇化建设体制加以完善，使得城镇化由速度型迈入质量型发展阶段。而其转向质量型发展的重要标识之一就是形成产城融合的状态。

从理论判断，城市群走向成熟的阶段，也是产城融合发展不断走向协调的过程。当前，国内城镇化发展过程中，所出现的多层次的内部不协调的现象，是城市群向高级化演进过程中其系统内部出现了阶段性发

展问题的外在表现，包括城市扩张速度超过产业发展所导致的"空城"现象、产业发展超过城市承载力所导致的"堵城"现象、传统产业衰退而新产业接续不良所导致的"衰城"现象等。进而对新型城镇化战略引导下的城市群建设，积累了诸多负面因素并增加了更多发展的不确定性。

城市群作为一个动态的社会经济系统，影响其发展的各种要素是相互联系、互为因果的；诸因素之间的关系不是守恒或趋于均衡的，而是以循环的方式运动并产生累积叠加的效果。如果影响城市群发展中的某一影响因子发生了变化，就会引起另一个相关因子也发生变化，后者的变化反过来又推动最初的那个因子继续变化，从而使城市群系统沿着最初的那个变化所确定的轨迹方向发展。

为此，城市群演进过程中，必须关注产城融合主导下的系统合力的建设。需要解析本身发展所具有的逻辑运行规制，就是在一定的发展条件下，城市群建设通过要素的流动并在适当的环境下产生富有活力的互补作用后，以非农产业为主导进一步促进扩大了特定区域的工业化范围，并在相继产生的城市空间拓展过程中形成区域城镇化发展的格局。在此，非农产业的发展在增加人们收入的同时，引致形成新的消费需求，进一步诱导生产要素再集聚、专业化生产供给能力再提升，又在创新驱动和技术溢出、政府宏观调控与决策支持下，伴随产业需求的扩大和升级，致使对外促进相邻城市间产业关联、分工协作，对内产业结构向高级化演进并伴生城市规模的扩大、城市功能的不断趋于完善。而产业发展与城市空间扩展，不仅同步促进城市群演进步入高级阶段，也不断积累发展的机会，更重要的是人们的就业需求得到相应的保障，在人们消费需求不断得到满足的同时，也为生态环境的改善及生态文明建设提供了充分的物质基础。

（二）亟待解决西部地区城市群发展中的融合问题

中国快速城镇化过程中映射在"人"的发展层面的矛盾，直抵现象出现的诱因核心在于产业发展，其本质是影响城市群发展的基础条件、驱动条件，在城市群系统相互作用过程中"逆向发展"失调后的结果。因此，产城融合的总体目标是为了实现产业与城镇的交融，实现"以产促城"和"以城兴产"这两个基本的目标。而围绕促进新型城镇化进程，提出了产城融合理念，旨在解决我国快速城镇化过程中"产脱离城"和"城脱离产"的双重窘境，因而产城融合的内涵也被定义为"以产兴城、以城促产、产城融合"的过程。

当前，新型城镇化战略落实旨在以体现"人"的发展要求为根本，改变了以往单纯依靠城镇土地扩张和身份转变的城镇发展模式，本质是促进形成"以人为本""人地和谐"的城镇化发展格局。近年来，产城融合问题的产生具有普遍性也富有区域性，其关键节点多在发展势能相对较弱的中心城市及处于发育状态的城市群中。表现为大量的企业集中于工业园区，城镇汇聚了城市主要人口却得不到相应企业的就业支撑；工业园区集中了大量的产业，但城市配套设施却不完善，由此形成了我国城镇严重的产城分离及城市拥堵的现象。表现为：当产业发展脱离了城镇时，就形成了"空转"；而当城镇发展脱离了产业时，就形成了"空城"。

城市群形成是一个循序渐进、系统高度耦合协调的过程，就其空间范围的扩展过程经历从城市到都市区、从都市区到都市圈、从都市圈到城市群、从城市群再到大都市连绵带 4 次漫长扩展过程（祖婷玉，2022），绝不是一蹴而就或短期内人为扩容而致的。目前，兰西城市群的建设是在"入群"运动驱使下，由外部力量推动而成的发展客体。这种由主观划定的城市群空间范围，尽管实现了省际间城市的"拼盘"和成为"照顾"对象，也推进了甘青两省城镇化快速发展的进程，但与富有生命力的城市群成长主体相比，不论在发展的能力积累上还是所构建的城市群生态系统方面，其内部运行特色明显、发展诉求更加旺盛及产城融合的困境凸显。

二、兰西城市群产城融合：综合状态

产城融合状态的判断，旨在回答兰西城市群内部中心城市及其各级城镇产城融合过程中所表现出的与系统理想发展的贴近值、协调状况。本书选取熵权逼近理想解排序方法（TOPSIS）模型（姜长军等，2017），通过获取各指标的权重值，再运用模型运算确定各指标的正、负理想解指数值，进而用其指数值判断与正、负理想解之间的差距；将借助数据包络分析方法（DEA）（王劲峰，2012）来计算其融合的效率，依次客观呈现兰西城市群整体融合运行的状态。

（一）指标体系建设

在指标体系的建立过程中，紧扣特定生态环境背景下"以产兴城、以城促产、产城融合"并满足"以人为本""人地和谐"建设目标要求，把握好城市群产城融合机理及其系统模型演化互动的作用过程，全面呈现兰西城市群持续建设中产城运行的实际诉求。实证研究将遵循整体性、有机关联性、可持续性及数据的可获得性等原则，拟从"体系层—准则层—目标层—因子层"四个层级，构建起客观呈现兰西城市群产城融合综合运行状态的评价体系（见表1-1）。其中，准则层包括产业支撑、城市成长、人文发展、生态保障四个维度。每个准则层都是一个子系统和对应的因子指标，以判断兰西城市群产城运行的融合发展状态。

表1-1　　　　　兰西城市群产城融合综合评价指标体系

体系层	准则层	目标层	因子层	单位	指标性质
产城融合度	产业支撑	地区实力	全要素生产率（X_1）	万元	+
			人均国内生产总值（GDP）（X_2）	万元	+

续表

体系层	准则层	目标层	因子层	单位	指标性质
产城融合度	产业支撑	产业结构	二、三产业产值占 GDP 比重（X_3）	%	+
			非农产业相对劳动生产率（X_4）	%	+
	城市成长	城市规模	城镇人口密度（X_5）	人/平方千米	适度
			工业用地比重（X_6）	平方千米/万人	适度
			商业服务用地比重（X_7）	平方千米/万人	适度
		基础建设	人均道路面积（X_8）	平方米/人	+
			人均公用设施固定资产投资额（X_9）	万元/人	+
			城市维护建设资金支出（X_{10}）	万元	+
	人文发展	收支状况	城镇人口平均收入（X_{11}）	万元/人	+
			燃气普及率（X_{12}）	%	+
		文化程度	中等职业教育学校在校学生数（X_{13}）	人	+
			每万人中学在校学生人数（X_{14}）	人/万人	+
		劳动就业	城镇登记失业率（X_{15}）	%	+
			二、三产业从业人数占比（X_{16}）	%	+
	生态保障	生态压力	建成区绿化覆盖率（X_{17}）	%	+
			万元 GDP 能源消耗（X_{18}）	万元/GDP	−
		环境修复	工业固体废物综合利用率（X_{19}）	%	+
			污水处理率（X_{20}）	%	+
			生活垃圾处理率（X_{21}）	%	+

实证研究环节将借鉴卫金兰等在产城融合评价中引入的指数概念，将从"产、城、人、生态"四个维度建立二级指标间的组合关系，就目标层四个方面相互作用的关系表现，是由初期状态关注"产城共轭"关系向"产、城、人、生态"相互协调的一种状态的转变，这与当前中国新型城镇化过程中通过"以产兴城、以城促产"有目的走向"产城融合"发展的终极要求高度吻合。

研究中采用产城融合指数予以表达，该值是基于系统论思想，也无论采取哪种算法，兰西城市群产城融合发展指数值是一个各子系统相互作用的合力状态。具体评价中，计算过程需对其贡献率大小赋予一定的权重然后获得，具体计算的融合发展指数值会因产业支撑指数、城市成长指数、人文发展指数、生态保障指数的贡献率不同，而不同。

$$产城融合指数 = 产业支撑(A) + 城市成长(B)$$
$$+ 人文发展(C) + 生态文明(D)$$

其中：

A 为产业支撑指数，在产城融合发展指数中的比重为：$0 < A < 1$；

B 为城市成长指数，在产城融合发展指数中的比重为：$0 < B < 1$；

C 为人文发展指数，在产城融合发展指数中的比重为：$0 < C < 1$；

D 为生态文明指数，在产城融合发展指数中的比重为：$0 < D < 1$。

在城市群发展基础一定的前提下，影响兰西城市群产城融合的 4 个代表的各子系统指数值，相加后要等于 1 表现为贴近产城融合的理想值，即 $A + B + C + D = 1$，该值称为"贴近度指数值"。那么，具体评价中其指数值小于 1，说明城市群产城融合发展处于不协调状态；若指数值越是趋于 1，协调状态越好；远离 1 的指数值，呈现与理想值间差距加大，代表该系统远离了协调发展的状态。

（二）产城融合发展状态评价

1. 整体发展状态

2013～2019 年，兰西城市群产城融合的整体发展状态表现为：与贴近度指数值相比，现状值变化并不明显，评价期内仅上升了 0.0495。借助描述性统计数值，其标准差与变异系数的变化较微弱，绝对差距仅有 0.0039 倍的变化，而相对差距甚至出现扩大的趋势。评价期兰西城市群产城融合的整体发展的贴近度指数值呈现"先升→后降→再升→再降"的波动性变化，即城市群成长不稳定性表现突出。其中，均值得分最高的年份为 2018 年，指数值为 0.5703；均值得分最低的年份为 2015 年，指数值为 0.3861 分。基于系统思维，在城市群发展基础一定的前提下，将影响兰西城市群产城融合发展的 4 个子系统贴近度指数值相加后要等于 1 的判断依据，当前兰西城市群产城融合的贴近度指数值均处于较低的水平，可以得出实际运行中各子系统相互间的合力作用还没有达到应有的效果，存在较为明显的产城分离的"风险"。

进一步评价 4 个子系统产城融合的贴近度指数值变化，2013～2019 年就其平均数值表现出差距逐渐拉大的趋势（见图 1－1）。其中，生态保障的贴近度指数值最大，其次是城市成长贴近度指数值、人文发展贴近度指数值，产业支撑贴近度指数值为最小。由此可判断：在兰西城市群产城融合发展的过程中，产业支撑能力不足已成为其城市群成长的限制性短板，也就是产业支撑子系统还没有能够为兰西城市群的成长积累较为明显的驱动实力。相较生态保障子系统的贴近度指数值趋近理想值，也是兰西城市群发展值得称道的成效。这一较为明显地呈现在数据表象上的上升趋势，一方面预示着当前兰西城市群整体向绿色发展转型的基础实力，不断在增强；另一方面也表现出因产业发展基础薄弱对环境所造成的压力较小，而呈现的系统低水平运行的相对"优化"状态。

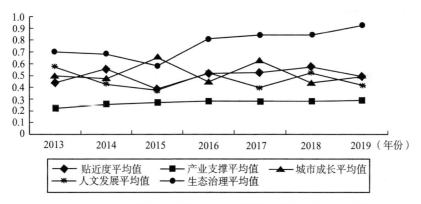

图 1－1 2013～2019 年兰西城市群产城融合贴近度值变化趋势

2. 各区县产城融合发展的状态评价

（1）时间序列的变化状态。从各区县产城融合变化位次来看，2013～2019 年各区县所得出的产城融合贴近度指数值分值差距明显，白银市辖区平均值最高为 0.6376、积石山县平均值最低为 0.4079；产城融合的贴近度指数值处于前五位的区县依次是：白银市辖区、兰州市辖区、定西市辖区、西宁市辖区和大通县；产城融合的贴近度指数值处于后五位的区县是：循化县、化隆县、同仁县、东乡县和积石山县（见表1－2）。

表1－2 2013～2019年兰西城市群各县（区）产城融合贴近度值

县（区）	年份							均值	排名
	2013	2014	2015	2016	2017	2018	2019		
兰州市辖区	0.6031	0.548	0.5002	0.5199	0.781	0.6998	0.637	0.6127	2
永登县	0.4904	0.4838	0.3731	0.5475	0.564	0.5972	0.5758	0.5188	8
榆中县	0.4579	0.4184	0.3125	0.4657	0.5685	0.5814	0.5378	0.4775	22
皋兰县	0.4611	0.3951	0.2718	0.4206	0.506	0.5543	0.5208	0.4471	24
白银市辖区	0.5596	0.6965	0.5307	0.6425	0.7164	0.6511	0.6666	0.6376	1
靖远县	0.4236	0.4169	0.318	0.5414	0.5405	0.5868	0.5323	0.4799	20
景泰县	0.4349	0.3963	0.3287	0.5152	0.5429	0.588	0.5457	0.4788	21
定西市辖区	0.4648	0.6961	0.577	0.6027	0.5573	0.5996	0.4837	0.5687	3
陇西县	0.3679	0.5792	0.3898	0.5051	0.5304	0.5749	0.4816	0.4898	17
渭源县	0.4141	0.5855	0.4201	0.5413	0.4961	0.5646	0.4511	0.4961	15
临洮县	0.4598	0.6124	0.4106	0.5868	0.5644	0.5969	0.4999	0.533	6
临夏市辖区	0.512	0.5952	0.2929	0.5038	0.5116	0.5849	0.5039	0.5006	14
东乡县	0.3873	0.4743	0.2566	0.3814	0.4534	0.4835	0.4377	0.4106	29
永靖县	0.4828	0.5755	0.2158	0.5334	0.4986	0.5862	0.4728	0.4807	19
积石山县	0.3022	0.4745	0.2499	0.4036	0.4644	0.5086	0.4521	0.4079	30
西宁市辖区	0.5250	0.6056	0.4492	0.6136	0.5800	0.6568	0.5179	0.5640	4
湟源县	0.4417	0.5928	0.4233	0.5745	0.5251	0.5812	0.4706	0.5156	10
湟中县	0.4206	0.5669	0.4086	0.4629	0.4774	0.5679	0.4696	0.4820	18
大通县	0.4519	0.6187	0.4436	0.5928	0.5425	0.6018	0.4851	0.5338	5
海东市辖区	0.4165	0.5725	0.3899	0.5253	0.5596	0.5969	0.5012	0.5088	12
民和县	0.4088	0.635	0.4538	0.5727	0.5391	0.5653	0.5065	0.5259	7
互助县	0.4281	0.5787	0.3934	0.5559	0.4658	0.5618	0.4663	0.4929	16
化隆县	0.3945	0.5951	0.3983	0.5072	0.334	0.3287	0.3504	0.4155	27

县（区）	年份							均值	排名
	2013	2014	2015	2016	2017	2018	2019		
循治县	0.2820	0.5772	0.3572	0.456	0.4736	0.5431	0.4337	0.4461	26
海晏县	0.4624	0.5976	0.4683	0.493	0.4923	0.5555	0.4643	0.5048	13
共和县	0.4273	0.5918	0.3997	0.5056	0.5234	0.6433	0.5005	0.5131	11
贵德县	0.4355	0.6151	0.3882	0.5713	0.5305	0.6056	0.4709	0.5167	9
贵南县	0.3635	0.5584	0.3608	0.3922	0.4686	0.5626	0.4214	0.4468	25
同仁县	0.4035	0.5598	0.3926	0.4341	0.3536	0.4283	0.3103	0.4117	28
尖扎县	0.4423	0.452	0.4069	0.4663	0.5284	0.551	0.4439	0.4701	23

从各区县产城融合的贴近度指数值变化来看，除临夏市辖区、景泰县外，其他区县的贴近度指数值表现出不同程度的上升状态；贴近度指数值变化较为明显的区域与贴近度指数值较低的地区在空间上保持较高的一致性，从兰西城市群内部的地理位置来看，基本处于城市群的边缘地带。可以判断，市辖区产城融合的贴近度指数值整体水平优于县域。但值得关注的是市辖区产城融合的贴近度指数值的波动性也最为明显，其中西宁市辖区在评价期间各年段的波动最为明显。

从各区县产城融合贴近度指数值年度变化来看，2013年产城融合贴近度指数值平均为0.4375，其中低于平均数值的地区有16个县区，低值区绝大多数集中于青海板块西宁周边地区，最低贴近度指数值出现在循化县，为0.2820，而以兰州为中心的各区县产城融合贴近度指数值整体高于平均数值；2019年贴近度指数值平均为0.4870，低于平均贴近度指数值的区县增加到了17个，其中甘肃板块的低于平均值的数量呈增加趋势，由2013年的6个增加到2019年的11个，而青海板块的数量呈减少趋势，由2013年的10个减少到2019年的6个。

从兰州、西宁两个中心城市产城融合贴近度指数值的变化来看，兰州市产城融合贴近度指数值明显高于西宁市。2013～2019年兰州市辖区产城融合贴近度指数值得分为0.6127、西宁市为0.5640，只有2014年西宁市辖区产城融合贴近度指数值得分超过了兰州辖区。从年度变化来看，兰州市辖区的产城融合贴近度指数值变化相对稳定，不仅数值得分较高并在不断发展中呈现趋于稳定的状态，相比较西宁市作为兰西城市群的中心城市，其融合发展的能力亟待增强。

（2）空间变化状态。通过自然断裂点的方法，按照贴近度指数值由高至低依次划分为四种类型，兰西城市群各区县产城融合贴近度指数值空间分布并没有形成较为典型的以一类地区为中心的组织结构，地域结构中趋向于"块状"发展的状态较为明显。一类地区始终只有兰州市辖区、白银市辖区，这里既是兰西城市群产城融合贴近度指数值得分最高的地区，也是国家级经济技术（高新技术）开发区集中分布的地区，也印证了地区产业发展积累的实力对促进城市群产城融合向协调方向转变中不可或缺的力量；二类地区的空间分布变化较为明显，地区数量也极不稳定，2015 年青海板块的比例较大，但到了 2019 年数量又急剧减少；三类地区数量有逐渐增加趋势；四类地区的数量有所减少。三、四类地区主要分布在兰西城市群的西北、南部边缘地区，整体湟水流域各区县的产城融合发展要优于黄河流域各区县。

以中心城市为核心，越靠近中心城市各区县产城融合度贴近度值越高的现象并不突出。在兰西城市群内部，中心城市外围地区产城融合发展整体偏低，呈现了中心城市发展的"孤岛"状态，即"小中心—大外围"结构特征较为典型。尤其以兰州市为中心的周边县域，产城融合贴近度指数值的梯度变化更为明显，东乡县、永靖县、积石山县始终处于三类、四类地区；西宁市辖区由 2013 年一类地区转向较为稳定的二类地区，周边县域更多为三类地区。而白银市辖区周边县域产城融合贴近度指数值明显高于城市群内部的其他地区，进而表现出工业集聚区产业支撑能力较高的基础作用。

（三）产城融合整体发展评价

（1）兰西城市群产城融合发展整体表现处于贴近理想值较远的状

态。评价期间其指数变化出现"先升→后降→再升→再降"波动性变化；各子系统在产城融合发展过程中相互作用的表现差异较大，产业支撑作用不足成为了融合发展的"短板"，说明兰西城市群建设的"先天"缺陷和"后天"建设中还存在未足以形成产业互为支撑状态的现实困境。作为城市群建设主体，产业支撑发展的作用无可替代，而相对滞后的支撑能力，一方面表现出兰西城市群持续发展的产业基础亟待提升，逻辑上来说"以产兴城"必须成为城市群成长的首要条件；另一方面作为因特殊区位而建设的城市群规划主体，在未来的发展中如何增强产业支撑作用，将成为甘青两省区域高质量发展的重要任务，必须予以高度关注。还需认清要实现城市群整体发展能力的跨越，只有抓住产业这个"牛鼻子"，才能产生"牵一发而动全身"的效果。

（2）兰西城市群内部各市区县产城融合的贴近度指数值在呈缓慢上升同时，内部差异显著。市辖区指数值明显高于县区的指数值，白银市辖区的指数值处于第一位；兰州、西宁两个中心城市的产城融合贴近度指数值变化并不一致；其内部湟水流域各县域的产城融合的贴近度指数值明显高于黄河主干流域各县域；内部发展呈现较明显的"块状"发展状态，近期沿交通线、流域区的"线状"形态转变的趋势明显。城市群内部空间发展的均衡性及协同发展是一种能力，兰西城市群各区县产城融合贴近度指数值变化的状况，说明兰西城市群建设整体还处于低层次发展的阶段，按照城市群成长的规律认识，有序推进中心城市"增长极"发展是符合其发展的阶段性要求，重点培育兰州、西宁两个核心城市的辐射带动作用，将成为促进兰西城市群建设的首要任务。

三、兰西城市群产城融合：效率差异

城市群发展过程中，因其投入所产生的满足人的需要及对城市空间、生态循环的互动协调作用也可以用效率来表达。对于单个城市来说，投入城市中的各类资源及要素的配置或组合所生产出的不同产品，能给消费者、城市空间及生态维护带来一定程度的满足，就表明其对城市成长已经具有了效率。如果就城市投入的各类资源和要素，通过配置及组合所达到的各种产量能，使消费者、城市空间及生态保障得到最大满足，由此该城市系统已经处于最佳效率的状态，亦即达到了帕累托（pareto）最优的境界。进而实证研究对城市群产城融合效率的表达，是对城市群体及其内部每一个城市的产城融合实现过程中投入产出状态的动态评价。

城市群产城融合过程是一个多目标、多主体，通过投入产出所形成的多投入、多产出的复杂过程。数据包络分析法（DEA）在处理多投入、多产出问题上具有独特的优势，本书将借助 DEA 来计算兰西城市群产城融合的效率。具体分析过程判断指标的选择是基于非导向的 DEA 模型，其中，产出指标：采用兰西城市群各县（区）产城融合的综合得分，本书是用改进后的 TOPSIS 的贴近度指数值表示；投入指标：分别选择用兰西城市群各县（区）建城区面积、城镇固定资产投资额、非农产业人员数三个指标。具体运算是借助相应数据，具体运用 DEA – Solve 软件进行求解，得到 DEA 评价的技术效率（CCR）、纯技术效率（BCC）、规模效率及收益等结果，在分析过程中将按照静态、动态两个方面进行判断。

（一）产城融合静态效率评价

1. 总体效率变化趋势

（1）平均综合技术效率。DEA 模型中综合技术效率，是衡量决策单元的总体效率状况，综合效率是纯技术效率与规模效率的乘积（许云霄等，2005）。如果综合技术效率值为 1，为有效状态，那么纯技术效率和规模效率均为 1，说明其产城融合的效率达到最优，投入与产出的要素转换也达到相对俱佳的状况。2013～2019 年，兰西城市群产城融合的综合技术效率得分均未达到有效状态，且年度值变化波动明显并呈下降趋势（见表 1 – 3），由 2013 年的 0.3689 下降为 2019 年的 0.3057，表现为兰西城市群产城融合的整体效率远离最佳状态。其中，峰值出现在 2014

年的 0.4112、最低值为 2015 年的 0.2666。如果从接近 DEA 最优状态来看，鉴于当前兰西城市群产城融合的平均纯技术效率、平均规模技术效率值都处于偏低的状态，短时间内促进其整体效率达到最佳需经过不懈的努力。

表 1 - 3　　2013～2019 年兰西城市群整体三种技术效率得分变化表

年份	平均综合技术效率	平均纯技术效率	平均规模技术效率
2013	0.3689	0.563	0.6251
2014	0.4112	0.7993	0.5144
2015	0.2666	0.4077	0.6792
2016	0.3454	0.695	0.4947
2017	0.3387	0.7016	0.4979
2018	0.3699	0.8292	0.4525
2019	0.3057	0.6137	0.4975

（2）平均纯技术效率。综合效率由纯技术效率与规模效率共同组成，若将综合效率中的规模效率抽离，则可得纯技术效率（许云霄等，2005），即可界定综合效率无效中有多少是由纯技术无效造成的。2013～2019 年期间，兰西城市群产城融合的纯技术效率总体表现无效，不过从内在运行状态来看呈现上升的趋势，向着有效方向转变，但增幅变化相对较小（见表 1 - 3）。其中，最低值出现在 2015 年，为 0.4077、最大值出现在 2018 年，为 0.8292，2019 年又呈现下降趋势，为 0.6137。年度波动性变化偏大的趋势，也验证了兰西城市群作为系统其低水平运行的基本特质。

（3）平均规模技术效率。平均规模技术效率是表示在一定的投入条件下，技术效率的生产边界的产出量与最优技术效率下的产出量的比值。在此，规模技术效率越大，表明该生产单元的生产规模越接近最优生产规模。2013～2019 年兰西城市群产城融合的平均规模技术效率总体表现为无效，并随时间的变化在小幅波动中整体呈现下降的趋势；平均规模技术效率值最大年份是 2013 年，为 0.6251，效率值最小是 2018 年，为 0.4525（见表 1－3）。进一步与产城融合的平均纯技术效率值相比，兰西城市群产城融合规模技术效率值总体偏低，进而判断在兰西城市群产城融合过程中，当前规模技术效率相对滞后的表现，也将成为约束产城融合整体综合技术效率提升的限制性因素，扩大整体规模将成为发展的前提。

2. 各区县效率变化趋势

（1）平均综合技术效率。2013～2019 年兰西城市群内各区县之间产城融合的平均综合技术效率值变化富有区域特色，总体呈现城市群培育初期阶段就系统内部各自运行的无序变化的状态（见表 1－4）。其中，城市群内各区县产城融合的平均综合技术效率值普遍偏低，而且平均综合技术效率值并没有出现在城市群的中心城市，而是出现在兰西城市群产城融合的贴近度指数值偏低的区县，最高值出现在东乡县，为 0.8800、其次是贵南县，为 0.8457；最低值出现在兰州市辖区，为 0.0117、其次是西宁市辖区，为 0.0296。

表 1－4　　2013～2019 年兰西城市群各县（区）平均综合技术效率

县（区）	各县（区）平均综合技术效率	排序
兰州市辖区	0.0117	30
永登县	0.2303	20
榆中县	0.2637	17
皋兰县	0.3636	13
白银市辖区	0.0663	28
靖远县	0.2353	19
景泰县	0.193	23
定西市辖区	0.1137	26
陇西县	0.1106	27
渭源县	0.4486	8
临洮县	0.1969	22

县（区）	各县（区）平均综合技术效率	排序
临夏市	0.137	25
东乡县	0.88	1
永靖县	0.3046	16
积石山县	0.4653	7
西宁市辖区	0.0296	29
湟源县	0.3815	12
湟中县	0.3864	11
大通县	0.2584	18
海东市辖区	0.1565	24
民和县	0.3068	15
互助县	0.2092	21
化隆县	0.5052	6
循化县	0.4243	9
海晏县	0.7164	4
共和县	0.3568	14
贵德县	0.5514	5
贵南县	0.8457	2
同仁县	0.4106	10
尖扎县	0.7537	3

　　兰州、西宁两个中心城市产城融合的平均综合技术效率值处于低位状态。其中，兰州市辖区平均值排名最后为 0.0117，同期产城融合贴近度指数值位居第二，为 0.6127；西宁市平均值为 0.0289，排名为第 29 位，同期产城融合贴近指数值位居第四，为 0.5640。在此，产城融合平均综合技术效率值越低的地区，呈现出产城融合的贴近指数值相对偏高的表现，同时等级越高的城市区周边，其产城融合的平均综合技术效率数值趋高的反差，是兰西城市群产城融合过程中的特殊表现。如兰州市辖区、白银市辖区、定西市辖区、西宁市辖区、海东市辖区的平均综合

技术效率数值明显低于周围县域。还有，以西宁市为中心的青海板块的产城融合的平均综合技术效率值明显高于以兰州市为中心的甘肃板块的产城融合平均综合技术效率值，排名前十的县份中除东乡族县、渭源县、积石山县外，其他县域均分布在青海板块区。

这一低一高数值出现的空间区位"差错"分布状态，既是城市群"逆向发展"失调后的结果，也是兰西城市群城镇化过程中陷入产城脱离、城产脱离的双重困境的表现。借用系统论的思想不难判断：在系统整体发育成长的初级阶段，其内部组织结构关联性较差，进而表现出其整体效率不仅低且各组织之间的有序互动的表现也难以形成，系统无序变化的状态将占据主导地位，甚至出现低层次均衡变化的特征，而兰西城市群中心城市较低的平均综合技术效率值，也恰恰反映出系统局部非均衡变化的端倪。

如果按照产城融合的平均综合技术效率值得分为1，是有效的判断标准，兰西城市群各区县在评价期内所呈现的产城融合平均综合技术效率值均处于"无效"状态，且距离有效状态还有较大的距离。其每个决策单元的效率也远离优化的状态，也能够佐证兰西城市群成长处于低水平循环发展阶段，其产城融合运行存在自身内在的变化规律，需得到更多的关注。

（2）平均纯技术效率与规模技术效率。2013～2019年，兰西城市群内部各区县平均纯技术效率、规模技术效率绝大多数处于"无效"状态，但距离最佳效率状态中平均纯技术效率值要更接近，而平均规模技术效率值差距更大。其中，平均纯技术效率值处于有效状态的只有东乡县，为1；规模技术效率平均值趋近有效状态的最大的数值出现在化隆县，为0.9291（见表1-5）。而城市群两个中心城市的表现反差巨大，兰州市平均纯技术效率平均值、平均规模技术效率平均值为0.6341、0.0200，其中规模效率处于兰西城市群内各区县最低的状态；西宁市纯技术效率平均值、规模技术效率平均值为0.5770、0.0296，其中纯技术效率平均值处于兰西城市群各区县第29位，而规模技术效率平均状态处于第12位。评价期内呈现出等级越高的城市辖区，普遍与周边的产城融合平均纯技术效率值、规模技术效率值相比得分越低，例如，兰州市辖区、白银市辖区、定西市辖区、西宁市辖区、海东市辖区的数值明显低于周围县，该现象是兰西城市群建设的底层逻辑或者是低水平城市群运行的客观性。

表 1 – 5 　　2013 ~ 2019 年兰西城市群各县（区）平均纯技术效率

县（区）	平均纯技术效率	排序	平均规模技术效率	排序
兰州市辖区	0.6341	15	0.02	30
永登县	0.651	18	0.3898	22
榆中县	0.5568	8	0.5422	14
皋兰县	0.5358	3	0.7189	10
白银市辖区	0.827	26	0.0818	28
靖远县	0.5563	7	0.5166	17
景泰县	0.5502	6	0.4368	19
定西市辖区	0.6758	21	0.1756	27
陇西县	0.5356	2	0.2511	26
渭源县	0.6507	17	0.7221	9
临洮县	0.6747	20	0.3149	24
临夏市	0.6139	14	0.3258	23
东乡县	1	30	0.88	4
永靖县	0.6402	16	0.5297	16
积石山县	0.5496	4	0.8495	6
西宁市辖区	0.577	12	0.0551	29
湟源县	0.709	24	0.5418	15
湟中县	0.5951	13	0.6756	12
大通县	0.6914	23	0.3957	21
海东市辖区	0.5707	11	0.3007	25
民和县	0.6906	22	0.4777	18
互助县	0.5692	10	0.4039	20
化隆县	0.5497	5	0.9291	1

县（区）	平均纯技术效率	排序	平均规模技术效率	排序
循化县	0.5669	9	0.7928	8
海晏县	0.8358	28	0.8629	5
共和县	0.6697	19	0.5646	13
贵德县	0.7982	25	0.7169	11
贵南县	0.9353	29	0.9027	3
同仁县	0.5168	1	0.8333	7
尖扎县	0.8278	27	0.9128	2

（3）规模报酬类型分析。规模收益递减是指当投入量成倍叠加时，产出叠加的倍数低于投入倍数；规模收益递增是指当投入成倍增长时，产出增长的倍数高于投入的状态。由此可判断，在兰西城市群内部，城市等级越高的区县，在实证研究期间它们所呈现的投入产出的效率并没有呈现比投入量成倍叠加的产出状况，而是表现出始终"低效率"的一种结果。从中心城区产城融合的规模技术效率非有效的数值来判断，规模收益递减的趋势在兰西城市群内表现更加突出。在此，如果按照不同的收益状况，将规模报酬类型分为收益递增、收益递减两种，可进一步呈现城市群内部投入产出效益与规模之间的关系。2013～2019 年期间，兰西城市群绝大多数区县在评价期呈现了规模收益递减的趋势（见表1-6）。

表1-6　　2013～2019 年兰西城市群各县（区）平均规模报酬类型

县（区）	2013 年	2014 年	2015 年	2016 年	2017 年	2018 年	2019 年
兰州市辖区	Drs	Drs	Drs	Drs	Drs	Drs	Drs
永登县	Drs	Drs	Drs	Drs	Drs	Drs	Drs
榆中县	Drs	Drs	Drs	Drs	Drs	Drs	Drs
皋兰县	Drs	Drs	Irs	Drs	Drs	Drs	Drs
白银市辖区	Drs	Drs	Drs	Drs	Drs	Drs	Drs

续表

县（区）	2013 年	2014 年	2015 年	2016 年	2017 年	2018 年	2019 年
靖远县	Drs	Drs	Drs	Drs	Drs	Drs	Drs
景泰县	Drs	Drs	Drs	Drs	Drs	Drs	Drs
定西市辖区	Drs	Drs	Drs	Drs	Drs	Drs	Drs
陇西县	Drs	Drs	Drs	Drs	Drs	Drs	Drs
渭源县	Drs	Drs	Drs	Drs	Drs	Drs	Drs
临洮县	Drs	Drs	Drs	Drs	Drs	Drs	Drs
临夏市辖区	Drs	Drs	Irs	Drs	Drs	Drs	Drs
东乡县	Irs	C	Irs	Irs	Irs	C	Irs
永靖县	Drs	Drs	Irs	Drs	Drs	Drs	Drs
积石山县	Irs	Drs	Irs	Drs	Drs	Drs	Drs
西宁市辖区	Drs	Drs	Drs	Drs	Drs	Drs	Drs
湟源县	Drs	Drs	Drs	Drs	Drs	Drs	Drs
湟中区	Drs	Drs	Drs	Drs	Drs	Drs	Drs
大通县	Drs	Drs	Drs	Drs	Drs	Drs	Drs
海东市辖区	Drs	Drs	Drs	Drs	Drs	Drs	Drs
民和县	Drs	Drs	Drs	Drs	Drs	Drs	Drs
互助县	Drs	Drs	Drs	Drs	Drs	Drs	Drs
化隆县	Irs	Drs	Drs	Drs	Irs	Drs	Drs
循化县	Irs	Drs	Drs	Drs	Drs	Drs	Drs
海晏县	Drs	Drs	Drs	Drs	Drs	Drs	Drs
共和县	Drs	Drs	Drs	Drs	Drs	Drs	Drs
贵德县	Drs	Drs	Drs	Drs	Drs	Drs	Drs
贵南县	C	C	Irs	Irs	Irs	Drs	Irs
同仁县	Drs	Drs	Drs	Drs	Drs	Drs	Irs
尖扎县	Drs	Drs	Drs	Drs	Drs	Drs	Drs

注：Drs 表示规模收益递减；Irs 表示规模收益递增；C 代表规模收益不变。

无论是定位为核心城市的兰州市、西宁市，还是白银市、定西市等次一级中心城市的规模报酬均处于"递减"状态。相比较来说，兰西城市群内部各县区表现出的平均规模报酬递减的趋势从数值上要稍好于市辖区。探究兰西城市群产城融合效率变化的内在逻辑关系，现有状态下兰西城市群内各区县因产城融合的规模技术效率处于偏低的状态，也就预示着整体规模不足，将成为限制产城融合向有效方向转变和规模报酬递增的重要影响因素。

其间，位居边缘的东乡县在 2013 年、2015 年、2017 年和 2019 年表现出的规模收益递增状态，基本不能说明系统处于运行可持续的状态，而是一种低水平运行的特殊情况，即使在实际中呈现一种相对有效和均衡发展的状态，但与高质量发展难以相提并论。规模收益递减表现了当投入量成倍叠加时，产出叠加的倍数低于投入倍数的运行结果，那么，目前兰西城市群产城融合发展在各区所表现出的平均规模报酬递减的趋势，也是兰西城市群整体发展缺乏持续性的缘由之一。这一低效发展的困境，也恰恰佐证了中心城市发展还难以达到城市群建设的基本要求，必须要经历一段自身"极化"增长的阶段才能实现应有的向辐射、扩散阶段的转变，进而也要求当前城市群建设中强化中心城市建设的必要性。

（二）产城融合的动态效率评价

1. 整体效率动态变化的趋势

本书将采用非导向 DEA 模型得到 Malmquist 指数，其中平均曼奎斯特生产率指数包括投入产出效率（MI）、生产效率（EC）、技术效率（TC）三项值。其中，MI 是利用距离函数的比率计算得出的投入产出效率；EC 是呈现从时期 t 到时期 $t+1$ 生产效率的变化数值；TC 是呈现从时期 t 到时期 $t+1$ 技术效率的变化值。

评价期内整体结果表现为：2013～2019 年投入产出效率在各年段的变化平稳性较差，投入产出率（MI）平均增长率为 1.26%；最高年份出现在 2015～2016 年段，为 1.3594、最低年份出现在 2014～2015 年段，为 0.6555；2018～2019 年段投入产出效率呈递减趋势，为 0.8166

（见表 1 - 7）。连续年份间呈忽高忽低的波动性变化，说明当期投入产出效率转换的滞后性较为明显。

表 1 - 7　　　　　2013 ~ 2019 年兰西城市群平均生产率及其分解

期间	MI	EC	TC
2013 ~ 2014 年	1.1312	1.0819	1.0711
2014 ~ 2015 年	0.6555	1.0291	0.6455
2015 ~ 2016 年	1.3594	1.2033	1.1392
2016 ~ 2017 年	1.0831	0.9164	1.1876
2017 ~ 2018 年	1.1302	0.9035	1.3058
2018 ~ 2019 年	0.8166	1.09	0.7538

进一步分析在投入产出效率（MI）变化过程中，同期 EC、TC 的表现，二者相比对兰西城市群产城融合协调变化的影响并没有出现特别明显的作用。2013 ~ 2019 年生产效率（EC）的波动性变化，最低值出现在 2017 ~ 2018 年间，为 0.9035、最高值出现在 2015 ~ 2016 年间，为 1.2033；技术效率（TC）最高值与最低值年段变化幅度偏大，2014 ~ 2015 年间 TC 指数值最低为 0.6455、2017 ~ 2018 年间 TC 指数值最高为 1.3058（见表 1 - 7）。由此判断，在兰西城市群产城融合的投入产出效率变化中，技术效率有效年份的变化基本与投入产出效率变化同步，但与生产效率指数值的变化未达到一致性变化的状态。说明在兰西城市群系统运行中，生产效率与技术效率的变化的不同步，间或是导致整体投入产出效率并不明显的缘由值得进一步探究。

2. 各区县动态效率变化的趋势

兰西城市群内各区县产城融合的投入产出动态效率并没有表现出一致性的变化，但与静态效率值相比，动态变化整体趋近有效状态较为明显（见表 1 - 8）。其中，达到有效状态的区县共有 19 个，大于同期整体投入产出效率平均值 1.0293 的区县共有 15 个；最高值为 1.2720 出现在临夏市辖区、最低值为 0.8612 出现在同仁县；从各区县空间变化状态来看，甘肃板块的有效性明显优于青海板块的投入产出效率变化状态；中心城市辖区的动态投入产出效率指数值得分偏低，其中兰州市辖区、海东市辖区的指数值正在向有效状态趋近。

表 1 - 8　　2013～2019 年兰西城市群产城融合 Malmquist 指数测算结果

县（区）	MI	PEC	SEC	PTC	STC
兰州市辖区	0.9154	1.0374	0.969	1.0799	0.9705
永登县	1.0469	1.0461	1.0484	1.1176	0.9888
榆中县	1.0306	1.1001	1.1054	1.1287	0.964
皋兰县	1.1484	1.1005	1.2039	1.1143	0.958
白银市辖区	1.0363	1	1.0711	1.0952	0.9482
靖远县	0.9511	1.1075	1.023	1.1454	0.9595
景泰县	1.1062	1.1855	1.123	1.1191	1.0241
定西市辖区	1.0155	0.971	1.091	1.0953	0.939
陇西县	1.1900	1.1082	1.0557	1.1811	1.0349
渭源县	1.0434	1.0003	1.0675	1.0919	0.9678
临洮县	1.0615	1.0048	1.0691	1.1258	0.9722
临夏市辖区	1.2720	1.2386	1.2002	1.0339	1.1996
东乡县	1.0776	1	1	1.0272	1.0474
永靖县	1.2219	1.3713	1.1549	1.1072	1.033
积石山县	1.2166	1.138	0.9764	1.1177	1.0219
西宁市辖区	1.0071	1.0163	1.1927	1.1047	0.9532
湟源县	0.8711	0.9695	1.0334	1.0243	0.9171
湟中县	1.0269	1.0044	1.0661	1.1049	0.9579
大通县	0.9802	0.9859	1.0185	1.1163	0.9573
海东市辖区	0.9541	1.0022	0.8927	1.1278	0.9526
民和县	0.9343	1.0371	0.9651	1.1044	0.9398
互助县	0.9404	1.0084	0.9823	1.1234	0.964
化隆县	0.8486	1.0284	0.9421	0.9854	1.0765
循化县	1.0444	1.1674	0.9801	0.9697	1.0245
海晏县	1.1090	1	1.0641	1.1741	0.9165

县（区）	MI	PEC	SEC	PTC	STC
共和县	1.0611	1.0519	1.0435	1.0864	1.0202
贵德县	0.9616	1.0173	0.9933	0.9033	1.1055
贵南县	0.9567	1	1	0.8113	0.9769
同仁县	0.8612	0.9139	1.0745	0.942	0.9901
尖扎县	0.9894	1	1.0397	0.9511	1.0035
均值	1.0293	1.0537	1.0482	1.0703	0.9928

注：MI 表示曼奎斯特指数；PEC 表示纯效率变化指数；SEC 表示规模效率变化指数；PTC 表示纯技术效率变化指数；STC 表示规模技术变化指数。

在各区县纯效率变化（PEC）、规模效率（SEC）指数值的动态变化过程中，其平均值为 1.0537、1.0482，平均达到有效的表现状态。纯效率变化（PEC）小于 1 的区县共有 5 个，分别是同仁县、大通县、湟源县、定西市辖区、海东市辖区；规模效率变化（SEC）小于 1 的区县共有 8 个，分别是兰州市、积石山县、海东市辖区、民和县、互助县、化隆县、循化县、贵德县。在此，无论是纯效率变化还是规模效率变化，甘肃板块的投入产出的有效性明显优于青海板块，中心城市辖区的有效性表现明显弱于各区县变化的状态。

在各区县纯技术效率（PTC）、规模技术效率（STC）指数值的动态变化过程中，其平均值为 1.0703、0.9928，平均状态基本处于有效状态，且规模技术效率指数值正在向着趋于有效状态转变。纯技术效率（PTC）小于 1 的区县共有 6 个，分别是尖扎县、同仁县、贵南县、贵德县、循化县、化隆县，处于纯技术效率无效状态的区县均位于青海板块的南部地区。规模技术效率（STC）小于 1 的区县规模偏大，共有 19 个。从静态效率、动态效率两个层面的变化来判断，兰西城市群各区县的产城融合的规模技术效率均未达到有效的状态，说明整体促进强化产城融合的规模效率是未来值得关注的重大问题。

（三）兰西城市群产城融合效率变化态势

效率是指在给定投入和技术等条件下，最有效地使用资源以满足设定的愿望和需要的评价方式。兰西城市群产城融合的效率评价，关键是了解其给定投入和产出等条件下的综合表现，借助包络分析（DEA）模型，通过对 2013～2019 年相关数据的分析技术，得出的静态效率、动态效率变化的结果是：

兰西城市群产城融合的静态效率均未达到有效状态，且年度值变化波动明显总体呈现下降趋势。评价期内，兰西城市群内各区县的产城融合的静态效率变化呈现较为典型的城市群培育初期阶段系统内部各自运行无序变化的状态。其中，产城融合的平均综合技术效率值普遍偏低，平均综合技术效率值的高值并没有出现在城市群的中心城市，而是出现在其产城融合的贴近度指数值偏低的区县；各区县平均纯技术效率、规模技术效率绝大多数处于"无效"状态，但距离最佳效率状态中平均纯技术效率值要更接近一些，可平均规模技术效率值差距更大，绝大多数的区县表现为规模收益递减的趋势。

兰西城市群产城融合投入产出动态效率在各年段的变化平稳性较差。连续年段忽高忽低的波动性变化特征明显，说明当期投入产出效率转换的滞后性较为明显；生产效率与技术效率的变化并不同步，是导致整体投入产出效率并不明显的主要原因。各区县产城融合的投入产出效率并没有表现出一致性的变化，但与静态效率值相比，整体均表现为接近有效状态。无论是纯效率变化还是规模效率变化，甘肃板块的投入产出的有效性明显优于青海板块，中心城市辖区的有效性表现明显弱于各区县变化的状态；各区县的产城融合的规模技术效率均未达到有效的状态，说明整体促进强化产城融合的规模效率是未来发展的重点任务。

四、兰西城市群产城融合能力提升：动力机制

（一）原动力：空间一体化治理体系建设

以促进要素流动、区域一体化、都市圈与城市群为重心挖掘结构性潜能，成为新发展阶段构建新发展格局的重要抓手。2020 年 4 月 9 日，由中共中央、国务院出台的《构建更加完善的要素市场化配置体制机制意见》，提出要"加快土地、户籍、人才、金融、科技、数据等要素的价格市场化以及自由流动"。说明在未来较长一段时间内，要素市场化配置将成为中国下一轮供给侧结构性改革的重点，其载体即以区域经济体一体化为核心的都市圈及城市群建设将成为改革发展的先行区。2020 年 5 月 18 日，由中共中央、国务院出台的《关于新时代加快完善社会主义市场经济体制的意见》，指出要"构建区域协调发展新机制，完善京津冀协同发展、长江经济带发展、长江三角洲区域一体化发展、粤港澳大湾区建设、黄河流域生态保护和高质量发展等国家重大区域战略推进实施机制，形成主体功能明显、优势互补、高质量发展的区域经济布局"。由此，构建区域协调发展空间将成为未来相当长时间内中国最重要的国家战略，而促进区域一体化建设将成为统领区域科学发展的原动力。

原动力，是指推动区域协调发展及建构一体化治理体系的最深层、最基本、最原始的动力。在此，兰西城市群产城融合的本质，将是通过一体化治理达到区域协调发展，根本是建设源于内生需求的以区域经济一体化为先导的"流空间"。正如城市区位论创始人奥古斯特·勒施（August Losch）认为：正是由于工业实体间相互产生的巨大需求，才产生了城市、大城市、城市群及城市带（赫兆琪，2022）。

随着区域经济一体化进程加快，日益频繁的城市间经济交往逐渐形成区域流，因要素流动带动区域内部交流并为促进相互发展提供有利的

市场环境，进而为城市发展积累日益丰厚的物质基础，也才能有更多的财富保障区内生态环境向更加适宜人们发展的方向转变，这一进程也符合库兹涅茨（kuznets）曲线变化的基本趋势。在此，区域中心城市率先形成区域流的集聚，在不断发展中也逐步形成区域流的辐射和扩散，并在集聚和扩散机制双重"对流"下，通过"流空间"的形成随即产生城市群成长和区域一体化空间的拓展。

1. 内驱力：促进区域经济一体化

从"短板效应"来看，一个组织发展的优劣，不仅要注重其优势发挥，更要找到影响自生发展的限制性条件并加快弥补完善，才能起到事半功倍的效果。短板是指木桶的容水量不是由木桶的最长板来决定，而是由木桶的最短板来决定。借此全面对标兰西城市群产城融合状态，在发展条件一定的前提下，限制其产城融合理想状态的"短板"，表现为无论是产城融合贴近度指数值还是投入产出效益指标值，均处于一个较低的层次。聚焦其根本，不论是推进中心城市还是县域城镇化水平提高，关键是产业支撑能力不足成为最大的限制。按照"短板"的长度决定整体发展的逻辑，若促进兰西城市群产城融合协调发展，首先要强化与补齐最短木板的长度，当务之急需通过"增量与提质"同步促进兰西城市群内产业发展和产业支撑能力的提高，由此形成的经济一体化建设格局将是发展的"第一要务"。

与此同时，从"契合效应"来看，木桶出水量既取决于桶的大小，也取决于板与板之间的配合程度，即板与板之间的缝隙（吴彩宏，2013）。在城市群经济一体化的过程中，每个城市政府如同木桶的一块木板，彼此之间的有效契合能增加整个木桶的有效容量。为此，在补齐兰西城市群产城融合的"短板"的过程中，每个城市及县域政府不仅要通过"增量与提质"同步促进产业发展，还要按照区域产业分工合作的内生需求，进一步要求区域治理权威构建起跨行政区的协作机制，这是构成兰西城市群产城融合协调发展及稳定有效的一体化治理的内在驱动力。

兰西城市群建设，不仅需要从自身维度、区域维度、时代维度明确其未来的战略部署，更应从全域维度、时间维度、底线维度进一步确立好发展的方向。需要从"一优四高"视角，即生态优先和高质量发展、高水平治理、高效能支撑、高品质生活4个维度，具体提出兰西城市群产城融合发展行动路径及实施举措。当务之急促进兰西城市群一体化建设"经济一体化"是核心，而要素在其内部的有序流动是关键。

遵循城市群成长过程中要素流动的基本规律，区域要素流动在空间表现为"极化—扩散效应"的转变。与城市群产城融合协调发展的阶段相对应，在初期发展阶段"极化效应"占据主导地位，随着城市群阶段的递进，"扩散效应"渐趋增强。当前，兰西城市群产城融合发展阶段处于较为典型的初级培育阶段，极化效应处于主导。由此在区域"要素流空间"的建构中，其重心首先是强化单核心圈层结构的建设，应按照《兰西城市群规划》要求重点推进兰州—白银、西宁—海东都市圈建设；同时，贯彻新发展理念并遵循促进区域协调发展的准则，适时加快县域经济一体化建设发展不能被忽视，及时同步促进中小城镇的发展，进而双向发力来加快兰西城市群内生发展动力体系的建设。

2. 外部性：黄河上游生态屏障建设

在区域一体化发展过程中，区域生态保护存在明显的"外部性"。外部性可从两个视角来观察，一是从外部性产生主体来观察，外部性是指那些生产或消费对其他团体强征了不可补偿的成本或给予了无须补偿的收益的情形。二是从外部性接受的主体来观察，外部性用来表示：当一个行动的某些效益，不在决策者考虑范围内的时候所产生的低效率现象，也就是某些效益被给予，或者某些成本被强加给没有参加这一决策的人或群体。从区域一体化发展的视角来说，关于外部性的两种理解的共性在于：外部性是某一经济主体对另一个经济主体所产生的一种外部影响，这种外部影响很难通过市场进行交易。

兰西城市群产城融合过程中，特殊的地理环境和长期发展中对区内特色资源初级开发所形成的"路径依赖"，形成了明显的环境胁迫问题和围绕持续发展而不断投入改善生态环境、绿色发展转型的整体诉求。因此，从区域外部性表现来说，内部各要素均存在外部性的可能，但生态环境的外部性表现最为突出。聚焦生态环境更加适宜人们的生存发展，生态治理是强化其外部性的最有效的手段。现实生态治理存在两面性的表现，既存在正外部性（生态屏障）也存在负外部性（生态污染）。如何强化其正外部性建设，同时有效减少负外部性，是城市群一体化建设过程中其原动力建设的另一个重要方面。

兰西城市群一体化建设的过程中，将以生态治理为中心构建起的生态屏障，不仅影响着兰西城市群的生态、水源地及生态承载能力提升，更重要的是对整个黄河流域的生态保护和高质量发展起着至关重要的作用。而严守生态功能基础，维护好"一带四廊三屏"生态安全格局是增强其"外部性"的中心任务。具体包括：促进黄河上游生态保护区连片成带，重点促进区内湟水河、大通河、洮河流域及达坂山、拉脊山等生态廊道的建设，巩固好祁连山、甘南草原生态安全屏障。加强河流、湖泊、湿地、森林、山地、沙漠等重要生态管控，加快促进青海湖流域、青海东部干旱地区、共和盆地、黄河谷地等重点生态修复区"山水林田湖草沙冰"生态体系建设；共同推进祁连山国家公园建设，构建公园联合执法、环境预警和应急响应联动机制，联合开展野生动物迁徙、巡护路网及应急通道等基础设施的建设。

3. 协同性：区域共生环境建设

培育城市群共生环境是其城市群原动力建设的引擎。共生理论认为：共生包括共生单元、共生模式和共生环境三个要素。其中，共生单元是基础，共生环境是条件，共生模式是关键（胡晓鹏，2008）。城市群共生的意义，本质是形成相互促进、共同发展的环境，寻求双方或多方共存共享和互惠互赢的状态，着重强调通过利益的共享和义务的共担，构筑一个和谐发展的整体，从而形成能够获得最大利益的聚合体。鉴于共生单元其所处的区位条件和发展阶段的不同，共生环境建设中所获得的支撑条件将存在明显的差异。构建有利于兰西城市群产城融合发展的共生环境建设，将决定着相应共生模式的选择，成为促进其产城融合发展的首要任务。

以共生环境建设提升兰西城市群协同治理能力。共生环境是共生单元的外部条件，涉及政治、经济、社会与文化、技术等各方面（陆相林，2016）。城市群共生环境，可以分为有形、无形两类：有形的共生环境建设包括自然资源、区位因素、基础设施等；无形的共生环境建设包括体制机制、人才保障、营销策划等。共生环境建设服从于共生单元所处的阶段，兰西城市群处于培育建设的初级阶段，有形、无形的共生环境要素都需要得到应有的强化，尤其是在整体有形条件差异明显的前提下，无形条件的创造显得尤为重要。

牵住兰西城市群产城融合发展的"牛鼻子"，进一步加强顶层设计和体制机制的创新突破，克服因规模失控、结构失衡与功能失调带来对产城融合发展的限制，紧扣生态优先、以产兴城的关键点，通过增强产业的关联性、互补性，促进城市空间有序拓展、人文活力和生态协同治理，打造"空间聚合"的城市群成长新格局。在新的发展环境下，结合兰西城市群产城融合发展的阶段性特征，聚焦安全责任，进一步巩固好生态安全屏障作用、突出"一带一路"建设和陆海新通道建设的枢纽作用、凸显黄河上游生态保护和高质量发展示范区的作用，通过产业协同并与西部其他城市集群联合打造国家重要产业基地、共建中国经济"第五极"并高效能支撑西部产业高地的建设等，突破产业支撑瓶颈，促进兰西城市群产城融合发展步入正常状态。

（二）主体动力：市场机制、顶层设计、城市协作机制建设

从兰西城市群产城一体化治理的动力机制来说，主体动力包括：顶层设计、城市政府的合作动力、市场驱动力三个重要的力量。在此，市场与政府无疑是两个重要的力量，那么，在实际运行中哪个力量更为重要？二者如何去配合？在此，制度经济学给予了一定的解释，就是通过诱制性制度变迁和强制性制度变迁共同配合完成。其中，诱制性制度变迁是指现行制度安排的变更或替代，或者是新制度安排的创造，它是由个人或一群人，在相应获利机会时自发倡导、组织和实行。与此相反，

强制性制度变迁是由政府命令或法律强制实行的结果（林毅夫，1999）。

1. 市场驱动机制建设

诱制性制度变迁是市场驱动下的城市群一体化的基础性动力。在此，市场是一只"看不见的手"，它不受行政边界的约束，促进区域的人流、物流、资金流、信息流、技术流在区域空间中流动，最终形成一体化。其中，以产业支撑为核心的经济活动，是城市群空间扩展的决定性因素，产业集聚和产业结构演变是城市群空间扩展的直接动力。城市群空间结构一体化在一定程度上是市场配置资源的结果，从国内成熟的城市群合作的动力源来看，是源于企业与经济发展的内在需求，这是根本动力，政府在此要做的是如何合理引导、协调、促进。其中，产业联动格局的形成，是市场本身的选择结果，并不能单单靠行政手段来解决。

在城市群一体化的过程中诱制性制度变迁、强制性制度变迁伴生存在，而强制性制度变迁是在制度需求已出现的情况下，进一步回应、促进以满足经济社会需求的制度性设计。因此，在兰西城市群产城融合协调发展过程中，当市场化资源配置受到行政区划阻隔时，就需要制度创新，以释放市场驱动力。目前，兰西城市群产城融合协调发展中突破最大的"瓶颈"是形成统一的市场。政府需要靠改革、靠创新机制来解决，最主要的是打破行政条块阻隔，将妨碍市场自由贸易的限制尽快得到破解，才能充分有效地发挥市场作用。在此，设立联席会议制度是抓手，而适合兰西城市群培育的长效、稳定的制度创新是问题解决的关键，步子迈得更大一些、理性思考更多一些，这样收到的效果就会更好一些。

2. 顶层设计促进协同发展机制建设

在诱制性制度变迁中，往往难以避免因制度推进产生外部性和搭便车的问题。即一旦新的制度安排被建立，每一个受制度安排约束的个人，不论是否承担了创新费用都可能得到收益。如果诱制性创新是新制度安排的唯一来源的话，那么社会中制度安排的供给将少于社会最优，在此国家干预可以弥补持续的制度供给的不足。为此，国家和政府将通过顶层设计，可通过强制性制度变迁减少"搭便车"的现象，从而降低制度创新的成本。

"不谋万世者，不足谋一时，不谋全局者，不足谋一城"，顶层设计意味着中央政府首先要为区域一体化治理当好"舵手"，通过系统谋划明确兰西城市群发展的定位、目标及发展重点。2017 年发布的《兰州—西宁城市群发展规划》，就是促进区域协调发展的国家重大战略方案，但进一步围绕构建新发展格局和撬动形成黄河上游生态保护及高质量发展的格局，既有的规划尤其是保障一体化发展的创新机制建设、长效机制的机理选择，还进一步需要从国家层面得到更多的明确部署，尤其从政策创新中获得更多实惠。

区域一体化治理还需要充分发挥地方政府的有为作用。当前，城市发展提出了"精明增长"的目标，其主旨要求是沿着城市群内的空间自组织方向发展，但是城市群空间的"极化—扩散效应"的转变可能要经历更长时间才能获得均衡发展的格局，在此就需要地方政府通过合理的规划设计，改变其原有的集中与分散的方向、范围、程度，进一步促使城市空间结构更符合理想的目标模式。为此，伴随兰西城市群产城融合发展，为了避免区域内部深层次利益冲突和各个治理主体难以达成城市群一体化建设的共识，需要城市群内部的各级地方政府围绕区域经济一体化、基础设施一体化、生态治理一体化及公共服务一体化等方面，作出更加具体的部署和安排，以促进兰西城市群产城融合向着更加符合协调发展的方向运行。

3. 基于合作收益的城市间协作机制建设

城市政府是城市公共产品的供给者，但是城市群的公共产品有哪些？由谁供给？直接与城市群内的各个政府密切相关。当前，区域公共产品类型复杂多样，并跨越不同的地区，还因供给与需求的主体不同存在多样性、复杂性。按照区域公共产品的供给，无论是纯公共产品，如病虫害防治、传染病治疗、交通通信网络及辖区内的道路建设，还是以生态环境为主导的生态资源、以教育和卫生为主的混合型公共产品的供给，在区域一体化建设的过程中，需要各级政府通过合作形式加以保障，是城市群运行过程中促进一体化发展和满足人们宜居宜业及"产、城、人、环境"系统协调运行的重要任务。

目前，兰西城市群产城融合过程中就公共产品供给是构建城市群合作机制的重要抓手，但整体供给相对滞后和面临供需失衡的状态矛盾凸显。在未来的发展中，急需通过各级政府间的政策沟通，以保障公共产品的合作开发为突破口，为促进实现产业协同、要素流动、基础设施联通、资金融通、贸易畅通等，建设并提供长效的合作环境。一定要纠正"宁为鸡头，不为凤尾"的心态，构建以有利于城市群建设的中心城市发展为主导的"中心—外围"结构。当现代化部门所生产的产品运输成本足够低时，中心—外围结构是趋于稳定的，因为在这一结构中，创新部门和一体化部门会完全集聚到同一个地区，且由产业集聚所产生的外部性增长可能会达到帕累托最优。

在城市群初始成长过程中，往往因产业发展过于分散，不仅难以做大产业规模，也无法借产业关联、交通网络密度增加形成城市群产城融合发展的格局。借鉴城市群成长的成功经验，加快建设以中心城市为主体的都市圈建设步伐，是兰西城市群实现产城融合发展当务之急的重要任务。打破行政藩篱，率先促进西宁—海东都市圈、兰州—白银都市圈发展，并将中心城市经济发展的空间形态由"一小时圈"转变为"两小时圈"，通过空间组合推进区位上、功能上的互补，驱动中心城市发展的边界向区域范围推移，有序培育兰西城市群成长的空间结构形态。

第二章 兰西城市群成长
与开发区建设

在诸多开发区的建设中，管理委员会及当地政府在规划指引下采取共同的招商行动，使开发区的产业集聚形态在区域"自然进化"中不断得到强化。如果地方政府能够"推波助澜"，这种具备产业集聚初始特征的产业组织形态，在1~2个主导产业的引领下，通过产业链衍生、创新链聚核、价值链升级，将可能演化成为一种较为成熟的产业推动模式，得到广泛的推广。

围绕某一大类产品（产业）生产，先抓住1~2家骨干企业，然后打破企业界限，使其产业链在上下游企业配套成龙、协作生产，以此积累地方工业的综合生产能力，业已成为各地开发区选择发展的必要路径，也是推进城市及其群体化发展的重要支撑。为此，探讨城市群产业支撑能力建设中，促进其开发区建设举足轻重。不仅要关注开发区本身建设所形成的产业集群给特定地区所带来的收益，更要关注因开发区间相互协作并通过资源整合、企业联动发展所形成共赢发展的"合力效应"。促进兰西城市群各类开发区及园区发展，是建造并促进形成产业集群化发展、推进城市群健康发展的重要保障。

一、城市群成长与开发区：支撑作用

（一）产业集聚积累城市群竞争优势

城市群以突出的集聚经济效率，成为全球化时代的国际竞争格局极核。由地域上相近的不同规模和功能的多个城市聚合而成的城市群，逐渐成为区域发展的主要空间组织和国家参与全球竞争与国际分工的重要载体。21世纪国际竞争的基本单位已不是国家，也不是企业，而是城市群以及城市群中的首位城市。在美国，有2.43亿人口集中在占全国总面积3%的土地上，这里是全球生产效率最高的城市区域；在日本，有3500万人口拥挤在环东京这块不足日本总面积4%的土地上，财富也主要集中在太平洋沿岸城市群；根据世界银行的报告，全球土地面积的1.5%聚集了世界一半的生产活动（付春雨，2021）。一个以城市群为核心的空间组织，正在改变中国传统的国土空间开发格局，京津冀、长三角、珠三角及相继崛起的区域性中心城市，业已成为承载中国现代经济发展"增长极""发动机"的功能，并对全面建成社会主义现代化强国产生引擎作用。

城市群崛起，源于其特定的竞争优势，这种优势内生于城市群的形成和演化过程之中。城市群本质是要素在超越单个城市的更大范围的城市体系内的集聚与空间配置。城市伴随着集聚经济而发展，产生两个好处：地方化经济与城市化经济，二者推动专业化城市和综合性城市的形成（陈胜利等，2022）。如果某行业的企业生产成本随着行业总产量的提高而降低，就会出现地方化经济；而单个企业的生产成本随着城市地区总产量的上升而下降时，就出现了因外部效应凸显尤其是所带来的城市化经济，形成经济发展的高梯度区域。当城市发展到一定规模，经济活动在单个城市的高度集中会带来集聚经济现象。此时，城市内部的生产要素、产业会从中心城市以人流、资本流、信息流和商品流的形式，沿着交通轴线和通信渠道向外围低梯度城市地区扩散，从而在区域其他地方产生新的经济中心，这些新的经济中心与原来的经济中心在发展和空间上相互联系、组合形成区域的经济中心地体系。

中心地体系，均有1~2个规模不等的经济中心。每个经济中心都会有与其规模相应的大小不一的外围地区，由此区域中就出现了若干规模不等的"中心—外围"结构。大、中、小城市在地理空间上"聚集"在一起，并最终形成一个完善的由不同等级规模城市构成的城市体系，即城市群。城市群作为一种空间组织形式，不只是简单的几个城市聚集的集合体，"群"的概念蕴含着城市群内部各个城市之间相互整合、相互协调，进而产生"1＋1＞2"的聚合效应。这种由城市彼此空间邻近所产生的正外部性，即城市群经济效应，是城市群的核心优势和城市群竞争力的主要来源，也是城市群竞争力区别于单个城市竞争力和一般区域竞争力的主要表现，而形成相对有竞争实力的产业体系便是城市群发展的源头活水。

（二）开发区政策促进了城市群进程

开发区是指在明确的地域范围内，由政府部门主导设立并赋予特定优惠政策，以国内外企业为主体进行经济贸易活动，力求成为新的经济增长点以带动开发区、城市（群）、大区域乃至国家经济发展的企业聚集区（马雪梅，2022）。开发区的设立是我国实行对外开放的必然选择，对突破城市发展瓶颈、激发经济活力、协调中心城市与外围发展具有重要意义。

（1）进一步完善基础完善设施。基础设施是工业集聚区实现企业生产和居民生活的先决条件，是开发区与母城连接及城市群内各城市间便捷联系的纽带。交通运输、供水、通信、环境、防灾等是开发区基础设施投入的重点，任何因基础设施保障能力提升所带来的服务成本的降低，都会提高单位生产的效益，也可提高劳动力、资本等生产要素的产出率。不断完善的开发区基础设施建设，也会吸引其外部的人、财、物及各类资源的进入，将为促进其所在城市的产业发展提供可供选择的机会和便捷的条件。在开发区运营过程中，若基础设施供给水平不高，在远离市场或消费区的背景下，无疑会因支付昂贵的服务及交通费用而影响区内企业或产业的竞争力，发展机会也因此减少。

（2）不断增强区际间经济联系。区际经济联系是指相关区域及城市群内部各城市间在商品、劳务、资金、技术和信息方面的交流，以及在此基础上发生的关联和参与性经济行为（吴殿廷，2001）。缘于区域经济系统的开放性，区际经济联系是现代区域经济发展的必要条件。开发区对所在城市及城市群的带动作用，突出表现在区内产业（企业）与区外相关产业（企业）之间密切的经济联系。这种联系一般是遵循经济事物运行中的距离衰减原理，即社会经济客体在地理空间中的影响力随距离（空间距离、时间距离、运费距离）的扩大而减少。不过，在经济全球化趋于深化的背景下，区域间的经济联系也会出现较为多元的方式，尤其对欠发达地区的各类开发区而言，与周边地区的经济联系强度甚至弱于与发达地区的联系，这也就为其城市群建设及促进形成内部交易提供了重要的机会。

（3）促进区域技术创新网络的建设。在各类开发区的创新中，企业节点不仅是创新活力源，并建造呈现网络效应。一般以产业链和生产流程为纽带的节点创新，使企业间的创新相互关联而形成系统创新成效。即在开发区内某一产品生产企业网络中，任一企业的工艺与技术创新都会影响到相关企业生产与经营配套，从而促使关联企业进行相应的创新活动。节点创新，不仅能够积聚本企业的竞争实力，还能通过传导效应扩展到相关企业加快其创新的步伐。鉴于开发区内创新的普遍性和扩散性，任何一个企业的任一项创新活动都有可能通过网络传导，形成开发区系统创新并产生整个区域的协同创新效应。

（4）加快集聚人力资本。开发区发展需要有一定数量的劳动力供给，不论保障生产的顺利运行还是能够持续进行相应的创新活动，都有赖于人力资本和知识资本的形成和集聚。在劳动者的素质既定的情况下，人力资本在数量上表现为从事劳动的总人数及劳动力市场上的工作时间；而其资本的积累是通过对教育培训、医疗保障和职业流动等方面的投资而获得的。开发区人力资本集聚水平的提高，不仅会增强开发区内生发展能力，还能使整个城市群的人力资本水平得到明显的改善。尤其在知识经济中，人才问题是经济发展和市场竞争的根本问题，重视人才、开发人才、培养人才是开发区进行高质量发展的重要保障。

（5）不断改善欠发达地区开发环境。与发达地区工业化推动下的城市化路径具有差别，中国西部城市群体发展经历了一段特殊的历史进程。尽管中华人民共和国成立后的"三线建设"，使西部生产型城市获得了飞速发展并与全国差距迅速缩小，然而改革开放以来因国家政策倾斜于东部沿海地区，西部城市发展与东部的差距迅速扩大。经由这种特殊历史进程而来的西部内陆地区的城市化，富有其浓厚的历史特性、地域特色，表现为城市发展基础薄弱、城市布点区域集中、城市建设政府推进、城市循环相对封闭等（高翔宇，2016）。目前，中国西部数量和规模本就有限的城市群体建设，地域分布集中且面积不等、质地欠佳，率先促进其经济发展将成为"源头活水"，其中聚焦开发区及产业园区发展是破解困境的突破口，进而对加快区域现代化进程和促进全国共同富裕意义非同小可。

二、兰西城市群开发区成长基础：引擎作用

依据《中国开发区审核公告目录》（2018 年版）数据（见表 2 - 1），兰西城市群开发区建设呈现一个渐进发展的过程。最早是在 1988 年建设的甘肃白银西区经济开发区、兰州连海经济开发区，成立时间最晚的是在 2016 年建设的皋兰三川口经济开发区。开发区运行发展需要一定时间，结合开发区建立时间、集聚发展实力及数据可获得性，本次实证研究的时段确定为 2013 ~ 2019 年，将选择兰州高新技术产业开发区、兰州经济技术开发区、白银高新技术产业开发区、兰州连海经济开发区、甘肃白银西区经济开发区、甘肃白银平川经济开发区、甘肃陇西经济开发区、甘肃临洮经济开发区、甘肃定西经济开发区、甘肃永靖工业园区、甘肃广河经济开发区、甘肃东乡经济开发区、甘肃临夏经济开发区、西宁经济技术开发区、青海高新技术产业开发区等作为研究对象。

表 2 - 1　　　　兰西城市群所有国家级、省级开发区基本信息

省份	级别	开发区名称	建立时间	规划行业重点	是否为研究对象
甘肃省	国家级	兰州高新技术产业开发区	1991.3	生物医药、电子信息、新材料、新能源	是
		兰州经济技术开发区	2002.3	装备制造、有色冶金、生物医药	是
		白银高新技术产业开发区	2010.9	精细化工、有色金属、生物医药	是
		兰州新区综合保税区	2014.7	进出口贸易、生产加工、跨境电商	否
	省级	兰州连海经济开发区	1988.8	碳素、新材料、食品	是
		甘肃白银西区经济开发区	1988.8	医药、食品、商贸物流	是
		甘肃白银平川经济开发区	2006.3	建材、农产品加工、装备制造	是
		甘肃陇西经济开发区	2006.3	中医药、铝冶炼及制品、装备制造	是
		甘肃临洮经济开发区	2006.3	装备制造、金属冶炼、建材	是
		兰州榆中和平工业园区	2006.4	新材料、医药、机械	是
		兰州九州经济开发区	2006.8	食品、医药、商贸物流	是
		兰州西固新城工业园区	2006.8	商贸物流	是
		甘肃定西经济开发区	2006.8	食品、医药、装备制造	是
		甘肃永靖工业园区	2006.8	装备制造、化工	是
		甘肃广河经济开发区	2006.8	皮革加工、毛纺轻工	是
		甘肃东乡经济开发区	2006.12	农畜产品加工、机械	是
		甘肃临夏经济开发区	2010.2	食品加工、民族特需用品加工	是
		渭源县工业集中区	2011.4	医药、农产品加工	否
		白银刘川工业集中区	2013.6	有色金属加工、稀土、化工建材	否
		景泰工业集中区	2013.6	建材、非金属矿物加工、机械	否
		皋兰三川口工业园区	2016.5	建材、机械、食品	否
青海省	国家级	西宁经济技术开发区	2000.7	机械加工、特色资源开发、中藏药	是
		青海高新技术产业开发区	2010.11	装备制造、中藏医药、食品	是
	省级	青海甘河工业园区	2002.6	金属、化工	否
		青海南川工业园区	2008.2	藏毯绒纺、新能源、新材料	否
		海东工业园区临空经济园	2010.12	新能源、新材料、商贸物流	否
		海东工业园区民和工业园	2010.12	铝冶炼加工、铁合金冶炼、碳化硅冶炼	否
		海东工业园区乐都工业园	2011.02	装备制造、建材、玻璃	否
		海东工业园区互助产业园	2013.12	青稞酒酿造、生物医药、农畜产品加工	否
		西宁大通北川工业园区	2015.12	铝电、建材、基础化工	否

资料来源：中国开发区审校公告目录（2018）。

（一）发展规划及选择

兰西城市群内开发区的产业选择多样化、地域特色鲜明。从主导产业和重要行业发展来看，传统产业与新能源、新材料等新兴行业并行发展，藏毯绒纺、特色资源开发、食品医药等地区特色资源加工行业规模稳定增长。产业区域选择差异性较为突出，青海开发区侧重于新能源、新材料、藏医药及特色农畜产品加工；而甘肃开发区产业选择注重制造与商贸物流产业融合发展的培育，高等次开发区发展选择侧重高新技术产业及国家基础原材料供应基地建设，而省级开发区选择农产品加工、食品、纺织及医药发展，商贸物流成为重要发展职能。

兰西城市群内所含的五个国家级开发区，产业选择有一个突出的共性就是均涉及生物医药行业。目前，这里还没有一个具有影响力的医药企业，而这里却成为全国成药原材料的主要供应地。甘青两地独特的生态环境适合特色动植物生长，如青海的当归、贝母、玛卡等和甘肃的甘草、锁阳、肉苁蓉、罗布麻等集中种植，保证了生物制药产业发展的原料。还有，开发区装备制造行业选择也呈现了"路径依赖"的痕迹，这里制造业发展仍然存留有 20 世纪 60、70 年代"三线"建设的基础，而改革开放以来国际贸易占据主导和加入世界贸易组织（WTO）之后国际大循环给这里的产业选择所带来的影响呈现较为明显的"距离衰减"约束性，占据优势的装备制造、机械加工、有色冶金等行业均为重工业属性，现代服务业发展相对滞后，在"双循环"发展战略背景下促进产业结构优化的任务十分艰巨。

（二）开发区对区域发展的贡献

1. 对区域经济积累的贡献

近年来，兰西城市群开发区的产业积累、整体实力逐步增加。截取本书选择的 18 家开发区数据，从生产总值规模来看，2011 年开发区完成地区生产总值 549.74 亿元，占青海、甘肃两省地区生产总值的30.83%；2015 年开发区完成的地区生产总值达 923.77 亿元，占青海、甘肃两省地区生产总值的 40.28%；2019 年开发区完成地区生产总值为1186.74 亿元，占青海、甘肃两省地区生产总值的 36.17%。2011～2019年，开发区生产总值年均增速为 10.24%，比甘、青两省（增速为7.35%）高出 2.89 个百分点①。不同阶段开发区有序建设，业已成为兰西城市群乃至甘、青两省的经济发动机，不仅促进了区内特色资源的深度开发和相对应的产业链建设，并以其强劲的发展势头和充满活力的经济发展前景，成为引领内陆加快开放、融入国内外经济循环发展的"增长极"，并依照国家对各类开发区确立的"示范、引领、辐射和带动"作用的政策目标设计，更为地方经济方式转变主动探索其行之有效的发展模式。

2. 对区域产业集群建设的贡献

兰西城市群开发区建设，担负着集聚区域创新资源、培育新兴产业、推动城市化建设等重要使命，并通过政府激励和市场驱动的双重作用，使其发展形态演化呈现出由初始的产业发展的单一形态向多元形态演进的"一体两翼"的模式（"一体"是指产业形态、"两翼"是指空间形态与关系形态的变化）。在此，通过提高主导产业、提升运营企业的技术、人才投入，持续在延伸产业链上下功夫，明确其各园区主导产业选择，坚持发展区域特色资源产业开发和致力培育核心企业形成比较优势。2011 年开发区完成工业增加值 483.69 亿元，占甘、青两省总共完成工业增加值的 17.68%；2019 年开发区完成工业增加值 904.86 亿元，占甘、青两省总共完成工业增加值的 28.80%（见图 2－1）。在此，以产业集群化发展方式不断提升开发区和兰西地区综合发展水平及对外竞争实力，正在培育的牦牛产业集群、锂电产业集群、藏毯产业集群、特色生物资源与中藏药产业集群和节能环保产业集群均为开发区内富有地域特点、产业优势的集聚主体。

① 甘、青两省企业与信息化厅数据、统计年鉴。

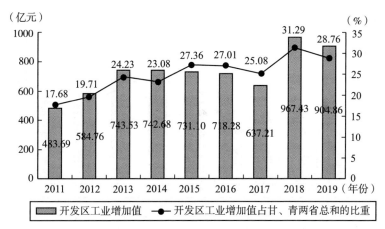

图 2 - 1　2011～2019 年兰西城市群开发区工业增加值占甘、青两省总和的比重

资料来源：《中国开发区网》及青海省、甘肃省工业与信息化厅网站数据。

3. 对区域科技创新的贡献

兰西城市群各级开发区是甘、青两省科技资源、研发活动、创新成果最为密集的地区，经过多年的发展培育了一批具有区际影响力的高新技术成果和企业。据统计，2011～2019 年兰西城市群 18 个开发区的科研经费支出呈上升趋势，2019 年是 2011 年的 3.43 倍，年均增长 14.68%；科研经费支出占甘、青两省的比重趋于增加，2019 年占比达 44.8%，比 2011 年（占比 10.68%）高出 34.12 个百分点（见图 2 - 2）。专利申请量在一定程度上代表了开发区主体的科技研发能力，2011～2019 年专利申请量呈先减后增的趋势，2012 年总量最少而此后持续增加，2019 年达到最大值 14926.92 件，是 2011 年的 6.20 倍，年均增长 35.52%；开发区专利申请量占甘、青两省的比重在 2016 年最高（14.38%），比 2012 年的最低值（5.30%）高出 9.08 个百分点①。其中，属于国家高新区吸引和集聚创新资源和企业的能力明显高于经开区和一般省级开发区。

---

① 资料来源：青海省、甘肃省工业与信息化厅内部资料整理。

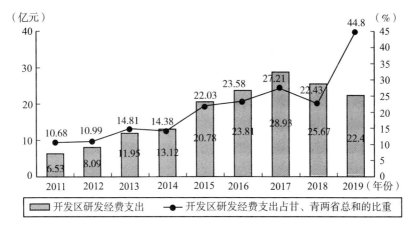

图 2 - 2   2011～2019 年兰西城市群开发区研发经费支出占甘、青两省总和的比重

资料来源:《中国开发区网》及青海省、甘肃省工业与信息化厅网站数据。

4. 对区域开放发展的贡献

在兰西城市群培育发展中，开发区作为区域对外开放的窗口，不仅成为吸引资金、技术、人才等重要平台和实现各类资源合理配置的主要基地，也是呈现各级政府更加主动实施外向型战略意图的策源地。其中，进出口总额是衡量一个地区经济开放水平的重要指标，2011～2019 年兰西城市群开发区进出口总额整体呈上升之势，2019 年是 2011 年的 3.31 倍；2019 年开发区出口额和进出口总额占甘、青两省总和的比重分别为 42.93% 和 27.22%（见图 2-3）。

开发区无论出口创汇的速度还是进出口总额占比在甘、青两省居于绝对的主导地位，如果从制造业发展的供销指向来看，以原材料生产为主的供应链区位，致使兰西城市群内开发区的开放发展及参与国内大循环的能力始终处于高位状态。然而，以传统产业为主导的产业选择，引进外资方面明显滞后于沿海发达地区，尤其在青海全省引进外资能力长期处于低位状态，致使开发区投资主要从事生产性投资，缺乏技术研发性投资，进而也奠定了开发区创新创业氛围不足的自然本底。

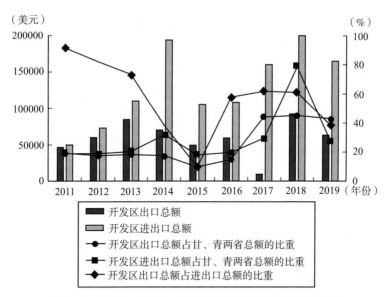

图 2 – 3　2011～2019 年兰西城市群进出口比重变化状况

资料来源：《中国开发区网》及青海省、甘肃省工业与信息化厅网站数据。

三、开发区产业集群发展的困境：关联薄弱

产业集群是城市群健康发展的重要保障。在某一特定区域内，围绕某个产业大量联系密切的企业和相关支撑机构按照一定的经济联系在空间上集聚，并持续形成竞争优势的现象，具备了产业集群的组织形态。在此，成"群"发展的产业，并不是企业在空间中简单地集中，而是呈现一种产业成"链"、产品成"簇"、企业成"群"的组织运行状态。产业集群化发展能够产生规模经济、集群经济效应和降低成本、提高效益等显著的经济优势。据相关测算，一个企业在工业园区内发展，可以节约公共投资 10%、节约土地 15%、降低污染成本 5%（张岩，2022）。

促进开发区间的协作发展，不仅有利于强强联合促进产业强势升级，更为城市群建设积累推进自身发展的内生力量，关联作用也给整个区域

产业发展带来"溢出"的红利。按照产业链和技术链分工，开发区间可以大带小，充分发挥核心企业龙头带动作用和大中小企业集聚功能互补作用，大企业带动小企业共同创新发展，形成有机和谐的"企业生态系统（生态圈）"，将有利于区内外生产要素的有效流动和资源的优化配置。由此，如若以兰西城市群内部开发区为产业集群发展的载体，那么就围绕某一产业发展，究竟产业集群发展处于哪种状态？对城市群发展产生的促进作用如何？本书将借助企业关系网络评价方法，选择当前快速发展的新材料、新能源产业和传统产业中农畜产品加工产业两大类企业，就其判断兰西城市群内部不同开发区间企业间的关联程度，以此实证说明开发区协同发展对城市群产业支撑能力的建设。

（一）企业关系网络评价依据

企业关系网络结构，是衡量产业集群升级的重要依据。集群的升级过程，是企业在不同的网络嵌入模式下形成的集群网络结构的演化过程（林民树，2015）。具体网络结构支撑下的产业集群升级研究，应以集群中的企业为对象，突破集群边界，将企业在集群内部和外部的企业间关系网络作为一个整体进行考察。企业在全球不同地理空间配置其内部价值环节，是形成全球价值链的基础；企业也是集群升级驱动力——技术创新的主体，其技术创新能力的提升必然伴随着与集群内部企业和外部全球价值链上企业间的网络关系的动态调整，从而形成不同的网络嵌入模式，形成推动集群升级的结构基础（刘潇，2022）。

本书采用问卷调查和企业访谈相结合的方法获得分析所用的第一手数据。为了较为方便地获取数据，本次访谈对象选择面向西宁国家级经济技术开发区的企业（以下简称西开区）。并于 2018 年 8 月、2019 年 9 月对西开区内的 DC 工业园区、NC 工业园区、GH 工业园区等三个工业集中区的企业进行集中调研，最终获得所研究的样本数据，经过两次跟踪调查后仍需要补充的资料采取电话访谈形式完成。此次调研中样本企业的选择依据：一是具备正在生产经营的企业。本次数据采集涉及园区规划中的产业有三大类，包括新能源、新材料、高原农畜资源加工，其中某一行业中正在生产经营企业数量超过其总数的1/3。二是调查的企业要具有代表性。既兼顾不同规模（如大、中、小企业），又兼顾不同类型（如垂直一体化企业和中间产品生产企业）。最终实际调研的企业数包括：高原农畜产品加工类企业15家；新能源、新材料企业19家。

当前，企业间合作有多种形式，为客观呈现企业间的合作状态，具体分析我们判断将关注：一是确定呈现企业间关联关系。本书拟从上下游企业之间原材料采购、产品销售方向、技术联系以及信息沟通等4个视角把握企业合作的情况。实地问卷设计拟获得信息的具体思路包括6个方面，具体内容为：（1）"贵公司生产产品的原材料从哪里引进？（省内、省外、是否在兰西城市群内甘肃境内兰州市的企业有原料采购联系，下同）"；（2）"企业生产的产品销售到哪些下游企业？"；（3）"企业技术研发依赖于哪里？"；（4）"与哪些企业有技术上的交流合作？"；（5）"您与园区内哪些企业有合作？"（技术合作、联合开发、供销联系、转包联系、服务联系、财务联系等）；（6）"您与周边哪些省份企业有合作？"（技术合作、联合开发、供销联系、转包联系、服务联系、财务联系等）。二是对企业合作调研数据进行0/1二值处理。若企业间存在合作联系，赋值为1；企业间不存在合作联系赋值为0（李宏贵，2017）。所选取的判断指标包括：网络密度、网络集中度、节点中心度、中间中心度4个方面，该类数值呈现相对静态的企业网络结构状态。进一步按照企业矩阵关系，借助 UCINET 软件绘制企业合作可视化网络结构图，通过企业合作网络结构特征，进一步分析某一行业产业集群发育状况及其与兰西城市群内部企业间的竞合状况。

（二）　企业合作网络判断

1. 新能源企业合作网络特征

（1）企业合作网络发育处于向多中心集中阶段。西开区新能源企业网络呈现多中心、低密度的结构发育特征。企业网络密度为0.1118，网络集中度为14.00%、网络节点中心度标准差为1.5765。现阶段新能源产业企业合作网络整体还处于低层级的合作水平，企业间多为纵向的产品供销合作关系，而横向的技术、信息等方面的合作关系基本处于培育状态。

（2）每个企业节点中心度存在较为明显的差距。整体比较来说，SD公司节点中心度排名第一，基本处于新能源产业集群合作网络的核心位置（见图2-4）。该企业目前是国内和全球锂电池产量最大的公司，企业主要做电芯产品。经访谈发现，在纵向联系中，SD公司上游公司在青海省内存在TF公司唯一一家可联系的企业，下游关联企业全部分布于青海省外。对于SD公司而言，并不是有合作的企业即可产生联系，而是要考虑可满足的条件，包括成本、产品质量及稳定性、新产品开发的技术含量、企业信誉与品牌美誉度等要求。也就可判断：TF公司对于SD而言，是上游企业，但并不是唯一的选择。实际表现是，由于开发区内所拥有的上游企业数量有限，加之产品质量不能满足SD公司发展的要求，尽管起初落地南川园区时，从规划的视角设计了二者间存在联系，

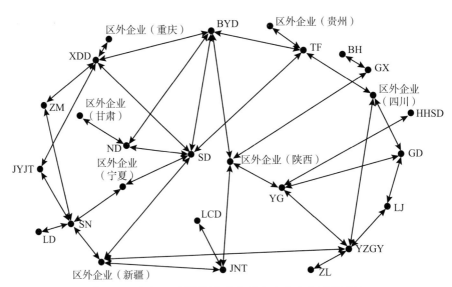

图2-4 西开区新能源产业集群内企业合作网络结构

可是实际运行中二者间的关联有待增强。SD 公司初始生产时的原材料供应联系只能从青海省外引进，随着生产规模的扩大和对开发区内相关企业不断增进认识，SD 公司原材料供给联系的上游企业选择逐步向开发区内邻近企业拓展存在可能。

西开区新能源产业的次一级企业网络中的核心企业为 TF 公司、YZGY 公司、BYD 公司，三家企业的网络节点中心度在新能源产业集群合作网络中并列排名第二。具体呈现为：TF 公司属于新能源产业链的上游企业，成为开发区内多家下游企业的原材料供应地；YZGY 公司是亚洲最大的硅材料生产企业，企业拥有国际先进的技术研发团队，是青海省支柱产业之一，在新能源产业集群合作网络中成为重要的一环；BYD 公司是青海省规模最大的锂电池生产企业，其母公司以建造产业链完善的新能源汽车集团构建了完整的生产链，不过区内 BYD 青海公司只是集团公司旗下的以电池生产为主的中间产品生产企业，在西宁经济技术开发区内除了原材料供给与 TF 公司发生供应联系之外，企业网络的其他联系均发生在青海省外，主要与 BYD 公司在陕西省境内布局的企业发生纵向合作联系，而横向合作开展集中与深圳总部产生联系。

（3）企业合作网络中还未培育形成起主导作用的核心企业。某一个产业集群培育的企业网络中，如果一个企业处于其他企业交往必经的路径上，那么，这个企业在这一网络中居于重要地位。因为，它引导信息流通的机会也较多，亦即占据了操纵信息流通的关键性位置，具有控制其他节点之间交往的能力。新能源产业集群合作网络中间，中心度值最大的前五位企业与节点中心度排名基本相同（见表 2－2）。可见 BYD 公司、SD 公司、TF 公司、YZGY 公司、XDD 公司五家企业不仅是合作网络中联系最多的企业，同时也是网络中起重要的中介作用的企业。原因是以上五家企业的产品质量和企业规模等方面均远领先于其他企业，原材料需求量和销售面均比较大，因此与周边小规模的企业的合作联系要高于其他企业之间的交往。

表 2 - 2　　　　　　西开区新能源产业集群合作网络关联数值

企业名称	中间中心度	企业名称	中间中心度
BYD	66.000	LJ	2.000
SD	65.533	ZL	0.000
YZGY	64.933	LCD	0.000
XDD	47.833	HHSD	0.000
SN	45.833	LD	0.000
YG	45.233	BH	0.000
JNT	33.000	区外企业（新疆）	82.367
ND	24.000	区外企业（陕西）	78.233
GX	24.000	区外企业（重庆）	0.000
GD	7.733	区外企业（贵州）	0.000
JYJT	2.500	区外企业（甘肃）	0.000
ZM	2.500	—	—

从与青海省外企业的合作关联来看，新能源产业集群与周边新疆、陕西等省区合作更多，原因在于：新疆的资源丰富，这一优势促使供不应求的新能源企业更多地与之合作；陕西新能源产业发展起步较早，综合发展水平在西北地区处于领先水平，市场需求量大且发展前景乐观，而青海省内部分新能源企业的产品数量和质量往往不能满足当地产业链的供应，且青海省内新能源市场发展尚未成熟，因而多数发展较好的新能源企业选择与西北地区新能源发展较快的陕西省合作。还有，企业间的信任关系伴随相互之间的经营合作，有逐步形成"企业联盟"的意愿。具体是为了应对当前硅材料市场波动给企业带来的巨大竞争压力，HHSD、GD、YG 等企业间通过经济合作强化技术、信息等合作交流，呈现出企业间合作网络向本土化转变的迹象。

2. 新材料企业合作网络特征

（1）企业合作网络仍然处于低水平层次。西开区培育新材料产业集群其内部企业不仅在园区内形成类型多样、集中发展的区域分工组织形态，同时也直接服务新能源产业发展，形成相互支撑发展的格局。所呈现的新材料产业集群内企业之间合作网络结构指标值是：合作网络密度为0.1208、网络集中度占15.24%、节点中心度标准差为1.0607，网络密度同样处于低层次水平；开发区内只有少部分企业存在供销关系外，企业网络内部结构极为简单，基本还未形成协同发展的关联关系。

（2）企业合作网络中只有少数企业处于节点中心位置。SN、YZGY是企业合作网络中节点中心度最大的企业，这两家企业不仅在新能源产业链上占据重要地位，也在新材料产业集群中同样扮演着重要的角色（见图2－5）。新材料企业间形成的网络关系也较为单一，只与开发区内的少数企业间存在关联关系。GD公司位居次一级的核心企业，该企业主要的产品有两类：电子极多晶硅材料、光伏多晶硅材料。其中，GD生产的电子极多晶硅材料是国内第一家能够达到集成电路标准的企业，目前是国内电子极材料生产的核心企业。也因电子极材料生产用量小，仅为本地企业提供光伏多晶硅材料的销售客户有YG、LJ公司。

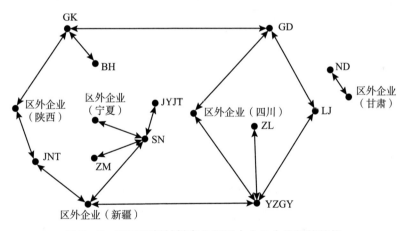

图2－5　西开区新材料产业集群内企业合作网络结构

（3）企业合作网络中每个企业表现出地理上的集中状态，只有少数企业处于中介组织的位置（见表2－3）。YZGY公司在新材料产业集群合作网络中是最重要的中介组织，其原材料主要从新疆、四川等省区购进，在开发区内的布局依当时条件，建厂初期是被相对较低的电价和优惠的政策吸引而来；与园区内企业合作多是以"投入—产出"联系为基础的经济合作，生产的多晶硅与 YG、LJ 等下游新能源企业，在循环副产品使用中与新材料 ZL 公司产生经济合作。同时，网络中存在断点，部分企业参与地方网络合作较少。调研中发现，青海本地企业生产的产品质量、生产设备等往往不能够满足当地下游企业的需求，同时由于存在信任危机和企业经营者的观念问题，认为同行企业之间应该避免同行倾轧，导致企业间本地合作活动的内生动力不强。

表 2-3　　　　西开区新材料产业集群内合作网络中间中心度数值

企业名称	中间中心度	企业名称	中间中心度
YZGY	65.000	BH	0.000
SN	63.000	JYJT	0.000
JNT	37.000	ND	0.000
GX	16.000	区外企业（新疆）	89.000
GD	11.000	区外企业（四川）	10.500
LJ	10.500	区外企业（宁夏）	0.000
ZM	0.000	区外企业（陕西）	24.000
ZL	0.000	区外企业（甘肃）	0.000

3. 高原农畜资源开发企业合作网络特征

（1）企业网络呈现多核低密度结构。西开区内高原农畜资源产业集群的培育，是充分依托区内优势资源并将其充分转化为经济优势的地方特色产业集群，其产品类型有藏毯、毛绒、丝织及牦牛肉加工、奶业等。集中分布于 NC 工业园区，由规划引导集中培育的产业集群是藏毯产业，其次为满足对牦牛资源、奶业资源的开发，建立起相应的产业集聚形态。整体来看，高原农畜资源产业集群内的企业合作网络结构呈现较为典型的"多核心低密度结构"状态，企业网络密度为 0.1901、网络集中度占 15.69%，节点的中心度标准差为 1.5684，企业间纵向合作明显大于横向合作，与规划所设计的以民营企业为主导，无论藏毯企业还是藏毯、绒业企业之间，资源加工后所形成的原材料供销合作关系并不紧密。

（2）企业合作网络中不同行业间关联性较差。按照节点中心度排列，TXDJ 公司、SY 公司节点中心度并列排名第一，节点中心度均为 6，这两个企业均以地毯生产为主（见图 2 - 6）。经实地调研发现，近几年由于原材料成本上升、市场环境低迷以及资金缺乏等问题的出现，开发区藏毯企业发展普遍不景气，多数企业面临着停产和倒闭的局面，而TXDJ、SY 公司凭借企业经营理念和准确定位仍然保持着企业正常运营，与 NC 工业园区内部多家企业有合作关系，位居高原农畜资源产业发展的"明星"位置。次一级核心企业为 XMLY 公司、SH 公司、XXN 公司，并列排名第二，以上三家企业的节点中心度为 5，XMLY 公司是中国第一家家用地毯的生产企业，也是一家从洗毛到纺纱生产链较长和能提供品种丰富初级原料的企业，为开发区内多家地毯企业提供原材料，是网络中重要的一环。SH 公司、XXN 公司是西宁地区两家发展效益较好，规模化突出的乳制品企业，其产品不仅售往本地，同时还售往东部地区，在当地奶业协会积极协调下，企业间保持着较为良好的沟通关系，并对州县小规模奶制品提供参观企业学习的机会和技术上的帮助。

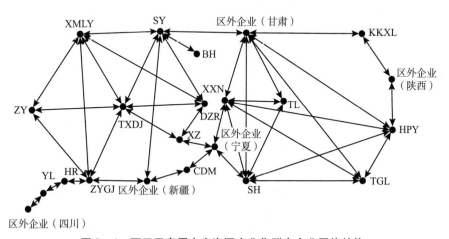

图 2 - 6 西开区高原农畜资源产业集群内企业网络结构

（3）企业合作网络具有弱中心的结构形态。在高原农畜资源产业集群合作网络中，起桥梁作用的中介企业将起着关键的作用。可判断（见表2－4），一是在企业合作网络的中间中心度指标值的表达中，以生产藏毯为中心的企业间形成了具有"弱中心"的结构形态。在此，SY公司处于企业中间中心度指标第一位置，在整个企业合作网络中居于中介地位，具备着控制其他企业间交往的能力，但这种能力是以其他藏毯企业生产能力不足为前提。二是在此企业合作网络中，地处西开区边缘的青海省外企业，即甘肃省内的企业与开发区内藏毯、毛绒、奶业生产企业间存在较强的关联性，占据关键中介作用，具体表现为缓解开发区内企业生产原材料供给不足的矛盾，在市场销售方面也表现出由西宁向外不断扩展的趋势，但影响力大小与青海省外企业间的竞争能力大小有关。究其缘由是近年来随着青海省内生态环保检查力度加码，省内小型养殖场相继关闭，直接影响到奶源供应；还有城镇化过程中，农民讲城市民化，致使绒业初始生产减产（羊绒、驼绒）。开发区内的农畜产品加工企业，不得不扩大收购的范围，周边省区必将成为原料采购供应的首选。

表2－4　西开区高原农畜产业集群内企业合作网络中间中心度数值

企业名称	中间中心度	企业名称	中间中心度
SY	93.700	ZY	0
TXDJ	31.933	HPY	0
XZ	20.000	HR	0
XMLY	15.233	BH	0
SH	9.633	TL	0
XXN	9.633	区外企业（甘肃）	57.467
CDM	6.283	区外企业（宁夏）	32.217
DZR	5.883	区外企业（新疆）	15.933
ZYGJ	4.083	区外企业（四川）	0
YL	2.000	—	—

4.开发区企业相互支撑状况判断

借助新能源、新材料、高原农畜产品加工等行业调研数据，所开展的企业合作网络状态评价，静态地呈现了以西宁国家级经济技术开发区为主导的某一行业在兰西城市群层面各开发区产业间的关联协作状态，表现区内开发区相互间所选择的主导产业就其特色产业集群发展中互相支撑的状态。

（1）企业合作结构较为简单，自我循环发展的特征典型。从企业合作网络的密度来看，均小于0.5，其中高原农畜产品加工的企业合作网络相对较高，而新能源、新材料产业的密度偏小。从企业合作网络的集中度来看，网络结构处于较为松散的状态，高原农畜产品加工企业合作网络的结构集中度最高，为15.69%。从企业合作网络的中心度来看，三类企业缺乏有组织带动作用的"种子企业"，尽管有少数企业处于中心位置并有更大权利影响其他企业发展的机会，实际表现是企业间合作随机性强，纵向联系大于横向（联合购销等）合作。

整体来说，西开区企业合作网络建设的实证数据，基本呈现了兰西城市群内开发区产业形态演进的阶段绝大多数处于初始培育阶段，此时，开发区集中力量完善基础设施建设，为产业发展营造相对良好的硬件条件，同时也成立专门的机构、颁布一系列产业优惠政策，而入驻企业多数是为了享受税收、租金等红利和便利的基础设施而入驻，产业集聚客观上是由政府主导、政策驱动而形成的产业集聚格局。致使每一个网络中的多数企业处于"点状"运行状态，开发区内的企业尽管地理上接近，间或是因存在信任的危机、或没有找到合适的参与渠道，尽管生产同样的产品或存在上下游生产环节的联系，但其联系的主动性不强，表现为较少的关联关系间或是更多的竞争关系。

（2）企业集聚优势渐趋突出，产业集群网络联系有待增强。"产业集群"与"产业集聚"是两个不同的概念，集聚是大量企业在某一特定区位的地理集中或"扎堆"，而集群是企业集聚与企业网络建设加和的结果。企业网络是产业集群的骨架，是企业在本地结网组群的空间表现，实证研究表明西开区主导产业发展中，本地企业网络组群建设处于培育状态，尽管新材料产业、农畜产品加工企业网络存在 1~2 个处于网络中心节点的企业，但与关联企业间的关系稳定性不足，相互间所产生的物质循环、能量流动和信息传递能力有待强化。

核心企业在能力和网络嵌入性上与区内的其他企业有本质差别，它们是促成产业集聚效应和开发区整体发展演进的引擎。开发区演进的首要任务是建造"聚核"，即通过对其内部的企业进行整顿与调整，聚焦形成特色主导产业，相继引入或培育区内的核心企业，提高其核心竞争力。2022 年青海牦牛产业集群、西宁经开区锂电产业集群、海西盐湖化工特色循环经济创新型产业集群、西宁藏毯产业集群、青海高原特色生物资源与中藏药创新型产业集群等成为青海集聚优势、招商引资的重点目标。而现实发展与产业集群发展的要求对标，西开区三类企业合作网络建设中"孤立"发展的形态表现较为典型。其中以藏毯、特色生物资源为主导的高原农畜产品加工企业网络建设稍有起色，并在本地形成了产业链相对延伸、网络密度不断增加的趋势，但园区内企业数量增加和应有的集聚规模边际效应增加并不明显，还没有一个企业持续呈现出对开发区特色产业发展"核"的功能。

（3）企业对外合作大于对内联系，同类行业城市群内部网络建设亟待强化。西开区内除高原农畜产品加工外，无论新能源还是新材料企业的供销联系，只有少数企业与兰西城市群内的企业产生联系，较为普遍的是为发达地区提供原材料、中间产品等。这种半成品供销网络联系，凸显国内大循环发展的痕迹，也是本地制造业发展"路径依赖"的突出表现。两头在外的购销形态，使西开区的企业绝大多数成为东部大企业或大公司生产环节上的一部分。它们之所以布局其位，生产成本优势并非显著，鉴于西开区内较为优惠的政策或借助特定的气候环境（干燥、洁净），因而其布局带来的运费成本的增加被特定的环境优势所抵消。还有企业合作网络中产品的价值增值并不明显。现西开区内所涉及的铝材料、硅材料、锂材料、铜材料等均属半成品加工，本身缺少制成品那样存在相互间互补、延链的机会。

犹如产业集群建设要求的那样，一个企业有可能同时加入几条价值链网络，最终可形成线型、星型、树枝状型的网络组织。目前，西开区企业网络基本呈现线型的网络组织关系，就其价值增值而言因本身所处的区位限制，现阶段企业网络组织建设难有大的突破。进而长期以来这里的开发区只能成为制造业发展的集聚区，而相关生产性服务业及配套产业发展举步维艰，因而佐证了产业链纵向联系大于横向关联的特征。

四、开发区转型发展能力：绿色发展

城市群作为统筹城乡一体化、社会发展与社会保障一体化、产业结构一体化的核心地区，同时又是生态环境问题高度集中且激化的高度敏感地区，必然对绿色发展的推进起着至关重要的作用。同时开发区是国家对外开放的窗口，也是以工业为主导的产业聚集区，资源能源消耗和污染排放总量较大，承载的资源环境压力也更为突出，因此，开发区不可避免地成为我国环境保护和节能减排工作的重点区域，开发区绿色发展的任务紧迫。

（一）指标构建

本书采用将"压力—状态—响应"（press-state-response）模型构建开发区绿色发展评价指标体系。P－S－R 模型最早由经济合作组织（OECD）提出，被推广应用到有关生态安全和资源可持续利用的广泛研究领域（郭旭东等，2005），其基本思路是人类给环境和自然资源施加压力，结果改变了环境质量与自然资源质量；社会通过环境、经济、土地等政策、决策或管理措施对这些变化发生响应，减缓由于人类活动对环境的压力，维持环境健康。对于开发区而言，绿色发展势必给所在地区的环境带来压力，压力主要体现在对人口、工业，以及对环境的影响，体现在开发区的经济状况、产业结构，以及投资状况的改变，社会通过政策和管理措施对压力引起的变化产生响应，采取措施来缓解人类活动对环境的压力，响应的结果体现在工业生产以及环境修复方面。

基于此本书遵循科学性、代表性、综合性以及可操作性等原则，参考相关的研究成果，结合兰西城市群的区域实情，构建基于 P – S – R 模型的兰西城市群开发区绿色发展评价指标体系（见表 2 – 5）：第一层为一级指标，表示绿色发展综合指数；二级指标包括绿色发展压力指数、绿色发展状态指数、绿色发展响应指数，其中绿色发展压力指数是指各年份当年开发区绿色发展所面临的压力状况，其值越高表明绿色发展压力越大，对绿色发展越起反作用；绿色发展状态指数代表各年份当年开发区绿色发展的状态，其值越高，状态越好；生态环境响应代表各年份当年开发区绿色发展保护与治理水平，其值越高，表明治理状况越好；基础指标包括 15 项指标，其中大部分指标直接从相关统计资料获得，部分指标经过简单计算推演得出。具体评价是采用基于熵值法与 TOPSIS 模型相结合的熵权 – TOPSIS 模型对数据进行处理（薛菲等，2017）。式中的最终评价结果介于 0 和 1 之间，结果值越趋近于 1，说明评价对象越优，反之，则越劣。

表 2 – 5 兰西城市群开发区绿色发展评价指标体系

一级指标	二级指标	基础指标	备注
绿色发展综合指数（GD）	绿色发展压力指数（P）	1. 万元工业增加值能耗（P_1）	负向指标
		2. 万元工业增加值水耗（P_2）	负向指标
		3. 人均工业 SO_2 排放量（P_3）	负向指标
		4. 人均氮氧化物排放总量（P_4）	负向指标
		5. 人口密度（P_5）	负向指标
	绿色发展状态指数（S）	6. 人均 GDP（S_1）	正向指标
		7. 高新技术产业总产值占工业总产值的比重（S_2）	正向指标
		8. 产值利税率（S_3）	正向指标
		9. 产业系统结构熵（S_4）	正向指标
		10. 人均固定资产投资（S_5）	正向指标
		11. 科学技术支出占 GDP 比重（R_1）	正向指标

续表

一级指标	二级指标	基础指标	备注
绿色发展 综合 指数（GD）	绿色发展 响应指数（R）	12. 工业固体废物综合利用率（R_2）	正向指标
		13. 工业用水重复利用率（R_3）	正向指标
		14. 环境质量指数（R_4）	正向指标
		15. 绿化覆盖率（R_5）	正向指标

（二）结果分析

1. 不同等级开发区绿色发展水平

本次参与评价的开发区共有 18 家，其中白银高新技术产业开发区、兰州高新技术产业开发区、兰州经济技术开发区、兰州九州经济技术开发区、西固新城园区、榆中和平工业园区、西宁经济技术开发区、青海高新技术开发区共 8 家属国家级开发区（园）类型，其余均为省级开发区。就其绿色发展评价是截取了 2013～2019 年段数据，来判断绿色发展综合指数的降低率（见表 2－6）。整体来看，国家级开发区绿色发展指数 2013～2019 年降低率小于省级开发区，但各国家级开发区内部之间绿色发展指数降低率差异较大，其中青海高新技术开发区的绿色发展指数降低率在 18 家开发区中最高，为 52.39%，兰州高新技术产业开发区的降低率最低，为－29.30%。

表 2－6   不同等级开发区 2013～2019 年绿色发展指数降低率   单位：%

开发区	降低率	等级	开发区	降低率	等级
白银高新技术产业开发区	18.59	国家级	榆中和平工业园区	35.52	国家级
兰州高新技术产业开发区	－29.30	国家级	西宁经济技术开发区	38.56	国家级
兰州经济技术开发区	42.08	国家级	青海高新技术开发区	52.39	国家级
兰州九州经济技术开发区	25.10	国家级	甘肃白银平川经济开发区	32.83	省级
西固新城园区	8.87	国家级	甘肃临夏经济开发区	40.64	省级

开发区	降低率	等级	开发区	降低率	等级
甘肃东乡经济开发区	42.90	省级	甘肃临洮经济开发区	38.75	省级
甘肃广河经济开发区	28.19	省级	甘肃定西经济开发区	34.77	省级
甘肃永靖工业园区	43.25	省级	甘肃陇西经济开发区	39.56	省级
兰州连海经济技术开发区	3.55	省级	甘肃白银西区经济开发区	48.07	省级

资料来源：青海省、甘肃省工业与信息化厅数据及相关网站整理而得。

各省级开发区的绿色发展指数降低率差异性明显小于国家级开发区，除兰州连海经济技术开发区外，其余开发区的绿色发展指数降低率均在 25% ~45% 之间。国家级开发区是区域绿色发展的引领者、工业经济发展的排头兵，同时兰西城市群内国家级开发区多位于地级市，相比于省级开发区存在一定的区位以及资源、政策优势，因此国家级开发区的绿色发展整体水平好于省级开发区。

但国家级开发区因自身的资源禀赋、主导产业类型、产业结构和经济规模的差异性较大，导致不同国家级开发区的绿色发展水平差异也较大。近年来，西部大开发战略、"一带一路"建设、供给侧结构性改革等政策给西部地区的绿色发展提供政策支持，为绿色低碳产业发展提供了动力，西部地区国家级开发区在政策响应上得到很好的成效，省级开发区具体的措施落实还不到位，资金缺乏等现象依然存在。

2. 绿色发展水平提升进程

从时间尺度来说，总体上兰西城市群2013～2019年开发区的绿色发展综合指数呈波动变化趋势（见表2－7），2019年有所上升但总体上低于 2013 年的绿色发展水平，仅兰州高新技术产业开发区 1 家开发区 2019 年绿色发展综合指数较2013年有略微提升，整体呈现"下降—上升—下降—上升"的变化趋势。2015～2017 年段兰西城市群开发区绿色发展水平表现较差，2017 年为兰西城市群开发区绿色发展水平最低年，多数开发区的绿色发展综合指数均低于0.22；变化较大的园区为甘肃永靖工业园区，绿色发展综合指数降低了0.2409。

表 2 - 7   兰西城市群开发区绿色发展综合指数

开发区名称	2013 年	2015 年	2017 年	2019 年
白银高新技术产业开发区	0.4268	0.2421	0.1466	0.3675
甘肃白银平川经济开发区	0.4302	0.2499	0.1820	0.2790
甘肃白银西区经济开发区	0.5576	0.4259	0.2436	0.2695
甘肃临夏经济开发区	0.3663	0.2238	0.1166	0.2474
甘肃东乡经济开发区	0.4101	0.2216	0.1601	0.2241
甘肃广河经济开发区	0.4254	0.2585	0.1506	0.3355
甘肃永靖工业园区	0.3796	0.2446	0.4563	0.2554
兰州高新技术产业开发区	0.2233	0.3343	0.2398	0.2687
兰州经济技术开发区	0.4365	0.2593	0.1718	0.2629
兰州连海经济技术开发区	0.4516	0.3189	0.1932	0.4255
兰州九州经济技术开发区	0.3167	0.2473	0.1713	0.2272
西固新城园区	0.4224	0.2413	0.1657	0.3749
榆中和平工业园	0.4273	0.2595	0.1561	0.2855
甘肃临洮经济开发区	0.4554	0.3215	0.1607	0.2890
甘肃定西经济开发区	0.3836	0.2457	0.1391	0.2602
甘肃陇西经济开发区	0.3982	0.2365	0.1567	0.2497
西宁经济技术开发区	0.5482	0.4845	0.4987	0.3968
青海高新技术开发区	0.4708	0.3780	0.3782	0.2841

资料来源：青海省、甘肃省工业与信息化厅数据及相关网站整理而得。

3. 开发区绿色发展空间差异

将 18 家开发区的绿色发展指数分为高、中、低三个等级，其中绿色发展指数区间为 [0.0487，0.2183] 时，该开发区的绿色发展水平为低等水平，[0.2183，0.3879] 为中等水平，[0.3879，0.5576] 为高等水平。兰西城市群开发区绿色发展在空间上呈中西部发展水平好于东南部的状况。中部绿色发展水平相似地区集聚发展的现象较为明显，主要集中在兰州市，其开发区的绿色发展呈高水平集中现象，开发区之间的绿色发展带动效应较好；西宁市两个开发区中，西宁经济技术开发区的绿色发展水平略优于青海高新技术开发区，由此说明兰州、西宁，作为两个省会城市同时也是兰西城市群的核心城市，依靠资源优势以及良好的治理政策和监管力度保证了所在地区开发区绿色发展的高水平发展；东部白银市、南部定西市以及临夏回族自治州的开发区绿色发展水平呈不稳定状态。

兰西城市群绿色发展指数高水平的开发区空间变化趋势呈现从东西部地区向中部（兰州市）地区转移。2013 年 13 家开发区绿色发展综合指数为高值，5 家开发区绿色发展综合指数为中值，形成整体高水平发展格局；2015 年兰西城市群开发区绿色发展水平下降，2 家开发区绿色发展指数为高值，16 家开发区为中值；2019 年西宁市绿色发展持续保持高水平，甘肃省开发区逐渐形成以兰州市为核心的绿色发展中高水平集聚的格局。

4. 开发区绿色发展压力、状态、响应（PSR）分析

"压力—状态—响应"（PSR）模型，按照"原因—效应—反应"的思路，阐释人类活动给自然界施加压力，改变了环境和资源的状态，进而通过决策、行为等发生响应，促进生态系统良性循环的过程。开发区的绿色发展也不可避免地给园区的环境资源带来一定压力，2013～2019 年兰西城市群 18 家开发区园区绿色发展的 PSR 指数表现内部差异显著。

从压力指数看，2017 年兰西城市群开发区绿色发展压力指数最高，该年开发区的人口密度指标权重（w_j）较大，大于 0.2，人口压力给环境资源带来一定影响，近年来城镇化对绿色发展的影响不容小觑，城镇化改变着人口结构、产业结构以及能耗方式，是影响区域绿色发展的决定性因素之一。也就是说城镇化给开发区绿色发展带来的抑制作用比较明显，为加快城市的基础设施建设使之与增加的人口相匹配，兰西城市群开发区内部的钢铁、金属冶炼、机械加工等企业数量增多，带来能源消耗和污染排放量的增加，从而制约了绿色发展的进程。从单个开发区来看，甘肃白银西区经济开发区的绿色发展压力指数在 2013～2019 年持续保持较大值，其人均二氧化硫 SO_2 排放量、氮氧化物排放量在 18 家开发区持续保持前三的位置，环境污染对绿色发展的制约较大。

从状态指数来看，2013～2019 年各个开发区绿色发展状态指数基本维持在 0.3～0.5 之间，各个开发区的绿色发展状态指数最优解与最劣解的差值较小，即靠近正理想解而远离负理想解，各年份各开发区绿色发展状态没有明显改善。从单个开发区来看，甘肃临夏经济开发区绿色发展状态指数一直处于低水平，作为省级开发区，经济积累和投资状况不容乐观，近年来人均 GDP、人均固定资产投资基本保持在 4.49 万元/人、3.58 万元/人，低于城市群内的平均水平。

从响应指数来看，2013 年、2015 年开发区绿色发展响应指数较高，兰西城市群开发区的科学技术支出占 GDP 比重指标权重较大，说明开发区在经济方面对绿色发展给环境带来的压力治理的效果最明显。2017 年、2019 年绿色发展响应指数有所下降，环境质量指数权重变小。因兰西城市群位于西北干旱半干旱内陆地区，绿化率普遍较低，加之投资于环境治理的资金依赖政府投入，由此带来的开发区绿色发展响应水平变化趋于和缓。从单个开发区来看，兰州市开发区绿色发展响应水平高于西宁市开发区，西宁经济技术开发区的绿色发展响应水平最差，该开发区污水处理厂集中处理率、生活垃圾无害化处理率相对偏低，伴随新能源、新材料为主的制造业不断入驻，生产制造过程将给环境压力带来快速的改变。

（三）开发区绿色发展水平判断

（1）兰西城市群开发区绿色发展水平整体呈现上升趋势，但内部差异明显。开发区是工业部门高度集中的地区，专注"节能降耗"，重点降低工业领域的资源消耗、增强资源循环利用的能力，是当前提升其发展质量、实现"双碳目标"的重要行动。在区位上，位居兰州市、西宁市两个中心城市的国家级开发区示范引领作用明显；在绿色发展"压力—状态—响应"系统中，开发区绿色发展初始阶段的压力制约效应明显，伴随响应机制的强化其压力趋于减小的方向演进；绿色发展压力对绿色发展状态、绿色发展相应的关联影响明显。若"压力"变化的负向作用表现呈现逆转趋势，在"状态"表现一定的前提下，"响应"的正向作用产生叠加的效应，进一步表现在下一个循环周期中状态、响应的能力会进一步增强。

（2）开发区绿色发展转型的步伐与其开发区的级别、本底基础条件有直接的关系。兰西城市群开发区的绿色发展指数值国家级开发区明显高于省级开发区，并受产业结构调整行动的影响就个别开发区的绿色发展水平呈现快速变化的状态。尤其在中心城市，在资源、要素供给中存在比较优势，使其内部的开发区在绿色转型中可配置的资源较多，转型步伐尤为明显，有望通过区域现代产业链、创新链的关联效应，聚集激活周边开发区绿色发展的势能。开发区绿色转型受工业重型化发展中"路径依赖"的影响，短期内绿色发展的迫切性和投入不足的矛盾难以规避。在兰西城市群开发区运行过程中，有限的经济积累和可投入的劳动力数量和质量将直接决定承接沿海地区产业转移的规模和产品生产的技术含量，进而引致企业技术创新的动力不足和实现方式选择十分有限。

五、促进兰西城市群开发区转型发展：绿色制造体系

（一）观念先行，客观认识开发区转型升级的紧迫性

将处理好自身发展与生态环境保护的矛盾作为开发区持续发展的底线。兰西城市群各类开发区（园区），犹如国内其他开发区一样，这里既是工业高度集聚和经济效益凸显的区域，也是环境压力日益加剧和承载能力快速调整、"双碳目标"实现最为紧迫的地方。但兰西城市群内开发区也有其自身发展的特殊性，因整体位居黄河上游生态屏障建设任务最重的地区，尽管城市群所在的区域属于重点开发的地带，但周边地区完全被限制性开发区域所包围。虽然没有限制其大规模、高强度的工业化、城镇化的开发，但一切开发活动必须遵循生态优先的原则，坚持

把处理好自身发展与生态环境保护的矛盾作为持续发展的底线，将加快绿色发展方式转变作为这一地区实现自我突破的重要途径。

研判构建企业合作关系网络与绿色发展之间较为密切的因果关系。企业合作网络建设是产业集群化发展的结果，也是特定区域产业配置能力提升的主要表现形式与实现途径，同时也是区域实现绿色发展的必要条件。从产业配置角度来看，区域各种资源、生产要素甚至各产业为选择最佳区位在空间地域发生流动和转移，对资源、生产要素进行重新组合和配置等均以各类企业（单位）为载体，进而影响区域产业结构变化以及资源环境利用效率。在要素供给一定的条件下，企业间相互关联程度越高，区域产业链延伸的机会、资源循环利用的可能性就越高，有利于健全产业集群结构。企业网络组织的提升，可通过"结构效应"改善生产要素配置方式，倒逼行业环保技术水平提升和降低能耗与污染排放增速，进而提高绿色发展效率，形成"双赢"的格局。为此，当前兰西城市群开发区转型发展的重要任务为以绿色发展理念指导，进一步通过企业关联合作能力提升，不断促进特色产业集群循环联动发展。

（二）有的放矢，客观谋划开发区循环发展的新路径

干中学，主动谋划开发区循环发展的专项政策。政策导向，直接影响工业集聚区建设的进程。欧美及日韩成功的工业集聚区建设，多数以政府出台的专项政策支持并引导形成产业集聚，企业间关联性强且对提升其专业分工协作能力有着直接的作用。如日本提出的生态城计划，从国家层面设计工业园区绿色发展方向，大力培育和引进环保产业，多个职能部门协同合作，针对新建企业进行资金资助和环境管理、废弃物回收和处理等专业指导，颁布了规范企业行动的《推进循环型社会形成基本法》《固体废弃物管理与公共清洁法》等法律法规，促成工业共生体系构建，形成以静脉产业集聚的生态工业园区。法国索菲亚·安蒂波里斯（Sophia Antipolis）技术城，不仅在"国家工业应用研究成果促进局"的帮助下，成功申请信贷银行的贷款，还在当地政府协调下重新规划土

地，为园区组织大规模且有计划的国际营销、投资建设先进的电信基础设施，法国政府还将国内第一大电信运营商法国电信迁入科技城，引导电信关联企业迅速集聚，形成信息通信业的集聚。为此，借助兰西城市群平台，职能部门协同，寻求国家支持与市场化运作双向发力，为开发区企业合作网络建设及循环发展需求提供更多的发展机会。

探索企业合作模式，加强绿色技术研究与应用。绿色技术的研究及应用，是企业绿色转型的关键，但企业受资金、人才等制约，自身绿色技术研究能力较弱。而国外成功转型的工业集聚区与高校、科研机构等开展紧密合作，促成了绿色技术的研究及应用。如日本北九州生态工业园建设中形成了保障企业合作的"政产研"运作模式，园区内具体部署了验证研究区、综合环保联合企业群区和再生利用工厂群区。在验证研究区，企业、行政部门、研究机构合作紧密，联合开展废弃物处理技术、再生利用技术的实证研究，形成了环境治理相关技术的研发基地；综合环保联合企业群区汇集了大批废旧产品再处理企业，企业间相互合作，开展环保产业企业化开发项目；再生利用工厂群区为汽车循环再利用和创新技术应用提供场所。为此，根据资源共享、协同开发的原则，按照园区内部先行和园区之间有序开拓的思路，通过规划先行的方式，以开发区绿色发展转型要求企业资源配置的方向和路径，进而在更大程度上实现企业资源配置对绿色发展效率的适应和契合。

（三）协同包容，探索有效的绿色制造体系建设

紧密结合国家、省市绿色发展布置，突出规划引领。兰西城市群开发区的持续发展，要充分与生态安全和国家安全体系建设统筹考虑，力求打破现有资源环境对经济发展的约束，指引社会形态从"工业文明"转向"生态文明"，实现资源节约、环境友好与经济增长协调共生的发展。具体按照"产业集聚、企业集群、发展集约"的原则，推动形成一体多翼的绿色产业集约、集聚、专业发展格局。每个开发区在明晰区域主导产业定位，加强园区不同功能区间产业合作和联动发展，依托园区

特色发展规划，打造园区重点发展的"地标"产业，发挥区域资源禀赋优势，推进配套产业集聚、集约发展，积极构建精细化工、高端装备、生物医药健康、节能环保装备等绿色产业体系。

强化协同推进，高起点谋划制定开发区绿色制造体系建设的专项行动。根据开发区产业结构实际、结合特色发展规划，进一步明确其绿色制造体系建造的工作目标、绿色新兴产业发展方向、绿色制造重点工程任务，会同发展和改革委员会、科学技术局、生态环境局等部门共同组织实施，加快形成职责明晰、协同推进的工作格局。同时，围绕企业协同合作共同推进主旨行动，需厚植理念根基。实施绿色制造体系建设，企业是根本、企业家精神是关键，需积极引导企业将绿色低碳的发展理念应用到生产经营的全过程中去，推动企业主动担当、主动实施绿色创新，重点发扬企业家精神，压实主体责任，将绿色发展理念纳入社会责任体系、在合作共赢中不断探索试错前行的发展之路。

第三章 都市圈协调发展
——以西宁市为例

　　都市圈是以一个或多个中心城市为核心、以发达的联系通道为依托、吸引和辐射周边城市或区域、社会经济高度一体化的地理单元（陈伟，2021）。2019 年国家发展和改革委员会出台《关于培育发展现代化都市圈的指导意见》，明确了都市圈是城市群内部以 1 小时通勤圈为基本范围的城镇化空间形态。

　　都市圈健康发展是城市群建设的坚实基础，不仅涉及各城市经济和环境、社会等持续发展，也包含着内部各城市间的产业和功能的合理分工、协调发展。兰西城市群建设中，促进中心城市健康发展是其培育发展的中心任务之一，但就兰州、西宁两个增长极其内部由来已久的发展差距，在城市群建设背景下内部差异不仅没有缩小，甚至有不断加深的趋势。《兰西城市群发展规划》（2018）明确西宁为其城市群发展的中心城市之一，而两个一级中心城市间较大的发展差距，不仅难以对等地形成合作的机会，也限制其集聚合力的形成乃至竞争实力的积累，最终不利于规划整体发展目标的落实。为此，如何改善短板，将成为区域高质量发展的中心议题，客观认识并进行系统研究，具有重要的现实意义和区域理论研究价值。

　　在兰西城市群建设进程中，促进中心城市健康发展是其培育成长的重要任务之一，既符合城市群培育的基本逻辑，也有利于构建一个更加完善、富有活力的城市群系统。《兰西城市群发展规划》中已经明确了培育兰州、西宁两个中心城市的目标要求，然而由来已久的两个中心城市间的发展差距，在其城市群培育的过程中不仅没有得到缩小反而有不断增大之势。

中心城市间较大的发展差距，不仅难以在城市间对等的形成分工合作的机会，甚至在强大的"虹吸效应"下，"强势"一方的发展一定会对"弱势"一方产生发展的压制，"马太效应"作用下的被边缘化困境将难以避免。其不利于城市群内部的统筹发展，进一步限制其城市群集聚合力的形成乃至竞争实力的积累，最终不利于城市群规划发展目标的落实。为此，如何改善其"弱势"一方的发展困境，将成为促进兰西城市群高质量发展的中心议题，而客观认识并系统研究西宁中心城市发展的不足，并聚焦其改善路径的探讨，具有重要的现实意义和区域理论研究的价值。

一、兰西城市群成长短板：弱化与结构失衡

（一）城市群成长与都市圈建设的逻辑关系

城市群是城市相互关联群体化发展的外在表现，是城市体系在不断完善的过程中逐步生成的，由此与区域城镇体系建设同属一个地域范畴的内容。纵观世界各国不同城市群形成发展的具体条件和历史过程，尽管存在千差万别的发展历程，如果对其共性进行高度的概括就会发现，存在一个"各城市独立发展阶段→都市圈阶段→城市群形成阶段→城市群完善阶段"不断演进的过程（方创琳，2014）。在此，城市群空间结构演化依次经过：分散独立式节点均衡发展阶段→单节点积聚的非均衡发展阶段→单体大都市区形成与继续拓展阶段→基于单节点的空间结构与职能结构整合发展阶段→多都市区一体化区域的形成阶段→都市区整合发展与结构重组阶段→城市群的稳定与持续发展阶段。从演进序列来看，前3个阶段相当于城市经济区或大都市区的形成与发展过程；第4个及后续的稳定发展阶段，相当于都市圈及都市圈集合体成形过程，是城市群发展相对较高级的阶段。

城市群发展存在一个由低级阶段到高级阶段逐步演化过程，突出表现为各级城镇间的关系由松散的地理连接转变到相互发展间紧密的互补链接，城市群内各级城镇间的分工合作由不成熟逐渐走向成熟，最终形成合理的劳动地域分工体系；城市群内城镇结构和功能不断趋于完善，其产城融合的过程由不协调走向协调方向。在此，都市圈作为城市群成长过程中的重要阶段，具有承上启下的作用，是城市群持续健康发展的中流砥柱。

都市圈与城市群二者的演进关系是伴随区域城市化过程的推进而不断演化，首先是单个城镇区域不断扩展、区域城镇个数不断增多并向着核心城镇集中，在空间上表现为城镇的集聚，区域城镇化发展异质化特征表现突出，城市群雏形开始出现，也就是都市圈发展组织形态呈现，城市群内部发展非均衡状态凸显；随着城市群区域内城镇的质量优化和数量攀升，城市群的内涵和外延扩展持续进行，城市群功能影响在空间上表现为向各级城镇的扩散，都市圈成长进入增长极的集聚状态向周边扩散能力或外溢效应呈现上升趋势，整个区域城镇化水平趋向于均衡状态，进而发展将会孕育区域一体化新的组织形态的产生和发展。

（二）兰西城市群及中心城市发展现状

1. 经济基础薄弱，产业发展支撑难以形成明显的优势

（1）前期积累难以达到城市群快速发展的要求。人口、产业的不断集聚是城市群成长的重要条件。与同期建设的其他城市群相比，兰西城市群的整体经济发展积累缓慢是不争的事实（见表3-1）。从人口规模来看，2020年兰西城市群在西部城市群中位列第二，其总量仅为长三角城市群的20.43%、成渝城市群的23.03%；从经济总量来看，2020年兰西城市群在西部城市群中排序为倒数第二，仅高于宁夏沿黄城市群，其总量仅为长三角城市群的2.53%、成渝城市群的7.25%。

表 3 – 1 全国东西部部分城市群人口—经济总量变化表

名称	常住人口				GDP			
	2010 年（万人）	2015 年（万人）	2020 年（万人）	增速（%）	2010 年（亿元）	2015 年（亿元）	2020 年（亿元）	增速（%）
长三角	4496.28	15221.65	15776.89	6.81	97301.38	159110.61	202638.93	114.99
成渝	13410.13	13656.98	13735.28	2.42	30249.84	57556.38	68230	150.94
关—天	2861.48	2903.89	3887	4.66	6831.98	12504.8	22000	29.43
兰西	1613.26	2196.74	1302.83	96.04	2425.31	4505.88	6298.984	126.82
天山北坡	658.22	692.19	640.5	-2.69	3483.04	5703.04	7117.75	104.35
滇中	1944.41	1989.85	2127	3.84	4821.72	8645.99	11046.64	129.10
宁夏沿黄	406.97	439.33	458.73	11.45	1399.14	2526.34	3089.31	115.42

资料来源：根据上海市、浙江省、江苏省、四川省、重庆市、甘肃省、天水市、青海省、新疆维吾尔自治区、云南省、宁夏回族自治区等历年《统计年鉴》整理而得。

与全国人均 GDP 平均水平相比，2020 年兰西城市群 39 个区县中仅有 20 个县市区达到或超过全国平均水平，多分布于兰州、西宁两个中心城市的周边地区，而距离中心城市较远的县域长期低于全国平均水平。同样，中心城市的发展实力也呈现总体发展基础薄弱和内部协调发展不一致的表现，以相邻的成都市为比较基准，2020 年兰州市的人口、经济总量仅为成都市的 20.5%、14.5%，西宁市的人口、经济总量仅为成都市的 11.6%、7.8%。由于规模差异导致市场容量差别、竞争实力的积累的不同，兰西城市群及内部发展均表现出与其他城市群间明显的梯度差别。

（2）非农产业发展呈现空间集聚状态。城市化、工业化在城镇化战略推进呈现高度的协调发展状态。借助以非农产业占国民经济的比重来比较能够代表工业化发展进程的思路（赵晓等，2022），2020 年兰西城市群各区县的工业化水平总体较低，内部差异也较为显著。其中，兰州、西宁市辖区的工业水平较高，基本处于 97%～99% 之间，内部各区县工业化水平处于 60%～90%；期间以服务业为代表的第三产业发展比重快速上升并占据绝对优势。从整体发展来说，兰西城市群各区县城镇化发展的进程并不一致，尤其边缘县域的工业化发展进程相对滞后。进一步按照非农产业发展的规模及空间分布来看，2013～2020 年，兰西城市群非农产业增加值由 2013 年的 4236.98 亿元上升至 2020 年的 5133.08 亿元，年均增长 2.75%；兰州、西宁占其比重由 2013 年的 7.30%、22.24% 上升到 2020 年的 55.12%、25.63%，凸显中心城市在城市群生产生活的集聚程度有不断增强之势。

2. 区内经济联系趋于分化，产业结构同质化有待优化

（1）不同等级城市间经济联系强度缓慢增长。2013~2020 年，兰西城市群城市间空间经济联系偏弱、内部分化较为明显（见表 3-2）。借助定量判断西宁、兰州 2 个中心城市，相较城市群内的其他区县的空间经济联系强度明显。表现为：西宁与海东的联系强度较大（54.85 亿元·万人/平方千米）、兰州与定西联系强度次之（15.02 亿元·万人/平方千米）；地处西部青海板块的位居城市群边缘的县域城镇间的联系最弱，其中海北与黄南两地间的经济联系强度仅为 0.01 亿元·万人/平方千米。尽管评价数据仅反映了特定状态下两个事物间的静态表现，但也可佐证城市群内部经济联系强度所呈现的中心城市与边缘地区较弱的关联状态，且在产业规模一定的前提下，中心城市较为明显的"极化"状态凸显对要素流动的"虹吸效应"加剧之势，城市群内部非均衡发展的组织形态表现突出。

表 3-2　　　　　　　2013~2019 年兰西城市群空间经济联系强度

亿元·万人/平方千米

城市	兰州市	白银市	定西市	临夏州	西宁市	海东市	海北州	海南州	黄南州
兰州市	—	9.05	15.02	4.86	9.1	4.23	0.28	0.5	0.26
白银市	9.05	—	0.67	0.31	0.85	0.35	0.03	0.06	0.03
定西市	15.02	0.67	—	0.4	0.85	0.36	0.03	0.06	0.03
临夏州	4.86	0.31	0.4	—	1.1	0.49	0.04	0.07	0.14
西宁市	9.1	0.85	0.85	1.1	—	54.85	1.38	1.56	0.48
海东市	4.23	0.35	0.36	0.49	54.85	—	0.27	0.35	0.24
海北州	0.28	0.03	0.03	0.04	1.38	0.27	—	0.14	0.01
海南州	0.5	0.06	0.06	0.07	1.56	0.35	0.14	—	0.02
黄南州	0.26	0.03	0.03	0.14	0.48	0.24	0.01	0.02	—

资料来源：据青海省、甘肃省统计年鉴整理而得。

（2）产业同质化、结构单一化短期内难以得到调整。用产业结构相似系数，测量区域产业构成及其差异状况，一般产业结构相似系数的值越接近于 1，表示两区域产业结构相似度越大；反之则越小（韩倩文，2019）。经计算，兰西城市群产业结构相似系数均在 0.75 以上，城市间产业趋同、同质化现象明显（见表 3－3）。2013 年西宁与白银市产业结构相似度最高，为 0.9906、2020 年进一步增加为 0.99958；兰州市与白银市产业结构相似度次之，2013 年为 0.9821、2020 年上升为 0.9862，如此表现是两个中心城市发展同样对资源加工型产业高度依赖；同期，临夏州和海东市产业结构相似系数最低，2013 年为 0.8010、2020 年上升为 0.8437。位居兰西城市群南部、西部的县域产业发展中，不仅整体实力弱小，还面临产业选择单一和同质竞争压力不断加剧的矛盾。兰西城市群各区县旅游产业结构相似系数均较大，绝大多数大于 0.9（马国强等，2018）。并呈现与中心城市空间距离较近的县区，旅游收入为其区县发展带来的规模经济效益较为突出；而距离中心城市越远的地区，尽管拥有高等级有特色的文化旅游资源，但产生的旅游产出效果并不明显。尤其位居城市群西部及南部板块的海晏、贵德、同仁、尖扎、循化等县域，这里的旅游资源具有独一无二的特色优势，而实际旅游经济并没有给小城镇发展带来明显的活力。

表 3－3　　　2013～2020 年兰西城市群内部产业结构相似度判断结果

城市	2013 年	2020 年	变化	城市	2013 年	2020 年	变化
兰州—西宁	0.9134	0.9363	增加	西宁—海东	0.8805	0.8794	降低
兰州—白银	0.9821	0.9862	增加	白银—定西	0.9801	0.9824	增加
兰州—定西	0.9756	0.9632	降低	白银—临夏	0.9104	0.9019	降低
兰州—临夏	0.8231	0.8079	降低	白银—海东	0.9186	0.9127	降低
兰州—海东	0.9392	0.9309	降低	定西—临夏	0.9709	0.9713	增加
西宁—白银	0.9906	0.9958	增加	定西—海东	0.8797	0.8802	增加
西宁—定西	0.9831	0.9840	增加	临夏—海东	0.8010	0.8437	增加
西宁—临夏	0.9109	0.9097	降低	—	—	—	—

资料来源：据青海省、甘肃省统计年鉴整理而得。

3. 交通设施受自然约束明显，对城市网络化形成产生约束

（1）区内交通供给呈现区域性、连通高成本的特征。兰西城市群位居黄河上游的河湟谷地中，群内城市（镇）布局与河流及交通线路布局高度一致，交通方式选择仍以公路为主。而在公路运输布局发展中，高等级公路建设受到自然条件和区内经济发展实力的限制尤为明显。2020年全国高速公路平均密度为0.0176千米/平方千米，而兰西城市群内部甘肃板块的高速公路平均密度为0.0105千米/平方千米、青海板块高速公路平均密度为0.0057千米/平方千米。铁路运输布局不仅总体建设数量偏低、单向线性布局较为典型。2020年兰西城市群铁路线平均密度为50千米/万平方千米，远低于156.7千米/万平方千米的全国平均水平，位居黄河谷地的共和、尖扎、同仁、化隆、循化及临夏地区，至今未通铁路。还有，根据城市群节点城市与城市间联系度分级的数据（于建峰等，2019），兰州位居一级，其他为二级。兰州是西北五省最大的铁路、公路和航空综合性交通枢纽；西宁却在国家交通网络综合水平积累中，与兰州相差2个级别；西部边缘的临夏、海北、海南、黄南等地区，尽管与中心城市间形成有较为快捷的公路连通线路，但相互间的连通成本居高不下，必须通过兰州或西宁中心节点才能到达。

（2）信息化建设能力亟待提升。借助夜间灯光影像数据显示，当前兰西城市群内城市节点虽然沿主要交通干线发展，但受自然环境因素制约，它们之间难以形成连绵发展态势，也是区域空间结构的组织从相对静态的"场所空间"无法顺利地转向互动连通的"流动空间"的根本缘由。利用互联网平台的城际"搜索指数"构建信息网络的数据发现，兰西城市群信息网络的基本结构与货运网络相似，西宁、白银、定西、临夏围绕兰州建立起中心外围的扩散结构；在青海板块，围绕西宁与外围县市之间的信息关联明显增强，形成了"中心地"的城镇体系初级发育特征（李沛，2020）。表明信息网络确实可以跨越地理藩篱阻隔，将当前实体网络连接不便的城市节点融入"流动空间"的整体空间组织逻辑。然而，因信息传输的便捷程度，并没有改变实际物流成本居高不下的现状。偏居西部内陆的青海及其内部的各个县域，因物流规模不足使其成本高企，物流延伸的

节点并没有因快速发展的电商经济而产生明显的改观。

4. 河谷流向胁迫城市空间走向，资源环境保障程度亟待提升

（1）河谷地形限制城市空间走向，城市发展间的对抗矛盾日益凸显。河谷型城市是指城市主体（城市建成区）在城市发育到中、后期，甚至是早期就受到地形条件较为强烈的直接限制，城市本身被迫沿地形及其河流走向发展（杨永春，1999）。兰西城市群地处黄河上游地区，山间河谷的地形地貌严格限制了每个城市空间分布形态和土地利用状况。典型的黄土高原地貌类型，致使城市立体开发受到严格限制。各级城市（镇）严格限制在河谷空间，城市扩张建设中难以避免用地紧张、生态压力加剧等矛盾，也无法避免基础设施建设成本居高、空间职能配置体系不合理的难题，同时给以交通基础设施为先导的网络化建设带来巨大的阻力。从城市外部联系来看，目前兰西城市群的发展主要集中于重要的节点城市，资源过度集中、辐射能力有限，致使中心城市与周边城镇间的联系较为松散。

（2）城市向外扩展面临巨大的环境压力。河谷空间的拓展，表现在城市功能组织为"居住空间在城市中心"和"生产空间布局四周"较为典型的"中心—外围圈层"结构，在以重工业为主导的产业选择中，河谷城市独特的气象条件，加重了中心城区居民的污染风险。在新设立的城市及城市新区建设中，空间快速扩张须以占用大量的优质河谷农用地为代价，原来的河谷农业被迫向浅山或水源地方向推移，不仅降低了农业生产效率，也增加了获得优质的农副产品的风险。还因城市扩展处于粗放阶段，资源环境保障程度被迫降低。从供水保障来看，一面是随城市扩大有用水压力增大的趋势；一面是用水效率偏低及区域分配不均的问题。2017年甘肃水资源利用效率平均为0.3583、青海段为0.6554，低于黄河流域平均为0.7012的水资源利用效率（张伟萍，2022）；相对较高的人口、产业的城市集聚状态和加快发展的城市群建设，水需求增加的同时也面临开发规模增大和区域分配不均衡的问题。从用地保障来看，兰西城市群河谷型环境，既面临未来单位城市化所消耗的建设用地不但有增大之势，还存在新增建设用地低效率开发的问题。兰州市区、西宁市区是整个城市群土地利用效率值最高的区域，并在城市群中部地带形成由城市群中心向外围土地

利用效率逐层降低的结构，具有显著的等级效应（徐超平等，2017）。

5. 要素流动增值迟缓，重点空间产城融合矛盾突出

（1）内部资源配置能力存在巨大的差距。既存在整体要素转换效率偏低及内部差异过大的问题，也存在转换效率偏低的困境。居发展首位的兰州市与城市群其他城镇间的发展差距有加速扩大的趋势，2020年，兰州、西宁全要素生产率相比西宁仅有兰州的47.56%，二者差距由2013年的1.78倍扩大为2020年的2.1倍；2013年兰州市与实力最弱的渭源县间差距为64.7倍、2020年与最弱的积石山保安族东乡族撒拉族自治县间差距上升为114.65倍。在特定产业的要素转换中，可进一步验证其资源转换的困境。如青海藏毯产业是立足手工藏毯开发而建立起的特色产业，2006年以3.7亿元资金引进国外高端织机，并花重金聘请国外技术专家进行产品创新及员工培训，但在后期运行过程中却出现织机和藏毯技术难以融合的现象，致使设备长期处于开工不足状态。同样定西马铃薯产业化过程中，定西市旱农中心的引智成果使马铃薯脱毒种苗的应用率不断提高，不带任何病毒的脱毒马铃薯可实现增产30%以上，由马铃薯加工成精淀粉产品其产值增加4～5倍，可近年来市场"利润摊薄"使定西马铃薯规模化的增长并没有彻底改变定西马铃薯产业加工不足的困境[1]。

（2）新区建设超高定位与发展后劲不足的问题。借助政策优势，不同等级规模的新区建设成为城市成长的引擎，但实际运行中面临的产业支撑乏力、自然资源相对稀缺及生态环境基础薄弱等问题矛盾突出。在此以兰州新区为例说明，兰州新区确立了2015年、2020年生产总值分别达到500亿元、1000亿元的建设目标（徐超平等，2017），与同期甘肃省、兰州市约10%左右的经济增速相比，要达到这一目标需要预期年均增速分别达到66%、43%[2]；新区产业规划选择包括了石化产业、装备制造、生物医药、新材料、现代物流、电子信息和现代农业等，并从产值和用地上把石化产业作为了支撑新区发展的核心产业，其生产链与价值链则处于"微笑曲线"的底端，产业预期收益难以支撑高速发展的要求。还有，新区工业项

---

[1] 甘肃省、青海省统计年鉴计算整理而得。

[2] 兰州市统计年鉴。

目单体存在占地面积偏大、投资强度不高的问题，现已确定选址的工业项目平均计划土地投资强度 309 万元/亩①，与天府新区、两江新区相比低了49 万元/亩、450 万元/亩（彭晓雷，2014）；现新区投资额完成新区招商计划的 63%，转移企业主要集中在制造环节，呈现产业配套关联发展对兰州新区整体发展推动有限的状态。

二、西宁都市圈发展差距：结构失衡

（一）西宁都市圈发展的困境

从中心城市建设来看，《兰西城市群规划》（2018）确立了要建设兰州、西宁两个中心城市，形成双核共轭的空间结构形态。兰州、西宁被同等定位为核心城市，但两市在职能、作用方面具有较大差别。在兰西城市群建设中，2013～2020 年西宁经济总量提高了 2 个百分点、常住人口比重提高了 0.2 个百分点；GDP 增速、人口增速西宁均快于兰州，西宁的区域地位提升，但 GDP 总量由 1.82 倍扩大到 1.96 倍、人均 GDP 则由 1.21 倍扩大到 1.25 倍、进出口总额由 1.9 倍扩大到 3.7 倍，西宁与兰州的发展差距有扩大之势。2020 年西宁 GDP 总量仍只有兰州的 55%，市域人口、市区人口、市区面积、建成区面积分别为仅为兰州的 63%、46%、23%、36%，市场主体仅为兰州的 1/2，在国际航线数量、民用航空客运量及货邮运量、公路客运量及公路货运量、国际游客数量、国内游客数量、全面旅游总收入等多项指标对比中，西宁仍与兰州无法等量，核心城市的能级依然较弱、综合实力亟待增强②。如果不从战略上寻求新的突破，西宁就有可能在兰西区域竞合中被边缘化，丧失核心城市的主导地位，降格为兰西城市群副中心城市，青海就有可能在国家区域战略中失去话语权。西宁

---

① 1 亩≈0.0666667 公顷，全书同此。
② 西宁市、兰州市统计公报计算而得。

发展主要的困境有：

1. 缺少融入国家战略的关键载体

党的十八大以来，国家共批准设立 16 个国家级新区（见表 3 - 4），西北五省中甘肃批准设立了兰州新区、兰州综合保税区，打造丝绸之路合作发展高端论坛、中国（甘肃）国际新能源博览会等对外合作交流平台；陕西批准设立了西咸新区、中国（陕西）自由贸易试验区、西安临空经济示范区、西安综合保税区，打造欧亚经济论坛永久会址、丝绸之路博览会等对外合作交流平台；宁夏批准设立银川综保区，打造中国—阿拉伯国家博览会等对外合作交流平台；新疆批准设立乌鲁木齐国际陆港区、乌鲁木齐综保区，打造中国新疆乌鲁木齐对外经济贸易洽谈会等对外合作交流平台。全面开放合作平台成为各省区加快扩大开放、服务和接轨国家战略的重要支撑载体。从西北五省区对比来看，青海缺少国家级新区以及纳入国家对外合作交流的开放合作平台，西宁难以承担起全国性综合开放门户的职能。

表 3 - 4　　　　　西北五省省会城市平台建设对比一览表

城市	国家重大政策支持	国家级平台	对外合作交流平台
西宁	西部大开发战略 国家支持藏区发展政策 "一带一路"战略	兰西城市群、西宁国家经济技术开发区、西宁高新区	全国环保大会永久会址、环青海湖国际自行车赛、国际藏毯节、青洽会、城洽会
兰州	西部大开发战略 国家支持藏区发展政策 "一带一路"战略	兰西城市群、兰州国家级新区、兰州综合保税区、兰州国家经济技术开发区、兰州高新区	中国兰州投资贸易洽谈会暨丝绸之路合作发展高端论坛 中国（甘肃）国际新能源博览会
西安	西部大开发战略 "一带一路"战略	关中平原城市群、西咸国家级新区、中国（陕西）自由贸易试验区、西安临空经济示范区、西安综合保税区、西安国家经济技术开发区、西安高新区	西安领事馆区 欧亚经济论坛永久会址 丝绸之路博览会 陕粤港澳合作周 世界西商大会
银川	西部大开发战略 "一带一路"战略	宁夏沿黄城市群、银川综保区、银川国家经济技术开发区、银川高新区	中国—阿拉伯国家博览会 中国（宁夏）国际投资贸易洽谈会

城市	国家重大政策支持	国家级平台	对外合作交流平台
乌鲁木齐	中央新疆工作会议 对口援疆 西部大开发战略 "一带一路"战略	天山北坡城市群、乌鲁木齐国际陆港区、乌鲁木齐综保区、乌鲁木齐国家经济技术开发区、乌鲁木齐高新区	丝绸之路经济带城市合作发展论坛 中国新疆乌鲁木齐对外经济贸易洽谈会

资料来源：西宁、兰州、西安、银川、乌鲁木齐等城市官网整理而得。

2. 城市向外扩容提质的空间受约束明显

西宁城市总体规划中规划区面积为 5177 平方千米、市区规划建设用地为 142 平方千米，现市区建成区面积达到 120 平方千米，建设用地已接近极限值。造成：人口密度不断提高，建成区人口密度达到 10965 人/平方千米，位居全国第九位，远高于兰州 9504 人/平方千米、银川 6940 人/平方千米的建成区人口密度；仅主城区 16 平方千米的中心地带，人口密度高达 4 万人/平方千米，远高于北京 2.22 万人/平方千米、上海 3.6 万人/平方千米的中心城区人口密度；导致建筑容积率不断攀升，全市高层建筑达到 2772 栋，中心城区毛容积率达到 2.16。中心区功能高度集聚，致使城市路网结构失衡，交通拥堵已成常态，城市人均道路面积 9.75 平方米，离国家畅通工程 A 类城市一等标准（≥16 平方米/人）的水平相差 6.25 平方米，比全国人均道路面积低 5.59 平方米（全国人均道路面积为 15.34 平方米），与周边兰州、银川相比分别低 7.27、5.25 平方米。独特的河谷地形，呈现工业园区包围城市及土地利用效率不足的问题，2020 年西宁国家级经济技术开发区单位土地每亩产出率仅为 370 万元，远低于西部地区每亩 486 万元的平均水平；单位地区生产总值产出强度为 43098 万元/平方千米，低于西部平均水平[①]。

---

① 资料来源：西宁、兰州、西安、银川、乌鲁木齐等城市官网整理而得。

3. 城市化发展呈二元结构，核心城市辐射带动作用难以发挥

在城镇体组组织建设中，一核独大、周边弱小，单中心结构未有实质性改变。县域中心城镇普遍规模较小，均是 20 万人以下的小城镇，中等城市缺乏。2020 年底西宁全市城镇化率已达到 71.14%，同期全国为 58.52%、全青海省为 53.07%，但市域内大通、湟中、湟源三县城镇化率明显偏低，分别为 44.88%、30.5%、39.87%[①]。受到行政区划的制约，市域内如湟中的鲁沙尔、甘河、多巴，大通的长宁北川工业园等区域，虽已成为承接主城功能重点片区、新型城镇化快速发展区域和中心城市做大做强的重要支撑，但并未及时纳入西宁市区规划建设范围，产业布局选择难以突破主城区界限；市区周边互助、平安等海东市的县域间生产生活的关联性增强，与西宁中心城市存在行政壁垒，难以分享西宁中心城市发展带来的溢出效应，加之长期以来西宁遵循向西"偏心"战略引导，无论省会城市的主导作用还是省内唯一一个产业发展中心的作用难以产生良好的循环作用。

4. 区划成为制约一体化发展的重要壁垒

青海省内各类经济要素向西宁集聚的态势强烈，呈现出以核心"极化"为特征的单中心圈层式演进状态。由于行政区划的制约，西宁市、海东市间城市竞争大于合作。虽然青海省委、省政府已经批准海东工业园区更名为河湟新城，但是河湟新城的职能定位、发展方向、产业选择与西宁更多是雷同选择，无法实现差异化、错位化发展，必将形成同质化竞争。在中心城市整体体量能级偏小的情况下，尽管采取行政化的手段把本应布局于西宁城区的项目有意放置到了河湟新区，但受限于市场力量的选择，未能产生应有的辐射效果。人为地采取均衡发展、分散发展的模式，势必分散有限的要素资源，容易造成外围组团与中心城市间的竞争消耗，会出现低水平重复建设现象，造成资源、空间、优势的浪费，既不利于西宁中心城市功能和能级提升，更不利于外围功能组团的加快发展，将直接影响全省在兰西城市群的核心竞争力。

---

① 资料来源：西宁市城市统计公报（2021 年）；青海省统计年鉴（2021 年）。

（二）西宁城市空间扩展的局限性

1. 城市空间结构演化趋势

西宁城市空间扩展在不断加速、空间扩展方向发生了显著变化。2000年以前，西宁城市空间扩展以东向扩展为主；2000～2010年东西南北四向伸展；2010年以后则以西向扩展为主。湟水、南川河、北川河的流向引导了西宁市城市建设用地空间扩展的方向。东西流向的湟水作为流经市区的最大河流，控制了西宁城市空间扩展主方向；南北走向的南川河、北川河控制了西宁城市空间扩展的次方向，整体上形成了以湟水为横轴、南川河与北川河为纵轴的"X"形城市空间结构。其中，湟水与南川、北川交汇处形成了西宁城市的核心，形成了西宁市金融商贸中心、商业零售中心。尽管河流主导了西宁城市空间的扩展，但是扩展过程中的空间非对称性尤为显著。在城市的东部，湟水南岸扩展显著高于北岸；城市西部则是北岸扩展更为显著；在城市南部，南川河东西两岸空间扩展并重，北部地区则集中在北川河西岸地区，这与山地地貌控制下的土地资源密切相关。

2. 城市空间结构变化的限制条件

（1）地形地貌控制着西宁城市空间的扩展。西宁作为内陆高原地区典型的河谷城市，山地地形既限制了城市在河流垂直方向的扩展只能带状延伸，进而导致城市分散、紧凑度较低；也导致可利用的土地资源远远不能满足人口增长和城市扩展的需要，增加了土地开发和城市建设的成本；峡谷隘口还会阻断城市的延伸扩展，这在西宁城市东部的小峡和西部的湟源峡体现最为明显。

（2）河流流向引导城市的空间延伸。河流自古作为一种交通运输通道，对城市空间扩展具有牵引作用。再者，河流也可以作为塑造城市生态景观的载体和轴线，对现代城市生活具有重要的影响，城市更愿意沿河延伸而非侧向扩展。西宁市现有的城市湿地公园、游步道和景观廊道均都是依托湟水、北川河和南川河规划建设。

（3）交通运输线牵引城市的延伸扩展。实践表明，城市具有沿主要联系方向延伸的特点。交通是主要联系的载体，因此，城市空间在交通运输的牵引下不断延伸扩展。交通运输线可以引导人口的集聚，从而带来各种资源的集中，为社会经济发展储备动能。西宁城市在早期向东扩展明显，这主要是因为西宁与兰州的经济联系紧密，兰青铁路和公路成为了一条资源集聚线，引导城市向东扩展。同样，受宁大—宁贵高速和宁张公路、京藏高速及 109 国道等交通运输线的牵引，向西扩张进而北向延伸、南向延伸也是西宁现代城市空间扩展的主要方向。

（4）行政区划制约城市空间的扩展。行政边界具有空间阻隔效应，不利于城市空间的扩展。在西宁城市东部，除去小峡地形因素的制约外，行政区划也制约了城市空间的进一步东扩，区域协调产生的时间成本导致了城市东扩的步伐会减缓。同样，在城市的南部（城中区）总寨和北部（城北区）二十里铺同样存在这样的空间壁垒效应，需要加强区域协调或者进行行政区划调整，方能为西宁城市空间的扩展迎来新机遇。

三、西宁都市圈建设重点：调整、创新、发展

（一）区划调整是西宁都市圈建设的引擎

1. 空间调整，加快实现中心城市能级跃升

党的十八大以来，成都、昆明、西安、杭州等城市，先后开展了行政区划调整，都相应将市区相邻的县区并入中心城市，从而使其中心城市整体实力迅速提高。西宁正处在成为兰西城市群核心城市的关键阶段，如若加快区划调整进程，对所辖的湟中县撤县设区的同时，将其都市圈层的辐射范围大幅度向东、东北扩展，把海东市的平安、互助两地的区划进行适当调整，统一纳入西宁都市圈的建设范畴，随即在兰西城市群内部西宁、兰州两个核心城市建设中，二者间的实力差距因区划调整会

起到立竿见影、事半功倍的作用（见表3－5）。

表3－5　　　　　　　调整前后西宁与兰州主要指标对比情况

指标/地区	总面积（平方千米）	常住人口（万人）	市区面积（平方千米）	市区常住人口（万人）	GDP总量（亿元）	固定资产投资（亿元）	公共财政收入（亿元）	社会消费品零售总额（亿元）	建成区面积（平方千米）
西宁市	7665	235.5	380	130.84	1284.9	1600.03	79.16	560.79	120
平安区	769.15	10.92	23	4.2	73.7	109.26	2.16	16.6	11.3
互助县	3423.9	36.54	70.3	5.6	106.4	153.2	3.36	17.7	16.5
调整后	11858	282.96	7470.9*	275.98*	1628.2	1928.4	86.63	595.09	191.4*
兰州市	13100	372.96	1631.6	280.94	2523.5	1315.35	671.65	1358.72	321.75

注：* 对应调整后市区范围包含主城区四区 + 湟中区 + 平安区 + 互助县（以2019年数据为准）。

资料来源：西宁市、海东市、兰州市统计公报（2019年）。

调整前后数据表明区划调整使西宁产生了巨大的空间增量。调整后，西宁市域面积达到11858平方千米，与兰州基本接近；西宁市区面积达到7470.92平方千米，市区面积反超兰州，为兰州的4.6倍；西宁市GDP、人口规模、建成区面积等指标与兰州差距进一步缩小。为此，适当采用行政区划调整方法，将有利于引导人口、产业向西宁都市圈加速集聚。西宁都市圈城市空间的进一步扩大，将引致发展的市场扩大、城市辐射影响范围扩展，综合实力也将随之增强。特别是当前与西宁形成密切联系的海东市优质资产的顺利合并，如曹家堡机场、曹家堡综合交通枢纽的纳入，使西宁都市圈内交通网络得到进一步优化、基础设施要素进一步完善、对外开放的步伐显著加快，对全省发展的带动作用持续增强，也将加快提升西宁在兰西城市群的话语权、影响力，最终体现在还能增强西宁辐射和带动青藏高原腹地的主导能力。

2. 重新定位，缔造全面合作开放的综合枢纽

兰西城市群规划对青海产生的重大影响在于已确定的兰州—西宁轴向发展带，打破了自古以来兰州—河西走廊—新疆发展轴的定式，历史性地

增强了丝绸之路青海道的地位，为西宁加快发展提供重大历史机遇。从既有的发展基础来看，西宁正在推动建设多巴新城，瞄准西宁城市副中心的职能定位，重点打造"一带一路"面向世界开放的桥头堡，致力建设西宁市国家新型城镇化的示范区、青海省现代服务业的新高地。与此同时，海东市聚力河湟新城建设，谋划将其打造成为新丝路青海大通道综合交通枢纽，使其成为西宁辐射服务西藏新疆、连接川滇战略支点的功能重要组成部分；打造面向中西亚地区、承接东部先进制造业转移的外向型综合经济区，成为青海省对外开放的门户和综合枢纽。

西宁市、海东市分别打造的两个新城，从整体规模、综合实力、建设用地、单位土地产出效益来看，都难以到达申报建设国家级新区的门槛。就以国内最小的赣江国家级新区为例，规划面积为 465 平方千米，规划建设用地面积为 263 平方千米，2020 年控制在 100 平方千米①。如果分别以多巴新城、河湟新城为主体，各自为政发展新区，必然会引发同质化、恶性竞争，因此，迫切需要通过行政区划调整，从省级层面对多巴新城与河湟新城进行统筹规划建设。确立按照国家级新区战略构想实施错位发展的思路。其中，河湟新城应依托西宁空港、曹家堡综合枢纽的功能，重点发展枢纽经济、现代物流、特色农业、旅游服务等产业，加强通道建设，提升综合枢纽功能，在国家陆桥通道功能性调整和结构性补缺中，确立青海的国家区域性交通枢纽地位，承担青海全国性综合开放门户、旅游集散中心职能。多巴新城应加快承接西宁中心城区功能疏解，增强服务全省公共服务职能，依托新华联国际旅游城、多巴湖现代金融创新服务聚集区等建设，打造全省现代服务业高地，成为"一带一路"、兰西城市群的区域性现代服务中心。

3. 向东扩展，行政区划的"破冰"是必然趋势

解决好西宁市扩容提质的问题，扩容是关键，只有通过扩容才能实现提质。推动城市扩容提质实现高质量发展，必须立足西宁实际情况，在扩大城市容量和空间上下功夫，行政区划调整是优化之路。因此，把海东市

---

① 江西省统计年鉴，网易新闻网，22 - 01 - 10。

平安、互助行政区划进行调整，不仅开拓西宁城市发展的空间，也为提质增效提供回旋和腾挪的空间。如果将多巴、甘河、鲁沙尔、互助县、大通北川工业园、平安县城及河湟新区等纳入西宁都市圈建设范围，建设用地面积随即约增加300平方千米，是现有规模的2倍以上，新增用地可新容纳人口100万，可为未来15年全省城镇化提供主要支撑。由此调整也可基本满足西宁市到2035年建设现代化区域中心城市的空间用地需求，使西宁更好地承担起全省综合服务基地职能。

区划调整中新城联动发展可为产生一个国家级新区奠定基础。拟整合多巴新城与河湟新区共同打造为国家级新区，可实现新区与老城的"新旧双城"联动，进而可疏解中心城区的居住和公共服务职能，借空间之势实现新区与老城的双增双减，可为提升全省公共服务水平、创造高品质生活空间提供更大的回旋余地。通过加快中心城区实施"双增双减"，可有效疏解中心城区职能，进一步增加公共绿地、公共空间和公共服务用地，减少建筑总量和降低容积率，为提升中心城区宜居环境、为全省人民创造更高品质生活提供保障；加快推进中心城区产业和功能外溢，有利于在更大空间内优化调整生产力布局，促进新旧动能转换和产业转型升级，为新技术、新产业、新业态和新模式"四新经济"发展挪腾更大空间。

4. 精明增长，对接调整实现空间功能补位

加快实施行政区划调整，有利于城市功能的协调布局，可以进一步提升中心城市对生产要素的聚集功能，进一步激活人流、物流、资金流、信息流，有利于在更大区域统筹协调城市空间、生态空间、农业空间，形成与中心城市经济、金融、物流、信息、文化中心相匹配的规模、体量和能级，切实提升西宁都市圈高质量发展的素质。

坚持西宁城市发展要走精明增长、内涵发展的新路，摒弃传统粗放式、蔓延式发展的模式；推动西宁城市从单中心向多中心、生态化、网络型发展转变，进一步建造"一芯双城、环状组团"的山水生态城市格局；加快构建结构均衡、布局紧凑、功能优化的"大西宁"空间格局，全面提升西宁中心城市发展辐射带动作用，建成现代化区域性中心城市。若通过区划调整，中心城市辐射带动作用显著增强，可将西宁都市圈的直接辐射

半径由 30 千米拓展到 100 千米，辐射影响范围由 1.1 万平方千米增加到 2.6 万平方千米，一个现代化城市发展的基础空间进一步得到夯实。

（二）力促调整创新是西宁都市圈建设的关键

1. 思想先行，做出有为发展的行动计划

都市圈建设是长期工程，需要建设几十年甚至更长时间，既要有前瞻性的城市空间规划、轨道交通规划等，又要创新规划落实的机制保障，还要包括相应的规划、监督、追责机制建设等避免任期制带来的短期化行为，否则，要么进程缓慢"胎死腹中"，要么无序扩张只能成"饼"，很难成"圈"。为此，统一思想是行动落实的"压舱石"。应全省之力建设西宁都市圈，是"十四五"乃至更长一个阶段全省发展的重点，作为当前推动全省高质量发展的战略重心和发动机。在青海省委十三届四次全委会《关于坚持生态保护优先推动高质量发展创造高品质生活的若干意见》提出明确要求：把城市作为推动高质量发展的主战场、创造高品质生活的幸福家园，举全省之力加快推进"大西宁"（西宁都市圈）建设。

作为对接国家"兰西城市群"和"一带一路"倡议的重要平台和举措，在省级层面统筹推进"大西宁"区划调整和国家级新区建设的相关工作，首先要解决法定行政主体缺位的问题，无论是西宁都市圈建设还是大西宁建设的思路由来已久，运行中没有一个统筹地区发展的权威性机构，进而加大了都市圈制度化合作的难度。鉴于省级及国家层面的战略落实，需要由省级人民政府来创新建立"首位"推动机制，才能突破制度性障碍和行政壁垒。需率先从城市发展、产业协调等诸多方面进行整体设计，制定统一的目标和考核方案、行动路径；在实施积极的西宁都市圈建设进程中，还涉及拆迁赔偿、规划建设等事项，只有较为完善科学的顶层设计，相关职能部门行动才能顺利执行。

2. 空间调整，主动做好不同层级的对接

有序做好市县两级空间结构调整。"大西宁"城市建设面临空间障碍，需要根据城市经济内在关联和空间扩展需要适度进行行政区调整。具体落

实中涉及市和县（区）两个层面的行政区划调整。市域层面：近期主要是将海东市的平安区、互助县两个行政单元调整到西宁都市圈范畴；远期需将海北州的门源县调整加入到都市圈。县区层面：近期主要是为主城区城市建设争取空间、为城市统一规划和实施扫除制度障碍，具体包括将大通长宁镇南部村社调整到城北区、湟中区多巴及相邻乡镇调整到城西区或将先设立的多巴新区列入到主城区范围；远期筹划大通县、湟源县撤县设区。

建立多层级协调推进机制。首位层级是建立高层领导联席会。西宁都市圈建设是由通过区域统筹、融合发展手段所建立的一体化发展主体，同等级行政单位难以达成主导目标，需要建立由省委省政府牵头的联席机制，定期决策都市圈协调的事项、拟定协调发展的重大战略方针和政策。对其涉及的民族自治县、乡调整带来的限制，可适当创新空间结构调整的方式，采用"托管""飞地"的方式给予支持。次位层级是建立都市圈内协调委员会。建议由都市圈内市、县、乡三级组成，通过定期组织"西宁都市圈协调发展论坛"，鼓励政府、企业、学术精英共同参与，广泛听取社会各界对于都市圈发展的意见，为都市圈协调营造良好的发展氛围和提供主动参与的平台。第三层级是建设都市圈专门合作组织。主旨是围绕首位层领导联席会、都市圈内协调委员会的决议，由相关职能部门开展行动落实，率先在交通、旅游、规划、环保等领域开拓合作行动。

3. 规划先行，建立以功能为导向的一体化部署

鉴于西宁都市圈建设中存在西宁、海东市两套平级的规划系统，借助协调机制敦促双方应在彼此共识、信任的基础上，通过纵、横两个层面共谋各项建设。纵向层面，都市圈协调委员会主导，可编制西宁都市圈协调发展战略规划，使其成为西宁都市圈促进一体化发展约束性文件。该规划分为引导性准则、专题规划两大部分。引导性准则是对西宁都市圈建设对接国家区域发展战略、协同发展目标、区域发展空间格局、协同规划保障机制作出具体指引；专题规划则围绕西宁、海东两市实施共建城区及各类开发区的总体规划、生态环境共治、基础设施互联互通、

产业分工协作、公共服务设施共建共享等作出具体部署。横向层面，西宁、海东两市的相关专项规划，应以西宁都市圈协调发展战略规划为依据，增强规划的良性互动和信息交流。

在此规划中，应摒弃两市规划的简单拼凑，从功能融合、协同的视角考虑一体化发展的行动，进而实现"行政区规划"向"经济区规划"的转变；还要适当考虑做好人口空间调整规划，适度引导人口向河湟谷地集中。青海省人口总量偏少，西宁市尽管对全省人口集中产生了巨大的吸引力，但达成都市圈建设和发展目标，还需进一步实现人口及产业的集聚。结合顶层设计，以三江源国家公园、祁连山国家公园和国家重大工程建设为标的，制定合理的生态移民、工程移民规划，引导人口进一步向全省生产条件较好、环境承载力较高的河湟地区集中，借助大力推进经济发展、开放和优化营商环境，聚焦西宁都市圈建设的要求，在人口落户、人才引进及移民落地等政策开发中，体现富有吸引力的比较优势。

（三）保障基础供给是西宁都市圈建设的前提

1. 主轴引导，重点做好生态保护与修复工作

规划建设形成"X"主轴状生态开发廊道。一是重点强化沿湟水谷地西宁都市圈主轴线建设。以湟水流域为重点，推进沿湟水河、大通河两岸生态修复，实施"千里碧道"工程建设；构建湟水流域生态安全格局，加强祁连生态区、黄河涵养区山水林田湖草系统治理；借助主轴线建设及沿线城镇规模扩张、新城建设等，形成依水而建、以水托城，水路兼容塑造区内生态廊道主控线，形成沿河城镇带集聚、绿色发展的新格局。二是通过内部挖潜和改造，聚力谋划北川—南川轴建设。重点加快沿湟滨河生态景观廊道和休闲文化带建设，契合河谷两侧山地的绿化和整治工作，协同配合沿湟水、大通河两岸现有城区滨水景观带等国家重点建设工程落实，统筹西宁都市圈内沿湟水及其主要支流的生态建设，在主城区内部滨河旅游休闲景观带逐步建设的基础上，将生态修复和保

护、旅游休闲文化设施、湿地公园建设、沿河交通设施建设统筹规划，逐步形成西宁都市圈沿湟水"X"生态文化景观带建设。

2. 网络通达，有序保障公路运输便捷畅通

主动应对西宁都市圈发展对交通设施建设提出的新要求，以构建完善的铁公机联运体系为主导，推动建设一个"公路串联、铁路联运、航空领航"的立体、畅达都市圈交通网络。重点强化三路建设，一是建构快速、便捷的都市圈服务设施体系，促进西宁、海东两市的一体化进程。依托现有京藏高速及109国道、217国道、315国道和兰新铁路及青藏铁路等基础供给能力，尽快谋划启动建设轻轨系统。二是形成以西宁主城区为中心节点，设计和规划贯通河谷的"绕行"交通线路，规划建设联结大通、互助、平安、湟中、湟源等卫星组团的外围城市快速环线。近期主要解决过境交通难题，避免碎化河谷用地，并将现有的国道等交通干线转化为都市圈的城市内部道路；远期可借助隧道工程，强化都市圈内的黄河河谷、湟水河谷之间，如循化、化隆两县城，与西宁主城区、海东乐都区间的联系，构建1小时都市圈交通运输环境。三是需要加快城市轨道交通规划和建设的论证、立项，构建东西向（平安—多巴）、南北向（二十里铺—鲁沙尔）的十字形城市轨道交通干线，缓解城区交通压力；在有限的河谷空间内利用城市公园等开放空间，规划建设地上地下相结合的停车场；加强对城市交通的管控和引导，疏解城区压力。

（四）推动要素合理流动是西宁都市圈建设的重心

1. 市场化引领，培育公平互促的营商环境

树立国际化视野、用好市场化手段，主动营造有利于实现区域资源要素利用优化的市场环境。一是围绕共建区域中心城市，联合打造自主可控的供应链系统。借增强区内产业链、供应链联动能力之势，立足服务好"国内大循环"，推动产业链协同、实现区域内的强链补链，带动西宁都市圈供应链整体升级。二是推动西宁都市圈内资本高效流动。按照市场化原则，由西宁和都市圈内其他市区的合作方共同出资，率先成

立开发总公司或专业投资机构，投资或入股大型工业园区的项目，参与园区入驻企业的资本运作，主动融入企业供应链建设。三是推动西宁都市圈人力资源共建、共享、共育。依托政务平台，有效整合西宁、海东两市公共就业创业网上服务平台资源，加快区域中介、协会等引才平台开放共享；推动人才认定标准互认衔接、简化社会保障关系转移接续程序，营造一体化的人才发展环境。积极探索统筹高层次人才引进工作，对都市圈内各自认定的高层次人才，可自主选择户籍地，享受同城化落户政策。

2. 促进集聚，以"分厂经济模式"开拓产业扩散进程

在城市经济区及都市圈的培育过程中，要把促进区域一体化的思想贯穿到新发展阶段促进区域高质量发展的部署中、共同富裕的行动上。当现代化部门所产生的产品运输成本足够低时，中心—外围结构是趋于稳定的，因为在这一结构中，创新部门和一体化部门会完全向一个地区集聚，也因此由于产业集中所产生的增长也会达到帕累托最优（August Losch，1999）。从产业的角度观察，西宁都市圈的形成过程本质是产业空间集聚与扩散的过程，而都市圈培育过程中出现的"总部经济"与"分厂经济"联动的现象，正是都市圈内可能形成的产业集聚与扩散的生动体现。其中，总部经济是产业集聚的表现，而分厂经济是产业扩散的结果，而在西宁都市圈形成过程中采用总部经济与分厂经济联动发展的方式，对加快都市圈产业一体化发展具有重要支撑作用。在此，如何开启西宁都市圈内部联动发展序幕，行政区划调整与机制创新必不可少，但也仅是搭建了一个发展的空间，如何将拓展后的空间形成互为关联、相互促进的活力体系，一方面要认真研判究竟在中心城市内部有哪些行业、哪些部门，具备可能向外扩散的基础？尽量避免因产业迁移带来某些行业发展"元气"受损，因为在西宁中心城市发展中与发达地区构建的"总部—分厂经济"形态尤为典型，如何在"双迁"中获得"双赢"，值得认真思考。另一方面采用何种方式，需要尊重市场规律，在不增加企业额外成本的同时，使可能外迁的部门（企业）得以成形；并在中心城市（或更高层级的城市）的总部经济发展中，获得或不减少因

产业链延伸带来的更多资源支持，由此在互动中为迁入地企业发展创造更多的机会，也为当地经济发展带来无尽的活力。

3. 共建共享，凝聚一体化发展的强大合力

探索跨行政区社会协同治理新模式，着力构建公共服务同城化发展机制。一是加强政策协同和制度衔接。全面实施基本公共服务标准化管理，共同营造良好的就业创业环境，在互动合作中扩大优质教育资源供给，推动医疗卫生资源优化配置，加快推进区域养老服务合作。二是推动区域公共服务发展规划制定和实施。依托区域议事协调机构，研究制定区域基本公共服务标准体系和各领域公共服务发展规划，明确工作责任和进度安排，有序推进一批公共服务项目建设。三是推进区域社会治理一体化。在污染防治、食品药品安全管理等领域大力推进共治共享，规划建设一批跨区域监测预警、联防联动、危机处置、争端处理等系统和设施。联手建设城市公共安全体系和风险防控标准体系，健全区域性重大灾害事故联防联控机制，加快推进西宁都市圈防灾减灾一体化、同城化。

4. 统筹兼顾，积极探索县域协调发展之路

县城补短板强弱项工作，将是当前深化新型城镇化的重要着力点。为提高西宁都市圈内县城补短板综合收益，一是提升圈内县城基本公共服务项目谋划的科学性。相关政策制定应充分考虑都市圈内外县城发展的差异性，秉承县城"缺什么补什么"的原则，加快确定一批群众需求最迫切、惠及面比较广的公共服务项目，综合考虑资金保障、财务平衡及收益状况，科学谋划一批具有市场化运作条件的项目；探索挖掘存量资产、土地价值等方式，推动公益性和经济性建设内容的合理搭配，保障项目现金流的健康；加强对圈内县城公共服务支出和预算内投资的支持力度，争取在都市圈率先实现人口分布和公共资源配置相匹配。二是搭建县城特色产业平台，培育发展地方特色产业。一方面重点关注人才培训和创业平台建造。县城最大的短板在人才，最大的突破口也在人才。若能为回流的人才搭建回乡创业平台、提供创业资金，提高其留在本地的福利水平，相比吸引外地人才，成本更低且更加稳定。另一方面支持

搭建特色产业平台。产业平台是汇聚生产要素的载体、降低交易成本重要途径，要按照"适合什么发展什么"的原则，对出产特色农产品的地区就大力发展现代农业，对环境优美的可重点打造生态养生、休闲旅游产业，而对文化资源丰富、底蕴厚重的则可着力打造文旅类特色小镇和文化创意型双创孵化器等平台。

第四章 兰西城市群特色产业集群创新与发展

创新驱动的新型城镇化战略，旨在通过要素空间集聚来推动技术创新和产业结构升级。表现在城市群的成长中，以人力资本为代表的创新要素与财富资本同步快速集中并实现空间集聚，提高了集聚的外部经济性，进而形成推动产业结构升级的作用机理。与此同时，要素集聚和有序流动，致使城市群内部产业分工体系趋于完善，成为实现不同层级城市间产业协同发展的内在机制。促进城市群成长关键是要加快要素流动，由初始向"增长极"集中加快向外部空间的溢出扩散，促进人才、产业要素城市群内的交流互动，进而通过形成合理的产业分工成为城市群积累竞争优势的源头活水。

在要素集聚及有序流动中，由不同等级城市构成的城市群形成合理的产业分工，并最终通过产业持续发展为城市群奠定支撑基础。兰西城市群产业分工发展富有区域特质，以本地特色资源开发为主导构建起的特色产业体系，成为当前参与国内外分工合作的重要表现。甘、青两省积累有发展特色新材料产业的生产基础和原材料供给优势，但相对"薄弱的科技支撑能力"和"低网络化的发展形态"，难以适应现代产业集群化发展的要求，也极大地约束其区域竞争能力提升，致使该城市群发展因产业支撑能力不足成为发展的短板。

在此，本章将围绕兰西城市群产业支撑能力提升主题，旨在厘清如何培育并增强特色新材料产业发展能力，以证实唯有借助"创新"手段走"集群"发展路径，是变被动为主动的"法宝"。按照区域分工的既有轨迹，在新材料生产链结构中，所处的"末端地位"，要么保持惯性获取分工链中微薄的利益；要么"跳起来摘桃子"在市场中寻求更多的经济利益。"变则通"，创新是引领发展的第一动力，是建设现代化经济体系的战略重点。那么，"突破口"在哪里？是模仿别人的经验？还是借鉴既有之鉴探索自己的"道路"？需作出认真的思考。这里聚焦西宁特色新材料产业发展的轨迹，着重借助西开区及青海省特色新材料发展的基础数据进行重点梳理。

一、特色新材料产业集群：基础条件

1. 有利因素

（1）特色优势矿产资源种类较多、储量丰沛。根据矿产资源法实施细则，中国已发现的矿产资源可分为能源矿产、金属矿产、非金属矿产和水气矿产4大类。其中，全省保有储量占全国比重超过50%的是5种盐湖矿产——锂矿、锶矿（天青石）、硫酸镁、氯化镁、钾盐，以及石棉、化肥用蛇纹岩2种非金属矿产。有14种矿产资源开发效益较好，有石油、天然气、煤炭、铜、铅、锌、岩金、钾盐、锂矿、硼矿、铁、湖盐、石棉、水泥用石灰岩等矿种。共有7种储量相对丰富、具有市场前景的矿种，有石膏、石英岩、镁盐、镁矿（白云岩）、芒硝、钴、硅灰石。目前，青海省选择发展的新材料生产领域，充分考虑了区内矿产资源的供给优势，既凸显了区域生产分工中自然资源开发利用的基础优势，也为保障形成区域特色新材料产业体系奠定了物质基础。并将长期以来积累的材料加工技术、生产能力相结合，围绕国家新材料发展指南及国内100种高度依赖进口材料目录，精准招商放大其原有基础效能。

（2）干燥低氧的高原环境适宜培育特色新材料产业。独特的气候优势也为新材料产业提供了先天有利的发展条件。例如，空气中的低氢含量有利于有色金属的延展加工，低氧含量有利于有色金属的除杂、铸造，高寒干燥的气候有利于蓝宝石晶体生长，日照充足有利于促进光伏及相关配套产业的发展等。目前，省内快速发展的锂材料生产及相应建立起的锂电池生产集聚区，其生产优势的形成与突出的青藏高原自然环境优势供给有直接的关系。具有比较优势的盐湖锂资源是国内储量占据绝对位置；为了防止在高电位时不发生或尽可能少地发生物理化学反应，锂材料的加工中无论是磷酸铁锂还是磷酸亚铁锂的加工，还有辅助材料铜箔、铝箔的加工，均需要在洁净、干燥的环境中进行，从理论上能够明显减少金属材料的氧化反应。据研究表明：锂离子电池内部结构要求正极集流体必须具有良好的导电性、材质比较软（便于活性物质的涂覆和后续加工）、成本廉价和较好的机械性能，在高电位时不发生或尽可能少地发生物理化学反应；铜箔在高电位时易发生氧化还原反应生成绝缘氧化膜，导致电池绝缘内阻增大，阻止电池进行充放电行为的生产过程均需要较为干燥的环境才能实现其效能的稳定。

（3）特色新材料生产企业集中程度不断提高。西开区主导业已形成5个方向的特色新材料生产集聚形态，包括：依托盐湖锂资源开发为基础的锂电新材料产业；以铝、镁、钛、铜等金属为基础的合金新材料产业；以电子级高纯氧化铝为基础的光电新材料产业；以盐湖资源综合利用为基础的新型化工新材料产业；以晶硅、光纤预制棒为基础的光伏制造及电子信息新材料产业。在其发展建设中，空间上主要分布于西宁国家级经济技术开发区（以下简称西开区），并与柴达木循环经济开发区形成上有原料互补关系，其中西开区特色新材料产业发展集聚发展的势头强劲，成为国内重要的原材料产品输出地。

截至 2019 年，西开区新材料产值已达到 342 亿元，比上年增长12.5%，占西开区工业总产值的 27%；规模以上新材料企业共 36 家，占西开区规上工业企业总数的 28%[①]。西开区新材料产业规模增加与结构优化同步推进，光纤预制棒、铜箔、钛锭、镁合金、电子铝箔、腐蚀箔、化成箔等一批具有较高技术含量和附加值的新材料产品填补了省内产业空白；"一区四园"的新材料生产空间布局，一批具有重要影响力的"园中园"及特色产业基地建设，优势项目与充裕资源供给相互结

---

① 西宁国家级开发区统计数据整理而得。

合、科技与产业资源互为支撑，西开区特色新材料集群影响力不断扩散。

（4）产业政策激活地方发展的主动性。中国新材料产业发展源于20世纪50年代，近20年来通过产业政策设计使其发展迈上了快速发展的轨道。始于2012年出台的《新材料产业"十二五"发展规划》《国务院关于加快培育和发展战略性新兴产业的决定》，首次将新材料发展作为一个独立的产业谋划推进；同年，中国工程院在综合世界主要经济体发展新材料产业的规划、战略等基础上，提出组建"材料基因组研究中心"，建立联通"官、产、学、研、用"的协同发展体系。2014年出台《关键材料升级换代工程实施方案》，明确选择一批产业发展急需、市场潜力巨大且前期基础较好的关键新材料，支持产业链上下游优势互补与协同合作；2015年公布《中国制造2025》，确立新材料产业重点发展的方向；2016年公布《新材料产业发展指南》、2018年印发《国家新材料产业资源共享平台建设方案》，旨在加快产业资源交流互通，适应政府部门信息化管理需要，提升行业管理水平和公共服务供给能力；2019年、2020年相继出台了"专精特新"产业发展指导政策支持国内新材料产业做大做强。

聚焦西开区特色新材料产业发展，在探索发展中实现了质的飞跃。一是积极落实和制定适宜自身发展的政策措施。自2001年明确《西宁经济技术开发区招商引资政策》以来，围绕新材料发展出台了系列产业链招商、精准招商等举措，并通过2018年3年倍增计划设计、2019年扩大对外开放积极利用外资的相关举措，引导新材料生产企业入驻园区发展；2015年以来为全面贯彻落实青海省政府出台的《支持工业稳增长的政策措施》，持续通过定点帮扶、全面落实税收优惠政策及支持企业就业培训、加快品牌培育等举措，重点扶持了光伏、电解铝、锂材料生产等相关行业发展；持续深化《西宁经济技术开发区人才引进、培养与奖励的暂行规定》，相继出台了工匠管理办法、首席技师选拔、引进和培养高层次人才等相应举措，旨在为新材料产业集聚和发挥人才作用起到引擎作用。二是加快特色新材料产业基地建设。自1995年6月江苏海门被第一个列入火炬计划国家新材料产业基地以来，截至2019年底，国家科学技术部已经在全国 31 个省区市建立了 500 个国家新材料产业基地。西开区作为全省新材料发展的重要集聚区，2009 年荣获国家科学技术部批准的"国家级太阳能光伏高新技术产业化基地"称号、2012 年入选"国家级特色新材料产业基地"之列，2015 年，园区被国家发改委评为"国家循环化改造示范试点园区"。在全国制造业发展中，以有色金属新材料加工为主导的制造业形成了明显的竞争优势，也为青海打造国家清洁能源产业高地建设提供了充裕的生产资料。

2. 不利因素

（1）面临企业创新选择与产学研合作程度较低的困境。企业创新投资一般趋向于设备更新或工艺调整。长期以来，青海工业发展选择资源开采及初级加工环节，并在历史沿革中形成了与此相应的科学研究体系，间或区域产业分工之势也不断加剧资源依赖性产业结构的形成。尽管省内特色新材料产业发展拥有较为明显的初始原材料供给优势，但在其后续加工中绝大多数企业维持在产业链较短的上游环节，在此产业化产品生产的技术标准已经完善、生产设备已经定制，作为生产企业只要按照既有的技术要求完成产品即可，因而主观上限制了积极创新意识的产生。

这就意味着，短期内难以形成合理的有利于促进特色新材料产业发展的产学研创新网络建设，尤其在缺乏内生孵化、创新促创业的背景下，"路径依赖"将制约特色新材料产业后发创新优势的积累。即使是伴随生产开展有创新活动，也难以对主体产品生产技术标准产生大的影响，往往企业鼓励开展的创新活动只是为创新而被动地应付。目前绝大多数企业致力于智能化、绿色化发展的创新投入比重较大，这与目前省内规模以上工业企业科学研究与试验发展（R&D）经费投入 0.7% 分配向基础研究、2.9% 向应用研究、96.5% 向试验发展的科技投入分配高度契合。当企业趋向于设备等硬件投入时，便弱化了对人才、创新网络等软件方面的培育，客观上将成为制约特色新材料行业创新发展的"短板"。

（2）面临创新区位边缘化与产业创新价值链被自然阻隔的困境。表现为"创新需求、创新供给"双相叠加致使区域创新区位边缘化的尴尬境地。无论是创新价值链视角还是生产链环节考虑，青海省既有的新材料产业发展选择了处于高新技术投入的原材料生产环节，但就企业设备投入、产品技术专利拥有均属于从外部"直接输入"，也就是借助外部新设备、新技术和本地的生产资料有机地结合起来，建立起了青海的特色新材料产业体系。对于富有高新技术特性的新材料产业本身来说，在市场上可选择"成熟的高新技术"及设备供给，实属节约了生产成本，但并没有限制创新发展的活动，不过其前提是有主动创新的环境和足够投入的资本。

但现实是除国有企业外，西开区绝大多数新材料企业是在园区优惠的政策及便捷的原材料供应条件吸引下落户建设，这里的新材料企业仅仅是跨国企业的一个生产环节，客观上创新的诸多事宜布局于集团公司或由母公司所支配，由此形成了围绕母公司的创新网络组织，无形中与布局于园区的其他企业减少了联系的机会。或许在个性化产品生产中有对新材料技术、工艺创新的要求，但与下游创新需求间因空间隔离的现实矛盾，致使供应链内创新需求信息无法及时通过供应链传导给园内其他新材料企业。尽管特色新材料产业集聚到工业园区，但相互间缺乏联系甚至处于同业竞争的状态，园区内企业间的联系明显弱于与外地尤其是发达地区集团公司（内部供应链）的联系，进而非常不利于本地企业间创新联盟组织建设。

（3）面临产业转移后竞争环境复杂与营商环境固化的困境。与东部沿海的地方政府一样，内陆地方政府在推动经济总体增长的政策目标之外，同样存在着优化提升本地工业结构的发展诉求，进而选择会与东部地区的产业迁出动机形成一定的冲突。青海在特色新材料产业发展的过程中，业已建立起了立足当地资源转换的生产基础，具备了相当基础的重化工业、资本密集型发展的积淀，进而招商引资更倾向于选择一条可依托既有产业基础并做强优势的发展路径，而非步东部地区之后尘承接劳动力密集型制造业。这一发展思路，使得主导移出产业的地区和选择移入产业的青海省之间，发生了较为明显的选择性分歧。

即使在新一轮产业转移中积极对接招商，形成了产业转移的成果，也是以传统生产环节扩张型转移为主，客观上限制了与创新环节紧密联系的生产服务单位的同步转移。而独立的生产单位区域间的转移，往往"嵌入式"地挤进当地产业集聚区，与当地同类企业间的生产联系也非常有限。从微观来说，处于上游产业链的新材料生产企业必须要及时响应下游厂商变化的要求，而下游企业往往要随市场变化改变产品特性，或科技创新所产生的新产品可能形成原材料的替代现象，恰恰这些具体的变化在信息不完全的条件下，可能对上游企业发展带来诸多不确定的影响，这些也是青海特色新材料产业发展营商环境不佳的具体表现。

（4）面临"互联网＋"应用转型与信息基础设施投入不充分的困境。"互联网＋"与新材料产业的深度融合，在智能化设备条件下将有助于突破新材料产业发展的制约瓶颈，有利于为研发环节提供集成共享的数据积累。在共享数据环境下，任何人可在终端采用人工加机器学习的方式来开展新材料研究和应用，并把自己的数据信息共享，从而实现新材料研发的大众创新。然而，从青海省内新材料产业发展的整体来说，绝大部分企业借助互联网开展创新的条件并不充分，部分企业有智能化设备的投资，但相应地将大数据应用于产品创新开发及活动的能力并不具备；绝大多数企业设备智能化投入形成的数据资源，并不由生产企业所掌握，而是由母公司专门的部门实施研究开发；还有产业集聚区单独借助企业间联盟建设的平台条件有限，进而西开区本身及企业创新开发的环境建设有待重视。

二、特色新材料产业创新集群建设：可行条件

与传统的产业集群相比，产业创新集群是区域内各种创新资源功能联系的载体，集群内各创新主体不断进行相互学习与交流，形成协同创新机制，提升创新能力；并随着新知识、新技术、新产品的不断涌现，衍生出大量的创新创业型企业。因而构建"创新网络和形成集聚经济"是创新集群建设的本质要求，其中技术创新是串联其各主体的关键环节。在此，将借助判断西开区特色新材料创新集群建设的可行性分析数据，

通过全省创新能力、科技创新能力、创新网络建设等基础依据，再结合西开区特色新材料企业创新集群建设可行条件问卷调查结果，梳理西开区创新集群建设的企业行为。

（一）区域产业集群创新能力评价

借助张冀新等（2019）《基于效能评价的创新型产业集群成长模式研究》中对国内70个创新型产业集群、省区间产业集群综合能力评价的结果，以此作为西开区产业集聚区比较分析的依据。具体判断将通过其所建立的效能指标体系，分析国内具有示范作用的创新型产业集群效率与能力，具体采用自主创新力、效益贡献力以及国际竞争力"三力"模型。

按照各省区市创新型产业集群效能排名来看，青海省创新型产业集群平均综合效能为0.261，排名为15；平均综合能力为0.433，排名为29（见表4-1）。以各省市效率与能力排名的中位数15为界，对29个省市的效能情况进行分类，可将效率与能力发展模式分为强能强效、强能弱效、弱能强效、弱能弱效4类。青海属于弱能弱效模式，其创新型产业集群所属模式是低能力、低效率，其结果与内陆地区资源丰富但并不能与当地生产力实现有效配置、交通运输不便和科技资源难以得到有效转移、资源高效利用水平难以产生"乘数效应"等有着直接关系。

表4-1 国内各省区市创新产业集群效能

省区市	平均综合效率	效率排名	平均综合能力	能力排名
北京	0.629	2	0.8	3
天津	0.784	1	0.788	5
河北	0.447	9	0.772	8
山西	0.446	10	0.682	23
内蒙古	0.454	8	0.788	4
辽宁	0.161	22	0.7211	8

续表

省区市	平均综合效率	效率排名	平均综合能力	能力排名
吉林	0.488	5	0.733	17
黑龙江	0.366	12	0.678	25
上海	0.219	18	0.717	19
江苏	0.267	14	0.676	27
浙江	0.486	6	0.866	1
安徽	0.225	17	0.771	9
福建	0.455	7	0.708	21
江西	0.117	23	0.682	24
山东	0.211	9	0.752	13
河南	0.115	24	0.707	22
湖北	0.168	20	0.761	10
湖南	0.115	24	0.747	15
广东	0.583	4	0.834	2
广西	0.617	3	0.758	11
重庆	0.236	16	0.786	5
四川	0.318	13	0.783	7
贵州	0.019	29	0.647	28
云南	0.044	28	0.745	16
陕西	0.379	11	0.756	12
甘肃	0.06	27	0.717	19
西藏	0.089	26	0.677	26
青海	0.261	15	0.433	29
新疆	0.165	21	0.747	14

资料来源：张冀新等（2019）《基于效能评价的创新型产业集群成长模式研究》一文数据整理而得。

上述评价的结论是：通过自主创新力、国际竞争力与效益贡献力"三力"视角进行综合评价，"三力"代表创新型产业集群的不同方面，支撑创新型产业集群建设。"三力"发展之间是互补型燕尾突变模型，自主创新力下各项指标间是互补型燕尾突变模型，效益贡献力下各项指标间是非互补型蝴蝶突变模型，而国际竞争力下各项指标之间是互补型蝴蝶突变系统。同时，创新型产业集群个体自身的自主创新力与国际竞争力之间大体上都是同步发展的，而效益贡献力水平与其他两力的发展并不同步，存在空间异化。效益贡献力发展与其他两力存在不同步现象，与各创新型产业集群的行业特质有着很大关系。

青海整体产业集群效能分析，其效能贡献力均处于中低位置，尤其是自主创新能力、国际竞争力处于最低的位置。在此，效能贡献力主要包含对国家的税务支持力度以及对社会的就业贡献力度。因所处行业不同，税收征收类型也不相同，创新型产业集群的行业性质以及自身盈利情况，决定了企业最终的税务数额。还有，青海省内本身产业发展规模偏小、产业类型较为单一，一个行业较小的规模变动，往往会引起整个区域规模产生较大的变化。

在低能低效模式发展轨迹中，创新始终成为改变自身发展的"瓶颈"，各产业集群应把通过技术创新提高效率水平作为关键环节来抓；"效率、能力两面弱化"的现实是进一步创新的动力产生和支撑无限创新空间的另一种表现，低层次是大潜力的对立面，也是预期扩大创新、强化技术联系并实现新产品不断推陈出新的物质基础。

（二）特色新材料企业创新网络建设评价

1. 企业创新网络建设评价指标设计

以生产产品的企业主体为核心而构建起的一个相互关联又错综复杂的创新社会网络，可以反映产业集聚区微观层面具体的创新行为及活动的开展。在此，了解西宁都市圈西开区特色新材料产业的创新活力，将按照"环境—资源—意识—活动—能力—绩效"分析框架，通过实地调研和问卷调查的方法，具体从生产企业在产业链分工与协作的视角出发，获得企业创新网络建设的数据，以此说明现有特色新材料产业集群向创新集群升级中的基础能力。

具体问卷设计一共设立五个一级指标，分别是创新意识、合作网络、创新活动、创新绩效与创新环境指标（见表4-2）。问卷调查于2019年9月、2020年6月开展，分别对西开区内区新材料生产企业进行调研，最终获得所需样本数据。

表4-2　　　　　　西开区企业创新网络建设评价指标体系

一级指标	二级指标
创新意识	公司核心技术在国内同行业中的地位
	公司核心技术面临的竞争环境
	公司未来5~10年的技术发展目标
创新合作网络	公司与本地企业间交往活动的类型
	公司与外地组织机构间的交往合作
	公司与本地组织机构间交往合作的关系类型
	公司从本地组织机构中获得的帮助情况
	公司与本地组织机构间关系建立的方式
创新活动	公司开展技术创新活动的目标
	公司技术创新活动遭受失败的主要原因
创新绩效	公司的销售收入变化情况
	公司新产品销售比重变化情况
创新环境	公司容易在本地获得各种生产要素
	公司容易在本地获得与决策相关的信息
	公司对本地政府优惠政策的依赖程度较高
	区域内提供与公司相同产品或服务的本地企业不多
	区域内企业间良性竞争发生的概率比较大
	原有企业退出或新企业进入集群不容易破坏原有的集群关系
	良好的区域品牌形象便于公司开展业务
	以促进企业间、校企间合作为职能的协调机构运作良好
	公司与合作伙伴对合作内容都有责任感
	服务型政府营造了公平、开放的市场竞争环境

2. 企业创新网络建设状况

（1）企业创新意识。问卷通过企业目前所拥有的核心技术在同行中的地位、所面临的竞争环境及选择突破的目标三个方面分析了企业表现，结果是：

第一，"公司核心技术在国内同行业中的地位"，其结果是：24.55%的企业为"遥遥领先"，49.09%的企业为"一般领先"，26.36%的企业为"小幅领先"。说明西开区特色新材料产业发展中，多数企业拥有与市场需求相匹配的核心技术，还有少数企业的生产技术存在较大的提升空间。

第二，"企业核心技术面临的竞争环境"，其结果是：42.29%的企业认为其所处的环境呈现出竞争激化的趋势，以锂材料生产为甚；36.36%的企业认为其所处的环境出现了减弱的趋势，以光伏新材料为甚；21.35%的企业认为技术环境发生的变化还不是特别明显。调研企业结合自身核心技术的实际情况，针对外部环境的变化给出了不太一致的判断，也反映出新材料生产作为基础性生产其外部技术环境的变化"不确定性"特征较为典型。

第三，"企业未来5~10年的技术发展目标"方面，其结果是：81.82%的企业技术发展目标是"国际领先"地位；9.09%的企业发展目标为"国际顶尖"；9.09%的企业未来5~10年发展目标为"国内领先"。能够反映出绝大多数企业从主观上树立立足行业领先的战略选择，从企业破局及坚持发展的方面来说，向国内和国际水平看齐，拥有对自身发展的强烈自信，是推进企业持续发展必要条件。

（2）企业创新合作主体间网络建设。问卷调研通过与本地企业的合作、交往关系的判断，来呈现产业集聚区创新网络建设的实际运行状态。结果是：

第一，"公司与本地生产企业的合作形式"：企业与本地企业发生联系的类型主要集中在产业链上游，比如购买原材料、购买零部件接受订单等方面。

第二，"公司与外地生产企业间的交往合作形式"：与本地企业合作相比更加多样化，包括与外地的供应商、装备制造商、产品采购商、销售代理商、品牌大公司、电子商务企业之间有密切的合作联系。

第三，"公司与本地组织机构间交往合作的关系类型"：主要集中在管理咨询、委托产品生产及开发方面，与本地企业间的合作联系还处于低层级的产品供销合作，技术联系比较缺乏，企业之间具有产品生产分工但是技术创新合作联系还需加强。

第四，"公司从本地组织机构中获得的帮助情况"：绝大多数企业在经营过程中能够得到来自政府、金融部门支持和帮助，其他联系基本表现较弱。

第五，"公司与本地组织机构间关系建立的方式及紧密程度"：联系较为随机，以及与产业集群各主体间结成的联系网络还不够紧密，就其结果也包含本身组织机构建设并不完善导致无法联系的矛盾。

（3）企业创新活动开展状况。问卷调研通过企业开展创新活动的目标选择及其遭受的损失两个方面呈现创新活动开展的情况。结果是：

第一，"企业开展技术创新活动的目标"：90%企业技术创新活动的目标定位于自身发展需要及新产品开发、降低生产成本等；63.64%的目标为追求开发国际领先的新产品，能够反映出特色型材料产业发展中企业对自身发展新产品的定位，预期目标非常清晰。

第二，"企业技术创新活动遭受失败的主要原因"：缺乏资金（91.2%）是最主要的原因，其次为缺乏人才支持（27.27%）、生产工艺跟不上（18.18%）。资金是创新发展的基础条件也是限制性瓶颈要素，同时人才和创新工艺是企业创新发展的决定因素。如果企业在人才、工艺方面存在明显的短板，无疑会阻碍企业创新能力的提升，企业在产业集群升级进程中的主导作用也会受到明显的限制。

（4）企业创新绩效来源及成因。问卷调研通过企业创新绩效来源及其下降原因两个方面来呈现。结果是：

第一，"企业创新绩效的来源"：90.01%企业销售收入及新产品的销售收入比重呈增加趋势；9.09%企业销售收入/新产品的销售比重在小幅下降。说明青海省内新材料生产企业的绩效状况良好，这一结果与第一小节中比较的数据基本一致。

第二，"创新绩效下降原因"：87.50%的企业认为研发投入资金不足、缺少专业人才等与难以满足新产品更新速度有关；84.27%的企业认为市场环境对企业推出新产品有影响。西开区特色新材料产业发展尚处于起步阶段，行业整体受市场不确定因素及有效需求不足的影响，因企业销售收入增长有限引致创新需求不足。

（5）企业创新的环境建设。问卷调研通过政府、产业、企业等三个方面度量区域内环境因素对创新影响。在分析各项环境指标对特色新材料产业集群内企业创新能力的培育及潜在影响中，本书分别对每一项回答进行赋值，其中：回答"极不符合"得1分；回答"完全符合"得5分，分值从"极不符合"到"完全符合"依次递增。通过企业调研，对每一项评价指标计算所有样本企业的平均分值结果为（见表4-3）。

表4-3　　　　　　　　　西开区企业创新环境统计平均值

层面	指标	平均值
政府层面	1. 公司对本地政府优惠政策的依赖程度较高	3.64
	2. 服务型政府营造了公平、开放的市场竞争环境	5.00
	3. 以促进企业间、校企间合作为职能的协调机构运作良好	3.54
产业层面	4. 良好的区域品牌形象便于公司开展业务	5.00
	5. 公司容易在本地获得各种生产要素	2.89
	6. 公司容易在本地获得与决策相关的信息	3.09
	7. 区域内提供与公司相同产品或服务的本地企业不多	2.09
	8. 区域内企业间良性竞争发生的概率比较大	4.18
企业层面	9. 原有企业退出或新企业进入集群不容易破坏原有的集群关系	2.00
	10. 公司与合作伙伴对合作内容都有责任感	5.00

在政府层面上，问卷呈现：第一，政府对企业提供优惠政策得分为3.64，说明当地政府在特色新材料产业中的支持作用明显，也从某种程

度上说明企业发展对政府的政策依赖度较高。进而政府部门应围绕企业实际需求，有的放矢地多出台有针对性的培育型政策。第二，政府对市场竞争环境的培育得分为 5、引导企业与相关组织机构开展合作得分 3.54，说明政府在创新环境、维护市场秩序及塑造新市场方面有一定作为；在引导企业与相关机构开展合作的项目设计、落实上还有待深化，尤其在促进产学研合作方面有待提升；推进企业与相关组织机构进行横向、纵向合作，是集群实现升级的基础性条件，尤其对欠发达地区政府要求是积极架设校企间开展有效合作的桥梁。

在产业层面，第一，良好的区域品牌形象建立对企业运营影响得分为 5.0，远高于"一般"水平。良好的区域品牌形象便于公司开展业务已是企业共识，也成为特色新材料产业集群建立并拓展区域影响力、市场声誉的重要竞争优势。区域品牌在吸引与价值链相关企业进驻集群的同时，也推动了集群内企业专业化分工与协作，有利于企业形成差异化竞争优势，并对开拓市场并提高市场份额有着重要的影响。第二，企业从集群中获得生产要素得分为 2.89、获得决策相关信息得分为 3.09，由此判断：目前区内特色新材料产业集群建设为群内企业提供决策信息的环境建设优于提供生产要素的能力。

这一结果与西开区特色新材料产业建立的组织结构模式有着直接的关系。除个别规模较大的国有企业之外，多数新材料企业为民营企业，这些企业在此驻足均是借助园区优惠政策而建立的"飞地型"生产单位，企业生产要素多依靠母公司的供给。集群内要素供给能力和企业间要素共享能力建设是创新集群的重要特征，是集群植根性特征的主要体现，而西开区企业从其集群中获得生产要素供给数值较低的现实说明，增加其本土植根性特征建设是重要的发展条件，也是限制特色新材料产业集群企业网络建设及创新发展的重要约束条件。

在企业层面，就集群竞争环境和企业间的关联性来看，第一，提供与企业相同产品或服务的本地企业得分为 2.09，该得分低于一般水平，说明集群网络建设中的配套企业建设还不能满足发展的需要。第二，区域内企业间的良性竞争得分为 4.18，该项指标值较高，从数据表现说明有利于企业发展的市场环境建设处于良性发展状态，但是从企业实际发展的状态来看，其实目前各类特色新材料企业发展处于"孤岛状态"，相互间还没有更多的交集，因而无所谓竞争的好坏。第三，原有企业退出或新企业进入集群不容易破坏原有的集群关系的项目得分为2.00，说明在低水平企业网络结构状态下，这种影响较小的结果与现实发展状况基本一致。第四，公司与合作伙伴对合作内容都有责任感的认知得分为5.00，说明在现代企业建设中与企业内部文化相关的"责任意识"，是企业对外合作和对内团结的基石。

从上述四项问卷项目比较来看，第一项和第三项得分低于"一般水平"，说明目前西开区特色新材料产业集群建设中同类企业集聚效应不够明显、企业间关联度不够高。第二项和第四项得分较高，说明集群内部环境建设处于相对有序的状态，既有存在合作的企业间处于高度互信的状态，为特色新材料产业集群向更高层次提升发展提供了良好的环境基础。

（三）特色新材料产业创新集群建设的可行性

通过对国内各省区创新型产业集群综合效能评价和西开区特色新材料产业集群内企业创新网络建设现状的问卷评价，分析其特色新材料产业集群向创新型集群升级的外部环境、企业内部创新能力建设等基础认知，结果是：

与国内29个省区市的同类产业集群相互比较的结果是：青海省特色新材料产业集群发展的综合能力还处于需要大力培育、孵化的低层次阶段。其中，盐湖新材料产业集群的平均综合效益指标处于国内中游水平，但平均综合能力水平处于最末位置。从数字的视角衡量集群发展的基础，是青海省内新材料产业集群的综合能力这一指标值过于低下所致，是群内各要素在优化配置过程中存在"短板过短"所为。在青海海西盐湖化工特色产业集群建设中，创新型产业集群"三力"表现整体处于末尾状态，其中，自主创新力明显偏弱，该产业集群在国际竞争中并没有如所拥有的资源储备优势一样形成明显的创新优势，尽管效益优势处于国内中上水平（本身地区的总量较小），但集群创新综合能力与发达地区自主创新较强的集群相比差距明显。通过实地调研了解到，与盐湖新材料开发相关的企业，围绕科技创新工作的开展，或多或少地投入 R&D 经费并通过项目申报的方式得到财政资金的支持。间或是因投入规模所限或企业本身创新的环境不便于企业开展有效的创新活动，致使企业在成长过程中，技术创新要素的积累还难以对企业持续发展产生明显的效果。

企业创新网络建设不断集聚有利于创新集群建设的要素。以西开区企业为基准分析了全省特色新材料企业创新网络建设的总体状况，整体表现是：企业创新意识、企业创新目标设计、服务型政府建设、公司致力于品牌建设、合作中的信任意识等，与创新相关的主观意识、发展理念及政府服务能力建设处于较为有力的状态。而务实地促进创新发展的环境、资源及具体活动开展，还不能满足企业创新网络系统的建设，进而导致创新绩效及创新能力建设难以达到具体的要求。若是把企业创新网络建设作为一个系统，是构建特色新材料产业集群向创新集群升级、聚能的基础，那么，仅有"主观上努力"只能说明发展的"态度明确"，而真正能够促进其特色新材料产业创新建设的核心要素，在与系统内各部分之间达到相互匹配，才能产生"1 + 1"大于"2"的效果，否则因"短板"，存在限制整体效益发挥及质量提升的巨大风险。

通过不同视角对科技创新能力及企业创新网络建设环境的认识中，一个统一的认知是：与国内发达地区相比，青海产业集群创新能力建设存在明显的差距，创新效率及国际竞争力处于较低水平；企业整体创新能力有不断增强的预期，尤其围绕特色新材料企业创新网络建设，积极主动的创新意识、清晰的创新目标选择等，主观上有利于特色新材料产业创新体系建设。尽管目前所处的阶段，客观上约束向前发展的势能积累，但在竞争环境下较为广阔的创新空间，是助推特色新材料产业创新集群建设的重要条件。

三、特色新材料产业集群创新：战略构想

（一）模式选择：绿色协同创新网络

围绕西开区特色新材料产业集群发展的基础，聚焦提升整体竞争能力并成为促进青海全省现代经济体系建设的核心动力，不断促成兰西城市群产业支撑能力建设，特提出适宜本土特色新材料产业集群创新的关键是促进产业组织形式向现代化转变，旨在建立绿色协同创新网络的模式（见图4-1）。并按照不同创新主体间技术联系的特质，进一步形成公共创新平台驱动型（园区、科技中心）、校（院）地合作驱动型、龙头企业带动型、多要素综合驱动型、中小企业网络共生型等创新网络系统。其特征是：

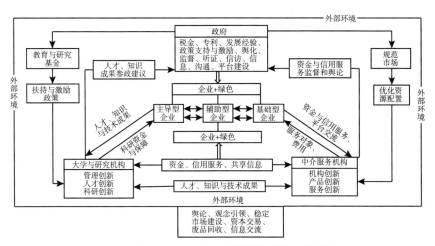

图4-1 西开区特色新材料创新集群培育基础模式

资料来源：根据"绿色协同创新网络"内部关联特性和西开区创新网络培育的要求整理而来。

（1）生态化改造的产业集群创新模式。现代产业集群组织运行中，无法规避曾因粗放开发给当地资源环境产生的严重扰动。绿色产业创新集群建设，是以提高资源利用效率和降低废物输出为导向，追求实现环境绩效和经济绩效的"双赢"。具体运行需在企业内部、各利益相关成员间，通过"信任和承诺"或正式契约的方式，建立起基于资源、能量和废物高效利用的合作关系，即实施产业集群的生态化改造。在此创新改造，不仅仅是简单意义上的技术变革，而是观念、技术、工艺、产业网链上生态化与创新的有机融合，旨在形成富有生命机体活力的合作关联网络。

（2）实现各创新主体间有效的合作交流。通过相互信任并辅以相应的激励机制，实现绿色产业创新集群内参与其中的企业、大学与研究机构、政府和中介服务机构等，以契约形式构成联系紧密、互动频繁的网络架构。其中，企业将成为绿色创新网络的重心，可通过供应链内部的上、下游企业间率先形成绿色技术创新的响应。当企业面对自身难以解决的新诉求时，会主动与具有较强研究实力的大学与研究机构进行合作。由此，企业、大学与科研机构、中介和服务机构等，共同构成协同创新网络运作的核心板块。其间政府所具有的功能，调控职能远胜于管制职能并处于外围，一并形成协同创新网络的内部致密层，调控的主要手段为经济激励、政策倾斜、市场规范与配置优化等。

（3）协同创新网络形态是由"本土化网络"＋"虚拟化网络"两部分组成的集合。既包含本土各创新主体的合作联系形式，也包括"嵌入型"企业与区域外部的创新合作单位或集团创新源之间的联系形式（见图4－2）。在此，创新网络建设以企业为主体、市场为导向，高校、科研机构、政府和社会服务机构等都是不可或缺的组成部分。只有将企业间的协同关系"放大"到企业与企业，以及企业与高校、科研机构、政府和社会服务体系之中，其所形成的"合力"才能真正激活企业发展的能量。

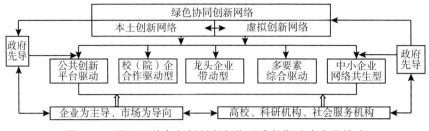

图 4 - 2   西开区特色新材料创新集群成长期政府先导模式

资料来源：根据"绿色协同创新网络"内部关联特性和西开区创新网络培育的要求整理而来。

（4）处于不同成长阶段的协同网络建设具有鲜明的特征。在网络发展初期，政府导向作用明显；而在网络发展的高级阶段，行业协会主动作用逐步显现。不同的企业性质也受到所在地网络结构的影响，如具有高新技术性质的企业或相对年轻的企业的协同创新行为，更易受到网络结构集成内力的影响，均具有地域性和产业差异性，其生长和发展伴随着网络规模、网络节点和网络密度的变化而变化。不同网络都可能为网络节点间的创新合作创造条件，通过联盟形式形成供求网络、区域产业联盟、国际战略技术联盟和专业跨组织网络等关联状态。

（二）路径选择：企业联盟建设

1. 公共创新平台驱动型

一般以工业园区（开发区）为载体，相对便利的交通、完善的基础设施和初具规模的产业集群形态，不仅为既有企业合作联系提供载体，也促使拟选择转移的生产环节或整个集群从转出地向工业园区集中落户提供布局空间。园区可为迁入的企业减少它们的配套、交易和适应的成本；实现某些生产技术和隐形知识的传播，使得跨地区产业间联系不断深化。

在市场需求引致和政府相关激励机制双向作用下，迁入园区的企业与既有企业间产生互动交流，进而产生新的市场交易的同时，也围绕共同面临的问题孕育新的科技创新机会。此时，由政府牵头、市场主导，将连接省内外高校、科研院所及产学研技术创新联盟、大型骨干企业等创新主体组合一起建立起中枢平台，这一平台具有公共性、区域性特质，可为地方产业共性技术的研发、产业价值链的跃升发展作出巨大的贡献（见图4-3）。现西开区内围绕新材料及循环发展中，所建立的创新发展网络预期特征较为典型。该公共创新平台驱动型路径所呈现的基本特点是：

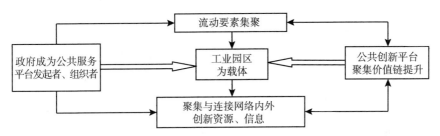

图4-3　西开区特色新材料创新集群成长期公共创新平台驱动路径

资料来源：根据"绿色协同创新网络"内部关联特性和西开区创新网络培育的要求整理而来。

（1）政府成为公共创新平台的发起者和组织者。政、产、学、研等多方主体，成为公共创新平台的主要组织者、参与者。在此，政府作为平台的发起者和主要组织者，先期需投入一定的启动资金，并引入区域内外高校、科研院所和产业链骨干企业等共同参与平台运营、产业公共创新服务、核心技术研发等。

（2）平台成为聚集与连接网络内外创新资源的重要载体与枢纽。该类平台聚集了大量提供技术创新、检验检测、商贸会展、知识产权、科技金融等的机构，成为创新资源共享、研发成果转移转化、产学研对接的重要枢纽，促进了创新要素的有效利用，加速了特色新材料产业转型升级的步伐。

（3）平台聚焦于地方产业价值链提升。平台聚焦区内产业转型升级需求、核心技术突破，建立起相关服务支撑体系；旨在协同创新拓展延伸产业价值链条，选择性地引导高校、科研机构与企业有效对接，联合开展核心技术研发等合作。

在西开区特色新材料产业发展中，围绕锂材料、光伏材料产业转型升级与价值提升，通过在辖区内不同工业园区中设立光伏材料"园中园"、锂材料生产基地建设等协同创新机制，较为典型地诠释该路径的有效性。在此，政府搭桥牵线，创新网络主体间开展了包括委托开发、联合研发、共建研究机构或平台、共建经济实体、创新飞地及中心实验室跨区域共享等，网络内参与主体间互动逐步增强、合作频次不断增加，创新集群演化的势能不断得到改善。

2. 校（院）地合作驱动型

以下是以围绕某一专业产品生产的主体企业，通过与国内高校、研究院建立起常态化、紧密的战略合作关系，来推动某一特色新材料产业创新集群的建设。在此，政府和企业与高校、科研院所合作共建新型研发机构、高校及科研院所分支机构、产学研技术创新联盟、企业技术研发中心等，围绕产业集群内部企业的技术研发能力与产业竞争力提升，持续合作推进区域优势资源的产业化开发及适应性新产品、新知识体系及应用专利的积累。西开区锂材料及锂电池生产，其院校合作发展的形式较为典型（见图4-4），呈现的特征：

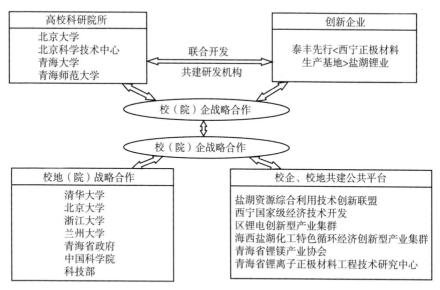

图4-4 西开区特色新材料创新集群成长初期校（院）地合作驱动路径

资料来源：根据"绿色协同创新网络"内部关联特性和西开区创新网络培育的要求整理而来。

（1）企业与高校、科研院所的合作关系相对紧密。企业与高校科研院所双方或多方一般达成了较为长期的战略合作关系，高校、科研院所深度参与到企业的技术创新及创新管理过程中来，网络内各方主体通过联合研发、共建研究机构、共同培养创新人才等模式，关联强度趋高。

（2）网络发育初期限制了企业联通的密度。在创新网络初期建设中，仅限于一个企业、个别研究主体之间所建立的单向互动，缺少与其他多个主体间交叉合作的机会，新技术、新资讯局限在特定协作组织的内部。源于"园中园"或基地建设内部产业规模较小、产品较为单一，限制了协同合作创新链建设的渠道。

（3）政府及相关服务部门起搭桥牵线的作用。政府的作用较公共创新平台驱动型方式要弱，主要是为特定企业与高校、科研院所的合作搭桥牵线，辅之以营造良好的外部环境和不断完善产学研合作的机制。

西开区内青海泰丰先行锂材料产业集群建设，是由青海盐湖锂资源与国内锂材料顶级研究机构（北大先行科技有限公司）跨越空间而构建的"飞地型"虚拟特色创新集群的典范。北大先行科技产业有限公司，是从事锂离子电池正极材料和电动汽车及储能电池组的研发、生产、销售和服务的高新技术企业，构建起了以客户服务为导向、以技术研发为核心、以生产制造为基础、以先进管理理念为纽带、以产业报国为目标、强化各职能部门的服务功能的全新产业组织体系。青海泰丰先行锂能科技有限公司是由北大先行科技公司作为投资主体设立的独资公司，建成有 1.5 万吨/年锂电池正极材料和 2000 吨/年磷酸铁锂正极材料生产线。青海泰丰先行公司是一家集产学研为一体的经营单位，先期依托柴达木盆地丰富的盐湖锂资源，建立了磷酸铁锂西宁生产基地，伴随后期时代先行、BYD 新能源公司及其他生产单位的进驻，一个以锂资源开发利用为先导、锂电池生产及相关新能源产品开发的新材料产业链逐步对接。在此，以北大先行为主导的科研创新、以泰丰先行为主导的锂材料生产和下游供应链中新能源电池生产、光伏组件生产、新能源汽车电池生产及相应的铜箔、铝箔生产等产学研生产体系不断完善，一个以锂材料开发为主体的创新网络体系逐步建立了起来。

3. 龙头企业带动型

在龙头企业带动型协同创新网络中，研发优势明显及生产规模强大的主导龙头企业是协同创新的主体，对行业内中小企业产生明显的带动效应，提升了企业自主创新能力。政府主要围绕特色产业（产品）的产业链衍生与价值链提升建设，以龙头企业为中心，依托产学研合作机制和日益改善的营商环境，积极引入区域内外高校、科研院所的创新资源及生产性科技服务业机构等支撑集群建设（见图4-5）。西开区围绕盐湖综合开发中形成的锂材料、镁材料及硅材料生产的创新集群建设，具备了龙头企业带动的特质。基本特征如下：

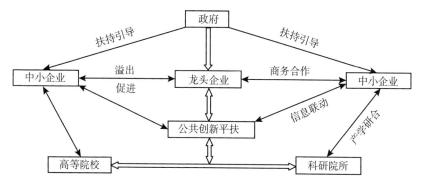

图4-5　青海省特色新材料创新集群成长初期龙头企业带动型驱动路径

资料来源：根据"绿色协同创新网络"内部关联特性和西开区创新网络培育的要求整理而来。

（1）龙头企业主导网络的整体创新活动。龙头企业在技术积累、科研人员、研发资金、实验场所等方面更具有优势，可集中力量开展技术研发与成果转化；龙头企业在对外部的资源整合与合作研发中具有优势，该网络中大部分创新活动围绕龙头企业的关键技术及共性难题展开。

（2）集群内部龙头企业溢出效应较为明显，对中小企业有较好的带动作用。围绕产学研合作机制下的各类创新活动将产生出明显的溢出效应，能够把引进或改良后的新技术在中小企业范围内不断推广，为相关企业综合技术实力提升发挥带动作用。

（3）协同合作具有制度化、长期性特点。龙头企业在其创新活动中发挥中心节点的作用，且对合作企业具有一定的约束力，可依托公共技术创新平台，围绕产业链、供应链、创新链等形成较为紧密的战略协作关系，信息交流与资源共享渠道相对畅通。

西开区内，光伏（光电）新材料、盐湖化工新材料集群培育中龙头企业带动型渐趋明显。第一，光伏（光电）新材料行业内，以中电投新能源投资有限公司西宁分公司为主导的光伏制造龙头带动型为典型。以中国电力投资公司为主导，布局了太阳能电力有限公司西宁分公司经营，旨在进行太阳能光伏电池、太阳能光伏电池组件及其配套产品的开发、制造、销售，太阳能光伏电站工程的设计及其技术咨询、技术服务；自营或代理商品及技术的进出口业务；检测设备租赁等。西开区西宁公司经营与西安公司形成业务、生产、技术等关联支撑，同时，区内还与青海黄河上游水电开发有限公司新能源分公司、阳光能源（青海）有限公司、亚洲硅业（青海）太阳能有限公司、青海鑫诺光电科技有限公司等，建立起了较为持续的供销联系，持续成长的技术创新联盟形态正在培育壮大。第二，硅材料开发行业内，以亚洲硅业（青海）有限公司为龙头形成了资源循环利用、产品多元开发、新研发成果（专利）不断积累的具有本土型创新集群的特质。现亚洲硅业公司主营：半导体多晶硅材料、晶体硅太阳能硅电池及组件、下游光伏电站的承建和开发等，在集群发展中与黄河新能源分公司、中电投新能源投资西宁分公司等形成硅材料供销联系，与青海中利光纤技术有限公司有着上下游资源新循环利用的信息新材料生产链的延伸。

4. 中小企业共生驱动型

是由一群既各自独立又相互关联的企业通过分工协作，并聚集在一起构成特殊的产业组织形式。随着产业内分工向产品内分工演进，单个企业的生产活动不再涉及整条产业链，而只涉及产业链上的某个或某几个环节，企业间相互依赖程度非常高，从而形成了核心企业与配套企业、或产业链关键企业与上下游企业间稳定的共生关系，正是这种共生关系促使了企业的抱团迁徙即集群式转移（邓俊淼，2013）。从形式上看，中小企业共生驱动型创新集群生成，是产业集群式转移在新的区域形成的产业创新集成果，也是集群内生产网络、配套网络、销售网络、关系网络从一个区域转移到另外一个区域的异地复制过程。而该过程与自然界生物群落的共生迁徙高度相似，是在外界生存环境恶化的胁迫下，为了保证群体的生存能力，适应能力较强的动物们往往成为迁徙的带领者，它们与同类种群物种或食物链物种一起陆续迁徙到同一个共生环境后，迁徙群落内部、群落与新共生单元和新共生环境之间，通过优胜劣汰重新建立起一个新的种群共生或食物链关系，进而最终达到共生稳定状态。

中小企业共生驱动型的突出特征是呈现由"点"→"线"→"面"的演进过程。其中，先行企业探索性转移形成的企业个体间的短暂、偶尔合作共生称为"点共生"阶段；将相关企业跟随转移形成的有横向、纵向频繁生产联系的间歇共生阶段称为"线共生"阶段；将群外企业嵌入集群形成全方位的、更有规律的连续共生阶段称为"面共生"阶段。相关产业伴随转移过程，通过产品、服务、配套等纽带连接起来形成的"产业面"与"产业面"一体化共生的阶段称为"网络共生"阶段。最终，通过产业集群式转移演进过程而建立由"点共生"→"线共生"→"面共生"→"网络共生"不断演进的过程（见图4-6），不仅促进了区域产业转移，还形成了较为稳定的生存共生网络形态，并成为区域发展的重要支撑。

中小企业共生驱动型培育路径，是产业集群整体转移的结果。目前，在西开区内特色新材料产业创新集群培育中，还不具有典型性。不过，在盐湖锂材料加工生产过程中，已经布局建立的时代新能源公司、青海BYD锂电池有限公司，按照《青海省新材料2025规划》《关于促进青海省锂电产业可持续健康发展的指导意见》的思路，以锂资源开发为基础，到2025年，青海碳酸锂生产规模将达到17万吨/年，锂电池电芯产能将达到60吉瓦时/年。围绕锂资源开发以及锂离子电池的研发、生产和销售和锂离子电池的梯次利用、回收处理等产业链的延伸，可通过精准招商引资，将形成以锂离子电池及应用开发、循环利用为一体的中型企业共生型创新集群。

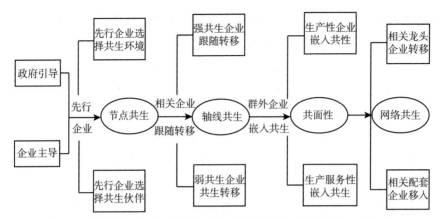

图 4 - 6　西开区特色新材料创新集群成长期中小企业共生型驱动路径

资料来源：根据"绿色协同创新网络"内部关联特性和西开区创新网络培育的要求整理而来。

（三）促进绿色协同创新网络建设的机制

机制是驱动形成事物比较稳定的构成方式和作用规律的基本动力。当前，产业集群的创新建设，其本质是建造一种适宜传统产业集群持续发展的合作创新动力源，旨在解决技术交易高成本、高风险和突破因产业链短小而造成的竞争实力弱小的困境，最终形成网络互动条件下企业创新活跃的组织形式。在此，集群的地理集中性、网络结构、技术关联等，为集群内企业开展基于本土化的、与技术关联的合作创新提供友好的环境。同时，较为灵活的"渠道建设"——区块链，可进一步为实现跨区域、跨行业的合作创新提供保障。

相对于创新基础能力较强的发达地区，创新环境薄弱的西开区，在特色新材料产业集群运行中，可保障集群内企业及其支持机构开展基于技术关联的合作创新，需建立一个适宜企业内外频繁交流、合作的"虚拟创新集群"，并呈现出一种新的技术创新组织形式——网络创新系统。而保障这一系统正常运行，需健全三个基本动力机制。一是基础动力源：政府为主导，适宜的产业政策开发，是创新集群建设的基础动力；二是必要条件：企业为主导，产生对技术创新的内生需求，是创造各创新主体间合作动力的必要前提；三是关键因素：无为而无不为，表现为由集群成员之间相互信任、相互吸引集合成的一种势不可当的内在驱动力量。由此，可判断该绿色协同创新网络的突出特征是：具有合作的需要，在适宜的条件下找到了合适的伙伴并能够产生实效的集合产物。

1. 基础动力：政府驱动机制建设

政府主导的驱动力呈现在：一是顶层设计，根据区域宏观战略诉求，指定与当前重点发展相关的某个产业、行业集群，并围绕关键技术、供应链建设，由相应的机构制定出基本的创新规则、规划；二是激励机制，通过科研项目、科研经费等公共政策开发与支持，鼓励创新主体自发形成合作关联，系列相关公共政策的开发是创新集群成长初期的"引擎"。其中，政府作用的发挥与社会中介的参与呈现此消彼长的过程，伴随集群发展并达到一定规模，社会中介作用必不可少。行业协会的领导力使其成为联通政府和企业间的桥梁，并为企业提供广泛的交流机会（见图4-7）。而由地方政府、行业协会、大企业或政产学研合作设立的技术服务组织，能够为中小企业提供外部创新资源，是集群创新的重要组成部分。

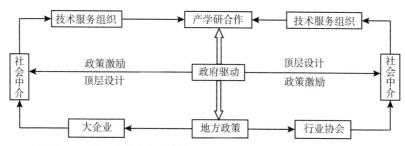

图4-7　西开区特色新材料创新集群成长初期基础动力运行机制

资料来源：根据"绿色协同创新网络"内部关联特性和西开区创新网络培育的要求整理而来。

根据国际经验，集群公共政策的制定者，可以是政府机构或私人团体和协会或准市场组织。不过，任何公共政策要想获得成功，必须使企业及相应的服务机构取得理解和共识，而不是停留在自上而下的号召，或者通过公共部门权威来推进。在此地方行为主体（政府、企业、公共机构）需主动参与开发和完善集群公共政策，促进不同行政管理部门的有效合作，将治理目标确定在促进产业集群转型升级和提升集群竞争实力上。

西开区特色新材料集群创新建设中，公共政策应用及开发包括两方面，一方面要将相应的国家政策用活、用好，成为奠定产业发展基础的引擎；另一方面要有针对性地开发适宜特色新材料竞争能力积累的本土方案。而公共政策的再开发需关注：一是有利于促进创新网络和联盟建设，以及加强包容性、拓展集群外部的联系等；二是加强技能培训和人才培养，具体明确创建研发中心或技术中心及构建培训网络、寻找并招募高端人才、深化技术合作的诀窍；三是关注激发创新的举措，包括设立集群研发基金、鼓励建立基于研发的虚拟创新网络建设，以及强调创新战略谋划及行动落实方案设计；四是营造大众创业、万众创新的环境，包括如何支持有利于吸引企业参与创新的网络建设及设立专业孵化器、进行创业培训等。

2. 必要条件：挖掘内生需求

熊彼特（Schumpeter）认为，创新的原动力来自两方面：一是对超额利润的追求，二是企业家精神，包含首创精神、成功欲、事业心以及冒险精神等。创新精神与利益需求之间并无高低、先后之分，只能说两者相互促进、缺一不可。而现实中企业、高校、科研院所等创新合作动力集聚，均要符合类似的行动取向（见图 4 - 8）。西开区特色新材料产业集群创新的内生需求驱动力的积累，既要关注各方利益需求，更要挖掘企业管理者、一线员工及企业家群体的创新实力。

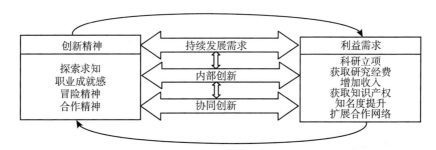

图 4 - 8 青海省特色新材料创新集群成长初期内生需求机制运行

资料来源：根据"绿色协同创新网络"内部关联特性和西开区创新网络培育的要求整理而来。

创新精神的凝练，包括：（1）探索精神，发自内心地对创新的渴望、对未知的探索欲；（2）创新意识，能够意识到创新的重要性，有意识地开展创新；（3）职业成就追求，通过创新使自身得到发展，满足自我成就需要；（4）冒险精神，为了创新敢于承担一定风险；（5）合作精神，为了实现创新，能够与他人分享、合作。

利益需求的达成，包括满足于有形利益、无形利益的追求，尤其对参与技术创新的技术单位而言，更多是体现在：（1）科研立项；（2）科研经费获取；（3）科研人员收入增加；（4）知识产权及预期收益；（5）知名度和影响力提升、权威树立以及地位获得；（6）社会网络关系的扩展等方面得到更多的收益。

随着创新水平的提高，当单个主体的内部创新不能满足需求时，创新主体开始寻求外部合作，协同创新的机会增加。然而，西开区特色新材料创新集群建设进程中，因内陆地区特殊的生产环境，往往整体创新精神不足，加之有限的外部条件，表现在无论是企业管理层还是生产一线员工对创新认识及行动感知滞后于对企业利益的追求，加之"飞地企业"客观上与当地企业间的关联不足，而如何借助"虚拟创新集群"方式，将是西开区特色新材料产业集群创新过程中需加快弥补的短板，而营造有利于全社会创新的环境是发展的关键。

3. 关键环节：激活社会系统集成内力

社会系统运行中，每个地区社会成员间包括社会信任、人们价值取向、创新意识及包容等表现不同。特定产业集群创新网络的培育、人与组织的集成过程中其聚合体的质量、心理距离，是社会系统集成内力作用的具体再现。

创新聚合体的质量，吸引着诸多创新要素的集聚。一般创新主体的综合质量越高，对其他要素的吸引力就越强。尤其伴随云经济、区块链技术日臻完善，越有利于支持"虚拟创新集群"的建造。即一个具有影响力的创新主体的布局，可能吸引无数个中小主体的进入，跨区域的创新合作在"区块链"技术的支持下产生无限的关联机会。创新主体的综合质量，主要由知识技术和创新人才的数量和水平，以及地方财力、物力和知识产权保护力度、品牌价值维护等集合构成。

心理距离是各类创新主体达成相互合作交流的距离感知，是一种由多因素共同作用而产生的综合感觉。这种距离感，因距离增加二者的联系呈减弱态势。特别是对于需要频繁交流、当面合作、物流量较大的项目，地理距离的延长必然会提高合作成本，仍然成为创新资源融合的重要阻碍。社会集成系统中，距离衰减表现较为深刻，并因区域内部社会构成不同呈现一定的复杂性，间或是因经济的发达程度不同，心理距离感知大不相同。因各自追求的愿景目标的不同，以及价值取向、认知和处事行为的不同，会造成相互理解中的文化冲突，容易拉长心理距离。还有，主体间主动沟通的意愿和曾经的合作经历，尤其对经济发展实力较弱的一方，因缺乏高效便捷的沟通渠道，会增大创新集群形成的难度；曾经良好的合作经历，相互信任、默契合作的过程，会缩小相互间的心理距离。

为此，区域创新网络系统建设，既是政府、企业的诉求，也是社会现代化发育的标志。西开区特色新材料产业集群创新建设，面临的突出问题之一就是社会系统集成内力不足，也是内陆地区普遍面临的困境，并非一蹴而就，也非资本投入就能解决，更多是各市场主体共同努力的结果。在此，强化政府主导行为、增强企业主动意识的同时，营造良好的创新环境，尤其通过宣传和必要的激励举措、相关部门持之以恒的坚持，将会产生事半功倍的效果。

中篇　城市化发展评价

第五章　西部城市群城镇化质量
与经济发展耦合协调研究

改革开放以来，我国城镇化发展水平稳步提升。但在城镇化水平不断提升的同时，西部城市群内各城市发展不协调、不平衡现象依然存在。城镇化质量和经济发展水平的提高是推动"西部大开发"形成新发展格局的重要动力，是促进西部城市群经济发展与人口、资源、环境相互协调的重要保障，是西部城市群进入新发展阶段的新要求。

一、研究基础

有关城镇化质量与经济发展的关系，国内外学者从不同的视角进行了研究。城镇化质量的提高促进经济增长不仅体现在空间的扩张，更体现在要素集聚、需求集中，分工专业化和技术创新（孙祁祥，王向楠，韩文龙，2013）。在城镇化发展进程中，不能只追求数量扩张，要注重"适度"与"质量"两个方面，因此"过度"和"弱质"城镇化并不利于城市发展（蔺雪芹，王岱，任旺兵，等，2013；沈坤荣和蒋锐，2007）。"过度"城镇化，一方面恶化城市环境，另一方面城市经济出现畸形增长，城镇化质量与经济发展之间错位过大，城市发展过程中的过度集聚或集聚不足都会抑制经济发展。也有学者认为城镇化发展与经济增长之间仅存在单向关系，即表现为经济发展水平的提高推动城镇化进程（李金昌和程开明，2006）。以空间视角来看，空间关联模式影响着城镇化进程与经济发展的关系，城镇化质量的提高与区域经济发展之间的关系具有正向但不显著的溢出效应（周亮，车磊，孙东琪，2019）。在我国城镇化进程中，随着"丝绸之路经济带"的建设，西部城镇化发展迎来新机遇，有助于夯实产业发展基础、促进空间结构优化，推动城镇化质量与经济协调发展（王颂吉和白永秀，2015）。

城镇化质量与经济发展之间存在十分密切的联系，多数研究发现城镇化质量与经济发展之间存在双向正效应。城镇化质量的提升，有助于改善居民收入水平与生活环境，有助于在产业、人口等方面产生集聚效应，对于产业结构升级与转型具有明显的促进作用。近年来，国家大力推动"一带一路"建设，西部城市群在"丝绸之路经济带"中的枢纽作用逐渐显著，城镇化发展与经济增长迎来新机遇。与此同时，西部地区城镇化进程中也存在一些问题，诸如人口、产业空间分布不均衡，省域内基本公共服务差距逐步扩大，中小城市基本公共服务水平不高，产业升级、转型与地区资源要素禀赋错位，等等，所以研究西部城市群城镇化质量与经济发展之间的关系有助于推动西部城市群长期可持续发展（刘亚天，殷颂葵，丁生喜，2022）。

二、研究方法与数据来源

（一）研究方法

1. 基于遗传算法的投影寻踪模型

在 20 世纪 70 年代，克鲁斯卡尔（Kruscal）提出了一种数理统计方法即投影寻踪模型法，用于处理高维度、非线性以及非正态等特性的数据（HUBERPJ，1985）。本书运用矩阵实验室（MATLAB，2020b）来建立基于遗传算法的投影寻踪模型，目的是在降维时不影响数据的稳健性，保证数据与实际相吻合，减小数据对评价结果的影响。

首先，对数据进行标准化处理，消除指标间量纲差异，减少结果偏差。设各指标值的样本集为 $x(i, j)$, $(i = 1, 2, \cdots, n; j = 1, 2, \cdots, m)$, 第 i 个样本中的第 j 个评价指标的原始数据为 $x(i, j)$; n 为具体指标样本容量、m 为具体指标数目。处理如下:

正向指标为:

$$x^*(i, j) = \frac{x(i, j) - x_{\min}(j)}{x_{\max}(j) - x_{\min}(j)} \tag{5-1}$$

负向指标为:

$$x^*(i, j) = \frac{x_{\max}(j) - x(i, j)}{x_{\max}(j) - x_{\min}(j)} \tag{5-2}$$

式中, 第 j 个具体指标中最大值与最小值分别用 $x_{\max}(j)$ 与 $x_{\min}(j)$ 来表示; 标准化后的值用 $x^*(i, j)$ 表示, 其取值范围为 $0 \leqslant x^*(i, j) \leqslant 1$。

其次, 构造投影指标函数 $Q(a)$。将 m 维数据 $x^*(i, j)$ 综合乘以 $a = \{a(1), a(2), \cdots, a(m)\}$, 即得到投影值 $Z(i)$:

$$Z(i) = \sum_{j=1}^{p} a(i) x^*(i, j) \tag{5-3}$$

式中, a 为单位长度向量。

在对 $Z(i)$ 进行投影时, 需要对其一维散布图进行分析, 要求尽可能显示局部凝聚力, 同时又要保证各凝聚点之间分散开, 于是得出投影指标函数表达式:

$$Q(a) = S_z D_z \tag{5-4}$$

$$S_z = \sqrt{\frac{\sum_{i=1}^{n} [Z(i) - E(z)]^2}{n-1}} \tag{5-5}$$

$$D_z = \sum_{i=1}^{n} \sum_{j=1}^{n} [R - r(i, j)] \times u[R - r(i, j)] \tag{5-6}$$

式中, S_z 为 $Z(i)$ 的标准差, D_z 为 $Z(i)$ 的局部密度, $E(z)$ 为序列 $\{Z(i) | (i = 1, 2, \cdots, n) |\}$ 的平均值, R 为局部凝聚点密度的窗口半径。$r(i, j)$ 为样本间的距离, $r(i, j) = |Z(i) - Z(j)|$, $u(t)$ 为一单位阶跃函数, 当 $t \geqslant 0$ 时, 其值为 1, 当 $t < 0$ 时, 其值为 0。

最后, 执行约束非线性函数优化并估计最佳投影方向。最大化目标函数为:

$$\max: Q(a) = S_z D_z \qquad (5-7)$$

约束条件为：

$$\text{s. t.} \quad \sum_{j=1}^{p} a^2(j) = 1 \qquad (5-8)$$

对各个样本的投影值进行排序，即对城镇化水平与经济增长的综合评价值进行排序，可以得到各样本优劣性的顺序，综合评价值越高，对应的城镇化水平或经济增长水平越高。

2. 耦合协调模型

立足城镇化发展水平与经济增长之间协调发展的内涵，按照具有代表性、科学性、数据易获取的原则，构建城镇化水平与经济增长综合评价指标体系（见表5-1）。

表5-1   西部城市群城镇化与经济增长评价指标体系

目标层	功能层	具体指标	权重
城镇化质量（U₁）	人口城镇化	城镇化率	0.2069
		第二产业就业比重	0.0017
		第三产业就业比重	0.0282
	经济城镇化	人均GDP	0.1237
		城镇人均可支配收入	0.2697
	土地城镇化	人均建成区面积	0.0024
		人均城市绿地面积	0.0128
	社会城镇化	互联网覆盖率	0.0515
		万人拥有医疗床位数	0.1694
		恩格尔系数	0.1336
经济发展（U₂）	经济规模	GDP	0.0181
	经济结构	第二产业增加值占GDP比重	0.1952
		第三产业增加值占GDP比重	0.4466
	经济效益	人均财政收入	0.0129
		职工平均工资	0.3271

各系统综合度指数计算模型为：

$$U_1 = \alpha_i C_i \tag{5-9}$$

$$U_2 = \beta_i J_i \tag{5-10}$$

式中，α_i 与 β_i 分别为城镇化质量与经济发展指标权重，其值等于最佳投影向量的平方值；C_i 与 J_i 分别为城镇化质量与经济发展的功能层中具体指标在标准化后的值。

城镇化质量与经济发展之间的协调综合指数 T 由功能层中各指标加权求和得到，公式为：

$$T_{it} = \frac{1}{2}\left[U_1 + U_2 \right] \tag{5-11}$$

式中，U_1 和 U_2 分别表示城镇化与经济增长综合度指数。

为保证耦合度具有层次性，于是对原有的耦合模型进行修正，使 C 尽可能分散分布于 [0，1]，加大区分度，从而具有更高效度。修正后的耦合度模型，可以更合理地表示城镇化质量与经济发展之间的关系（王淑佳，孔伟，任亮，等，2021）。

当 $\mathrm{Max}U_i$ 为 U_1 时：

$$C_{it} = \sqrt{\left[1 - (U_1 - U_2) \right] \times \frac{U_2}{U_1}} \tag{5-12}$$

当 $\mathrm{Max}U_i$ 为 U_2 时：

$$C_{it} = \sqrt{\left[1 - (U_2 - U_1) \right] \times \frac{U_1}{U_2}} \tag{5-13}$$

本书城镇化质量与经济发展之间的相互作用强度用耦合度来表示，所以两系统中协调程度的衡量需用耦合协调度模型来测量。耦合协调度 D 的公式为：

$$D_{it} = \sqrt{C_{it} \times T_{it}} \tag{5-14}$$

本章基于相关研究所界定的协调等级的划分标准（廖重斌，1999；刘波，黄勤，杨理珍，2021），并推演出耦合协同度 D 的划分标准（见表 5-2）。

表 5 - 2   耦合协调度的划分标准

耦合协调度区间	$[0, 0.1)$	$[0.1, 0.2)$	$[0.2, 0.3)$	$[0.3, 0.4)$	$[0.4, 0.5)$
耦合协调度等级	极度失调	严重失调	中度失调	轻度失调	濒临失调
耦合协调度区间	$[0.5, 0.6)$	$[0.6, 0.7)$	$[0.7, 0.8)$	$[0.8, 0.9)$	$[0.9, 1)$
耦合协调度等级	勉强协调	初级协调	中级协调	良好协调	优质协调

3. 空间自相关模型

空间自相关模型是一种衡量空间数据各要素之间联系的方法，用来解释空间中各种要素属性之间的相关性特征，可以清晰地表示其空间聚集情况。本书选取全局莫兰指数（Moran's I）来衡量西部城市群城镇化发展与经济增长耦合协调度的空间关联特征，分析区域内各要素的空间集聚状态，其取值范围为 $[-1, 1]$。在预先设定的显著性水平下，如果全局 Moran's I 的值大于 0 或小于 0，表示西部城市群内地级市存在空间正相关或负相关；如果全局 Moran's I 的值为 0 则表示不存在空间自相关（ELHORST J P, 2014）。计算公式为：

$$I = \frac{n \sum_{i=1}^{n} \sum_{j=1}^{n} w_{ij}(D_i - \overline{D})(D_j - \overline{D})}{\sum_{i=1}^{n} \sum_{j=1}^{n} w_{ij} \sum_{i=1}^{n} (D_i - \overline{D})^2} \tag{5-15}$$

局部空间自相关模型，在微观层面即研究区域范围内各城市之间对空间关联模式进行识别，目的是分析局部空间之间的异质性。本书采用局部莫兰指数（Local Moran's I）表示局部空间自相关，当其大于 0 时，说明地级市 i 周围表现为相似的空间集聚性（高—高或低—低）；小于 0 则表示为相异的空间集聚性（高—低或低—高）。计算公式为：

$$I = \frac{(D_i - \overline{D}) \sum_{j=1}^{n} w_{ij}(D - \overline{D})}{\frac{1}{n} \sum_{i=1}^{n} (D_i - \overline{D})^2} \tag{5-16}$$

式中，n 为研究区域地级市数量；D_i 和 D_j 分别为地级市 i 和 j 的耦合协调度；w_{ij} 为空间权重矩阵，本书依据邻接原则定义西部城市群内各地级市的空间关系。

（二）研究区域概况与数据来源

自 2016 年以来，西部地区相继获批的城市群有成渝城市群、北部湾城市群、关中平原城市群、呼包鄂榆城市群与兰西城市群，包含西部地区 38 个地级及以上城市。2018 年国务院发布《中共中央　国务院关于建立更加有效的区域协调发展新机制的意见》明确指出推进城市群建设。

本章选取截至 2020 年国务院批准建设的西部城市群中地级及以上城市进行研究，为了保证研究区域的空间连续性和分析连贯性，对比 2005 年、2010 年、2015 年和 2019 年西部城市群内地级市发展情况。青海省海东市在 2013 年撤地立市，故将其剔除，因此研究区域为西部城市群内 37 个地级以上城市。数据主要来源于各省市统计年鉴、《中国城市统计年鉴》以及相应年份各地级市的统计公报，对于个别缺失数据运用插值法将其补齐。

三、实证分析过程

（一）城镇化质量与经济发展水平

为探讨西部城市群内各城市 2005 年、2010 年、2015 年和 2019 年城镇化发展水平和经济增长的发展情况，运用式（5－3）～式（5－8）对其进行综合评价，其中综合评价值用投影值来表示。

样本维度为 148，城镇化水平指标数为 10，经济增长水平指标数为 5，运用式（5－1）和式（5－2）处理数据后，运用 MATLAB2020b 建立 PPCE－RAGA 模型，模型参数为：$N = 400$，$M = 10$，$p_m = 0.20$，$p_c = 0.80$，$C_i = 7$，$DaiNo = 2$。

1. 城镇化质量

通过投影寻踪模型得到的最佳投影向量分别为：0.4549，0.0409，0.1680，0.3518，0.5193，0.0488，0.1132，0.2270，0.4116 和 0.3655。反映出在城镇化进程中，各指标的贡献差异。城镇人均可支配收入指标最佳投影向量值为 0.5193，对于推动城镇化建设有至关重要的作用，第二产业就业人员比重、人均城市绿地面积和互联网覆盖率指标贡献率均较小，反映出这两项指标是制约西部城市城镇化水平发展的主要因素，表明产业结构与就业、生态环境与信息化问题是西部城市群内各城市城镇化发展进程中的短板。

2005~2019 年，西部城市群内各城市城镇化质量显著提升。2005年、2010 年、2015 年和 2019 年城镇化质量均值分别为 0.485、0.705、1.047 和 1.216，提升 2.5 倍，年均增长率为 16.71%，增长速度较快。2005 年、2010 年、2015 年和 2019 年城镇化质量的标准差分别为 0.178、0.249、0.277 和 0.288，变异系数分别为 0.368、0.353、0.265 和 0.237，绝对差距扩大了将近 1.6 倍，相对差距缩小了 35.6%。由此可知，西部城市群中各城市城镇化质量发展水平逐步提高，出现绝对差距逐渐扩大、相对差距逐渐缩小的变化特征，进而缓解内部存在的空间极化现象，最终结果为西部城市群中城市的城镇化质量趋于平衡。

从图 5-1 中可以看出，2005 年，西宁市、兰州市、包头市、呼和浩特市、成都市、鄂尔多斯、西安市等 10 个城市城镇化质量水平较高，且大都为省会城市。较多城市处于城镇化质量较低水平，主要分布在西部各城市群中边缘地区，说明在这一阶段还未形成集聚效应，省会城市带动周围城市发展的效果不显著。2010 年、2015 年和 2019 年呼包鄂榆城市群中呼和浩特、包头市和鄂尔多斯均处于城镇化发展较高水平，随后分别为兰州市、西安市、成都市和西宁市。北部湾城市群与成渝城市群内多数城市城镇化水平较低，但整体来看城镇化水平呈现上升趋势，说明两城市群中核心城市在空间上呈现出"集聚—扩散"的特征。西部城市群内地级市城镇化发展"北—南"阶梯化格局明显。

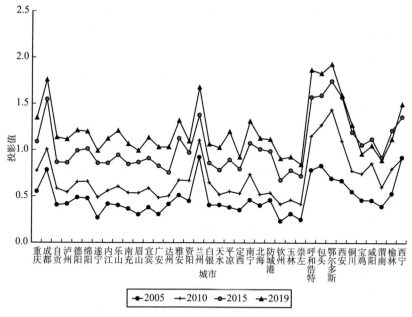

图 5 - 1 西部城市群城镇化质量投影值

2. 经济发展水平

通过投影寻踪模型得到西部城市群地级市经济发展水平指标的最佳投影向量依次为 0.1347，0.4419，0.6683，0.1135 和 0.5719。可以看出各经济发展水平指标的贡献存在显著差异，第三产业增加值占 GDP 比重对于西部城市群内各城市经济发展具有重要作用。GDP 和人均财政收入贡献率最小，则说明了制约西部城市群内各城市经济发展的关键因素就是城市经济规模，增加 GDP 规模，提高区域内人均财政收入可有效提高区域中各城市经济增长水平。

2005 年、2010 年、2015 年和 2019 年经济发展水平的均值分别为 0.506、0.496、0.702 和 1.114，标准差分别为 0.155、0.212、0.266 和 0.253，变异系数分别为 0.306、0.427、0.379 和 0.227。经济发展水平明显提升，西部城市群内各城市间绝对差距与相对差距的数值变化都呈"倒 U 型"，说明区域间的经济发展趋于均衡。

从图 5 - 2 中可以看出，在 2005 年、2010 年和 2015 年经济发展水平最高的城市为呼和浩特市，紧随其后的为南宁、西安、成都、重庆等。在 2019 年成都市在西部城市群中经济发展水平最高，南宁、西安等城市紧随其后。其原因为成渝城市群作为首批国务院批复的西部城市群，政策驱动使其核心城市成都市经济增长水平显著提升。整体来看，经济发展较快的城市主要为各城市群内核心城市，低值区主要为各城市群边缘城市。随着国务院相继批复西部地区各城市群建设，在 2019 年西部城市群内各城市经济发展水平显著提升，说明区域内核心城市的发展辐射效应明显，带动周围城市经济发展。经济发展水平最高的成都市，投影值为 1.6458，最低的榆林市，投影值为 0.6530，两城市之间差距为 2.5 倍，说明西部城市群内各城市之间的两极分化情况依然存在。

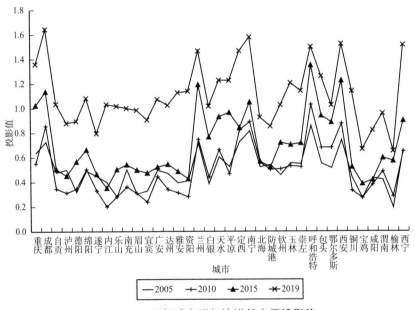

图 5 - 2　西部城市群经济增长水平投影值

（二）城镇化质量与经济发展耦合协调发展空间分异特征

由式（5 - 9）～式（5 - 14），可得 2005～2019 年西部城市群内各城市两系统的耦合协调度。根据表 5 - 2 将所得结果进行划分，再运用 Arc-gis 10.7 可将所得数据在空间上进行展示。

2005 年，西部城市群内各城市两系统之间的耦合协调水平整体较低，多数城市处于轻度失调阶段，仅有成都市、兰州市、呼和浩特市、包头市和鄂尔多斯处于勉强协调阶段，濒临失调阶段的城市主要分布在成渝城市群与关中平原城市群，广安市、崇左市和钦州市表现为中度失调。通过对两系统耦合协调度进行亚级分类，进一步分析西部城市群中各城市间的失调原因，仅德阳市、宝鸡市和榆林市表现为经济发展滞后型，其余均表现为城镇化质量滞后型。究其原因，由于 21 世纪初期西部城市群内各城市城镇化质量与经济发展处于起步阶段，两系统之间出现错位现象，使得各城市两系统的耦合协调程度较低。

2010 年，研究区域内城镇化质量与经济发展之间的耦合协调程度相对提升，但幅度较小。处于濒临失调阶段的城市所占比重较大，轻度失调阶段城市所占比重次之，兰州市、西安市、呼和浩特市与成都市处于初级协调发展水平。可以看出，西部城市群内各省会城市在两系统之间的耦合协调度均有显著提升。对其进一步分析可以发现，4 座初级协调发展水平的城市中，仅兰州市表现为经济发展滞后型，其余城市均表现为城镇化质量滞后型。整体来看，有 19 座城市表现为经济发展滞后型，且主要分布在成渝城市群与关中平原城市群；18 座城市表现为城镇化质量滞后型，主要分布在兰西城市群与北部湾城市群中。可以看出，此阶段城镇化质量快速提升，与经济发展的差距逐步拉大，对西部城市群内各城市两系统之间的耦合协调发展产生抑制作用；与此同时，城镇化质量提高，规模与结构效应的集聚也并未显著促进西部城市群各城市的经济发展。

2015 年，西部城市群中各大城市城镇化质量与经济发展之间的耦合协调度显著提升，且较多城市处于协调阶段，仅有成渝城市群与关中平原城市群内极少数城市处于濒临失调阶段。其中西宁市、兰州市、西安市、成都市与呼和浩特市表现为中级协调类型，省会城市在带动周围城市发展进程中的效应显著提升。进一步对西部城市群内各城市两系统之间的耦合协调度进行分析，即对其进行亚级分类可以看出，处于中级协调阶段的城市中，兰州市和呼和浩特市为城镇化质量滞后型，西宁市、西安市与成都市为经济发展滞后型；整体来看，表现为经济发展滞后型的城市有 25 座，主要分布在成渝城市群和关中平原城市群；表现为城镇化质量滞后型的城市有 12 座，主要分布在兰西城市群与北部湾城市群。由此可以说明，经济发展是影响西部城市群内各城市城镇化质量与经济发展之间的耦合协调度的重要因素。

2019 年，被研究城市整体城镇化质量与经济发展耦合协调水平进一步提升，大部分城市均处在初级协调阶段，没有失调的现象。呼和浩特市、包头市与成都市处于良好协调阶段，西部各城市群内核心城市仅有南宁市处于初级协调阶段，其余城市均在中级协调或良好协调阶段。通过对西部城市群内各城市两系统间的耦合协调发展情况进行亚级分类，发现仅有包头市、鄂尔多斯市、宝鸡市和榆林市为经济发展滞后型城市，其余均为城镇化质量滞后型城市。究其原因，2016 年以来随着西部地区各城市群逐步获批，国家给予大量经济以及政策方面的支持，促进西部城市群内城市经济增长，但城镇化水平相对提升较慢，一定程度上制约西部城市群内各城市在城镇化与经济发展之间的耦合协调发展。

进一步借助趋势分析工具，将 2005 年、2010 年、2015 年和 2019 年的西部城市群内各城市城镇化与经济发展之间的耦合协调度作为高度属性值转换为三维透视图，解释两系统间耦合协调度的空间分布格局。其中，X 轴、Y 轴分别代表两系统之间的耦合协调度在东西方向（即深色曲线）和南北方向（即浅色曲线）的趋势（见图 5 - 3）。

从曲线变化特征来看，南北方向呈现"北方向南方平滑下降"的空间分布特征，主要是因为从南北方向看，处于耦合协调度高值区的呼包鄂榆城市群处于北方，而低值区较多分布在北部湾城市群与成渝城市群。东西方向上呈现明显的"中间高两边低"的空间分布格局，主要因为耦合协调度水平高的西宁市、呼和浩特市、成都市等都分布在靠东或靠西的位置，但整体看来"U 型"凹口变小，说明西部城市群各城市在城镇化质量与经济发展耦合协调度差距在东西方向上呈现逐步缩小的趋势，区域间的协调性得到了一定程度的提升。

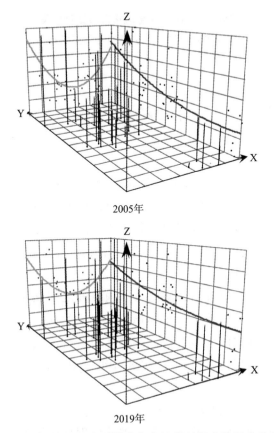

2005年

2019年

图5-3　2005年和2019年城镇化与经济增长耦合协调度的全局趋势

（三）城镇化质量与经济发展耦合协调发展空间自相关性

为深入探讨西部城市群内各城市城镇化质量与经济发展之间的耦合协调程度在不同时间段的相关性，通过式（5-15），得到全局 Moran's I 指数（见表5-3），结果表明，两系统之间的耦合协调程度在不同时间段中均存在明显的空间正自相关，且集聚态势以2015年为转折点，呈"V型"变化趋势，2019年莫兰指数较2015年上升了11.9%。可以看出，近几年通过西部城市群建设，区域内各地级及以上城市之间的发展联系更紧密，在空间上的相关性逐步增加。

表 5 - 3 　　　　　　　2005 ~ 2019 年西部城市群城镇化质量
与经济发展耦合协调度的全局莫兰指数

年份	2005	2010	2015	2019
Moran's I	0. 331	0. 279	0. 246	0. 319
Z - Value	2. 974	2. 533	2. 270	2. 877
P - Value	0. 0029	0. 0113	0. 0232	0. 0040

进一步分析各市之间的集聚特征，由式（5 - 16）分别计算 2005 年、2010 年、2015 年和 2019 年西部城市群中地级市城镇化质量与经济发展之间耦合协调度的局部空间关联指数值，并借助 Arcgis 10.7 将结果空间化，可得到西部城市群地级市城镇化质量与经济发展之间的耦合协调度（Lisa）集聚图。

综合以上分析可以看出，研究区域内空间之间联系不显著，且在研究期内各城市之间的联系效应也不稳定，表明西部城市群内各城市城镇化质量与经济发展之间的耦合协调度整体未表现出集聚现象，仅有几个城市表现为显著集聚情况。兰西城市群中西宁市在 2005 年和 2010 年表示为高高集聚，但在 2015 年和 2019 年表现为不显著；成渝城市群内成都市在 2010 年和 2015 年表现为高低集聚，说明周边城市发展较弱，受到中心城市极化发展制约，中心城市并不是带动周围地区协调度上升的主要因素；北部湾城市群内城市在 2005 年表现为低低集聚，在 2019 年表现为高低集聚，说明通过 15 年的发展，北部湾城市群内各城市城镇化与经济增长耦合协调度明显上升，但并未形成增长极带动周围地区协调发展。

四、评价结果讨论

（一）结论

通过构建西部城市群内 37 个地级及以上城市城镇化质量与经济发展

水平的综合评价指标体系，采用基于遗传算法的投影寻踪模型、耦合协调模型和空间自相关模型等方法，分析 2005～2019 年西部城市群内各城市城镇化质量与经济发展之间的耦合协调程度。结果表明：

第一，时间变化上，2005 年、2010 年、2015 年和 2019 年城镇化质量平均值分别为 0.485、0.705、1.047 和 1.216，经济发展水平的平均值分别为 0.506、0.496、0.702 和 1.114，两系统的耦合协调度平均值分别为 0.395、0.460、0.568 和 0.669。可以看出 15 年中，城镇化质量和经济发展水平两系统的耦合协调度分别增长了 2.5、2.2 和 1.69 倍。变异系数分别由 0.3678、0.3059 和 0.2165，减小为 0.2373、0.2268 和0.1142，区域间差异程度降低了 35.5%、25.86% 和 47.24%。空间上，各城市群内核心城市在城镇化质量、经济发展水平与两系统间耦合协调水平均处于前列，整体来看，北部湾城市群内城市城镇化质量和耦合协调度较低，成渝城市群内城市经济发展水平较低。

第二，在 95% 的置信水平下，西部城市群内各城市之间城镇化质量与经济发展水平之间耦合协调度的 Moran's I 值分别为 0.331、0.279、0.246 和 0.319，且均通过显著性检验，表明在不同时间段中，两系统的耦合协调度在空间上具有正相关性。通过分析区域内耦合协调度的局部自相关性，结果表明，仅有少数城市表现出显著的某种集聚特征，表明西部城市群内各城市间并未表现出集聚效应。

第三，通过对西部城市群之间城镇化质量和经济发展耦合协调度进行趋势面分析，可以看出，在东西方向上呈现"U 型"，且 2005～2019年凹口越来越小；在南北方向上表现为"北方高，南方低"的空间布局，且随着时间的推移，南北之间的差距逐渐缩减。

第四，2005～2019 年西部城市群内各城市城镇化水平、经济增长水平以及两系统间的耦合协调程度均呈上升趋势，区域间极化效应有所缓解，且西部城市群内核心城市的地位逐步凸显。西部城市群各城市两系统间耦合协调发展表现出显著的空间正自相关，呈"V 型"态势演变；而各城市之间两系统耦合协调度在地理邻近特征中的集聚并不显著，只有少数城市表现为集聚效应。

（二）讨论

城镇化质量与经济发展之间的关系不仅是一个理论问题，也是地方政府关注的问题。从本章的研究结果来看，西部地区在 2016 年之前，即国务院未批准城市群建设之前，城镇化质量与经济发展之间的耦合协调水平较低，仅仅表现为各省份的省会城市具有相对较高的耦合协调发展水平。2016 年后，西部地区各城市群相继获批，在政策支持下，城市群内各城市经济发展与城镇化质量之间的耦合协调发展水平逐渐上升。

通过分析明显可以看出，在 2015 年，西部城市群内多数城市经济发展与城镇化质量处于较低协调阶段，且在亚级分类中表现为经济发展滞后型。通过几年发展，到 2019 年多数城市都处于较高等级的协调阶段，对其进行亚级分类发现，仅有包头市、鄂尔多斯市、宝鸡市和榆林市属于经济发展滞后型。西部地区城市群逐渐成为城镇化质量与经济发展之间耦合协调发展最重要承载者。

本章探讨了西部城市群城镇化质量与经济发展之间耦合协调发展的时空特征，以及对地区空间自相关性进行分析，有助于更加全面、深入地认识西部城市群中地级及以上城市在经济和城镇化发展中存在的问题。

第六章 青海省新型城镇化
发展水平评价

自西部大开发以来，青海省城镇化水平保持着稳步发展。城镇化发展的同时，存在城镇体系不完善、城镇布局分散、农牧民城镇化进程迟缓等问题制约青海省经济发展与城镇化进程。拉美地区的过度城市化告诉我们，背离经济社会发展规律，一味地强调城市化率而忽略与之相配套的基础设施和工农业发展，不仅不能提升人民生活质量、促进经济发展，还会诱发一系列的"城市病"。农民在城市中缺乏归属感，城市也无法为农民提供相应的就业岗位和基本生活保障，涌入城市的大量人群无疑会造成医疗卫生、教育、交通等基础设施供应不足。居民的需求得不到满足，幸福感下降，同时也会增加不安定因素。因此，客观评价青海省的新型城镇化发展水平，是青海省经济转型、持续健康发展的关键。

一、研究概况

城镇化（urbanization），也叫城市化、都市化，这个概念最早是由西班牙工程师赛达（Serda）提出。城镇化是社会生产力的变革所引起的人类生产方式、生活方式和居住方式发生转变的过程，从世界城镇化的实践来看，城镇化进程具有明显的阶段性。1979年美国地理学家诺瑟姆（Northam）发现，发达国家的城市化大致经历三个阶段，这三个阶段表现在图上就像是一个被拉平的"S"形曲线。城镇化首要表现就是人口由农村向城市转移，为此，人口迁移也成为各国学者研究的重点。世界上最早研究人口迁移理论的学者是拉文斯坦（Ravonstein），他的"人口迁移法则"被认为是世界上首个人口迁移理论。而后，赫伯尔（Herberle）于1983年系统总结了"推拉"理论概念，他认为，人口迁移是迁出地的推力和迁入地的拉力共同作用的结果。1966年，李（Lee）提出了影响人口迁移的四个因素，包括与迁入地有关的因素、与迁出地有关的因素、各种中间障碍和其他因素，自此，逐步形成了人口迁移的"推—拉力"理论（朱杰，2008）。

我国城镇化起步较晚，因此对于城镇化的研究也开始得较晚。我国经济学者辜胜阻（1991）在《非农化与城镇化研究》一书中首次运用"城镇化"一词。随着"三农"问题越来越得到政府的重视和民众的关心，城镇化也逐渐从学术领域走入公众视野。对"城镇化"一词的定义，国内学术界没有统一的概念。一般认为，城镇化就是人口和土地由农村向城市转移的过程，是以市场为基础对劳动力、资本、土地等资源进行非农化配置的结果，是农业非农化、农民市民化、农村地域城镇化的发展过程（卢海元，2002）。长期以来，各地城镇化粗放地发展，进而产生一系列问题，传统的城镇化发展模式已不能满足现阶段的城镇化发展要求。为此，在2007年我国首次提出建设新型城镇化。

关于新型城镇化发展路径的研究，安虎森（2005）认为应该发展大中型城市，推动城市的分工与合作。应使大中小城市和谐共存，建立合理的城镇等级体系，充分发挥各自的特点和功能（杨重光，2009）。针对西部地区特殊的地理人文环境，李晓娟（2014）提出西北地区应强化各区域的特色产业支撑，因地制宜地推进区域差异化发展。吴江（2009）从制度方面提出推进新型城镇化的路径选择。对于青海省新型城镇化发展路径的研究较少，大多是从新型城镇化的内涵、现状及问题分析等方面进行研究，毛雪艳等（2014）通过主成分分析法发现青海省在新型城镇化建设过程中的问题。丁生喜等（2015）基于"人口—经济—生态"协调发展提出青海省新型城镇化发展思路。

二、青海省新型城镇化发展水平分析

（一）评价指标体系建立

根据新型城镇化的内涵发现，新型城镇化不是只注重城镇人口的增加、居民身份的转变等，而是要与工业化、信息化、农业现代化和绿色化协同发展，坚持以人文本、统筹协调、科学发展。新型城镇化内涵丰富，以人为本的新型城镇化，更加注重人民生活水平提高和城市质量提升，更加注重城乡一体化协调发展，更加注重资源节约型与环境友好型的发展方式，更加注重科技创新。因此，对于青海省新型城镇化发展水平的综合评价，不能用单一指标去衡量，而应构建一个科学、全面、可行的指标体系。本章在参考现有研究的基础上，根据青海省的实际情况，建立了评价指标体系（见表6－1）。

表6－1　　　　　　　　青海省新型城镇化评价指标体系

新型城镇化评价指标体系	经济发展	X_1：人均GDP（元）
		X_2：社会固定资产投资额（亿元）
		X_3：人均工业增加值（元）
		X_4：第二、三产业增加值比重（%）
	城乡统筹	X_5：城镇人口占总人口比重（%）
		X_6：城镇人口增长率（%）
		X_7：农村—城镇人均可支配收入比（%）
	基础设施	X_8：城市用水普及率（%）
		X_9：城市燃气普及率（%）
		X_{10}：公路密度（千米/平方千米）
	生态宜居	X_{11}：建成区绿化覆盖率（%）
		X_{12}：城市污水日处理能力（万立方米）
		X_{13}：人均公园绿地面积（平方米）
	科技创新	X_{14}：科教文卫支出占财政支出的比重（%）
		X_{15}：万人拥有大学文化程度人数（人）

（1）经济发展：经济发展是新型城镇化发展的最根本的动力和保障，经济发展为城镇化发展提供了物质基础和支撑条件。为此，在本指标体系中设置了人均 GDP、社会固定资产投资额、人均工业增加值和第二、三产业增加值比重四个指标来衡量经济发展状况。

（2）城乡统筹：城镇化最主要的表现就是人口大规模向城市集中，这种集中主要来源于农村的推力和城市的拉力，一个很重要的动力就是农村与城镇的收入差距。为此，在本指标体系中用城镇人口占总人口比重和城镇人口增长率来衡量新型城镇化的人口转移情况，用农村—城镇人均可支配收入比来表示人口转移动力。

（3）基础设施：城镇化中城市拉力表现在两个方面。一是能为农民提供更多的就业机会和更高的收入，为农村富余劳动力提供广阔的发展空间；二是城市有优于农村的基础设施，能够提高将要进入城镇的农村人口的生活质量。因此，本指标体系选择以下指标作为衡量新型城镇化的基础设施水平——城市用水普及率、城市燃气普及率和公路密度。

（4）生态宜居：在以人为本的新型城镇化发展过程中，更加注重城镇的生态环境、人居环境和人民的生活质量，促进城镇低碳、绿色、可持续发展。在本指标体系中，选取了建成区绿化覆盖率、城市污水日处理能力和人均公园绿地面积三个指标表示城镇的生态宜居程度。

（5）科技创新：科学技术作为第一生产力，同时也是新型城镇化发展的重要动力和未来发展潜力。在城镇化发展的初级阶段，主要表现为人口的自然集聚，科技的作用较小。而在城镇化发展的高级阶段，科技创新将成为促进城镇化持续发展的重要动力。为此，在本指标体系中选择科教文卫支出占财政支出的比重来表示地区政府对科技教育等的重视程度和支撑力度、用万人拥有大学文化程度人数来反映人力资本存量和未来发展潜力。

（二）青海省新型城镇化发展水平的实证分析

1. 原始数据收集与处理

本节的数据主要来源于 2020 年《中国统计年鉴》《青海统计年鉴》

中的数据，部分数据经计算得到。在进行定量分析前，首先将原始数据进行标准化处理，除去不同数据的量纲、数量级的差异。

2. 青海省新型城镇化发展水平与其他省区的对比

主成分分析要从众多原有变量中将信息重叠的部分提取出来并综合成少数具有代表性的因子，这要求各变量之间具有较强的相关性。本节中的数据经过 SPSS24.0 计算出相关系数矩阵，发现矩阵中大部分相关系数值大于 0.3，各个变量之间存在多重共线性，可以进行主成分分析。

采用主成分分析法提取因子时，基于特征值大于 1 的原则，并根据贡献率大于 85% 的标准，本指标体系提取五个因子作为反映新型城镇化发展水平的主要因子，分别记为 F_1、F_2、F_3、F_4，F_5。这代表用这五个因子来衡量新型城镇化发展水平有 88.909% 的把握（见表 6-2）。

表 6-2　　　　　　　　　　　解释的总方差

成分	初始特征值			提取载荷平方和		
	总计	方差百分比（%）	累积（%）	总计	方差百分比（%）	累积（%）
1	5.514	36.759	36.759	5.514	36.759	36.759
2	3.435	22.902	59.660	3.435	22.902	59.660
3	1.845	12.299	71.959	1.845	12.299	71.959
4	1.523	10.156	82.116	1.523	10.156	82.116
5	1.019	6.794	88.909	1.019	6.794	88.909
6	0.557	3.714	92.624	—	—	—
7	0.424	2.826	95.449	—	—	—
8	0.332	2.213	97.662	—	—	—
9	0.256	1.704	99.367	—	—	—
10	0.085	0.564	99.931	—	—	—
11	0.010	0.069	100.000	—	—	—
12	0.000	0.000	100.000	—	—	—
13	0.000	0.000	100.000	—	—	—
14	0.000	0.000	100.000	—	—	—
15	0.000	0.000	100.000	—	—	—

根据成分得分系数矩阵（见表6-3）可以得到以下模型：

表6-3 成分得分系数矩阵

评价指标	成分				
	1	2	3	4	5
人均GDP（元）	0.322	-0.027	0.565	0.662	-0.206
社会固定资产投资额（亿元）	0.009	0.913	0.112	0.201	-0.058
人均工业增加值（元）	0.766	0.049	0.403	0.380	-0.204
第二、三产业增加值比重（%）	-0.050	-0.380	0.804	0.290	-0.130
城镇人口占总人口比重（%）	0.880	-0.047	0.336	0.221	-0.145
城镇人口增长率（%）	-0.064	-0.014	-0.167	0.056	0.924
农村城镇人均可支配收入比（%）	0.221	0.246	-0.041	0.880	0.201
城市用水普及率（%）	-0.042	-0.218	-0.834	0.023	0.205
城市燃气普及率（%）	0.892	0.322	-0.072	-0.020	0.123
公路密度（千米/平方千米）	0.445	0.333	-0.556	-0.058	-0.379
建成区绿化覆盖率（%）	0.289	0.587	0.160	0.592	-0.052
城市污水日处理能力（万立方米）	0.065	0.907	-0.121	0.282	0.045
人均公园绿地面积（平方米）	0.830	0.138	-0.204	0.325	-0.078
科教文卫支出占财政支出的比重（%）	0.394	0.795	-0.140	-0.366	-0.046
万人拥有大学文化程度人数（人）	0.594	0.084	0.746	-0.088	0.072

$$F_1 = 0.322 \times X_1 + 0.009 \times X_2 + 0.766 \times X_3 - 0.05 \times X_4 + 0.88 \times X_5$$
$$- 0.064 \times X_6 + 0.221 \times X_7 - 0.042 \times X_8 + 0.892 \times X_9 + 0.445$$
$$\times X_{10} + 0.289 \times X_{11} + 0.065 \times X_{12} + 0.830 \times X_{13} + 0.394 \times X_{14}$$
$$+ 0.594 \times X_{15}$$

$$F_2 = -0.027 \times X_1 + 0.913 \times X_2 + 0.049 \times X_3 - 0.38 X_4 - 0.047 \times X_5$$
$$- 0.014 \times X_6 + 0.246 \times X_7 - 0.218 \times X_8 + 0.322 \times X_9 + 0.333$$
$$\times X_{10} + 0.587 \times X_{11} + 0.907 \times X_{12} + 0.138 \times X_{13} + 0.795 \times X_{14}$$
$$+ 0.084 \times X_{15}$$

$$F_3 = 0.565 \times X_1 + 0.112 \times X_2 + 0.403 \times X_3 + 0.804 \times X_4 + 0.336 \times X_5$$
$$- 0.167 \times X_6 - 0.041 \times X_7 - 0.834 \times X_8 - 0.072 \times X_9 - 0.556$$
$$\times X_{10} + 0.16 \times X_{11} - 0.121 \times X_{12} - 0.204 \times X_{13} - 0.14 \times X_{14}$$
$$+ 0.746 \times X_{15}$$

$$F_4 = 0.662 \times X_1 + 0.201 \times X_2 + 0.38 \times X_3 + 0.29 \times X_4 + 0.221 \times X_5$$
$$+ 0.056 \times X_6 + 0.88 \times X_7 + 0.023 \times X_8 - 0.02 \times X_9 - 0.058$$
$$\times X_{10} + 0.592 \times X_{11} + 0.282 \times X_{12} + 0.325 \times X_{13} - 0.366 \times X_{14}$$
$$- 0.088 \times X_{15}$$

$$F_5 = -0.206 \times X_1 - 0.058 \times X_2 - 0.204 \times X_3 - 0.13 \times X_4 - 0.145 \times X_5$$
$$+ 0.924 \times X_6 + 0.201 \times X_7 + 0.205 \times X_8 + 0.123 \times X_9 - 0.379$$
$$\times X_{10} - 0.052 \times X_{11} + 0.045 \times X_{12} - 0.078 \times X_{13} - 0.046 \times X_{14}$$
$$+ 0.072 \times X_{15}$$

根据以上模型，计算出西部十二个省（市）新型城镇化发展水平数值，详见表 6 - 4：

表 6 - 4 　　西部十二省（市）新型城镇化发展主成分得分值

省（市）	F_1	F_2	F_3	F_4	F_5
内蒙古	4.5648	1.5221	- 0.6308	2.6729	- 0.3953
广西	3.2711	3.3307	- 1.2957	1.8265	0.0663
重庆	4.7948	2.4252	2.36	2.9937	- 0.4849
四川	3.8295	3.3576	0.5796	2.6727	0.2211
贵州	3.4242	2.3625	- 0.2791	0.9881	- 0.0874
云南	2.4612	2.161	- 0.4981	1.2582	- 0.2119
西藏	0.3097	- 0.2431	0.3771	1.1139	0.3663
陕西	4.348	2.3319	1.4115	2.0505	- 0.3811
甘肃	2.6027	1.0649	0.0018	0.2365	0.0954
青海	2.8362	0.6577	- 0.0256	1.0087	0.0705
宁夏	4.1665	1.4069	0.6778	2.1687	- 0.2073
新疆	3.5985	1.9606	- 0.32	1.9661	0.8479

由解释的总方差表（见表6-2）可得每个公共因子的贡献率，公共因子的贡献率表明了该公共因子综合反映原始指标信息能力的大小，其值越大，说明因子反映能力越大，因此根据各公共因子综合反映能力的大小，可对主因子进行加权，权重计算如下：

$$f_1 = 0.3676/(0.3676 + 0.2290 + 0.1229 + 0.1016 + 0.0679) = 0.4134$$

$$f_2 = 0.2290/(0.3676 + 0.2290 + 0.1229 + 0.1016 + 0.0679) = 0.2576$$

$$f_3 = 0.1229/(0.3676 + 0.2290 + 0.1229 + 0.1016 + 0.0679) = 0.1383$$

$$f_4 = 0.1016/(0.3676 + 0.2290 + 0.1229 + 0.1016 + 0.0679) = 0.1143$$

$$f_5 = 0.0679/(0.3676 + 0.2290 + 0.1229 + 0.1016 + 0.0679) = 0.0764$$

综合因子评价模型为：$F = F_1 \times f_1 + F_2 \times f_2 + F_3 \times f_3 + F_4 \times f_4 + F_5 \times f_5$，根据模型计算出西部十二省（市）新型城镇化综合得分 F 及排名，详见表6-5：

表6-5　　　西部十二省（市）新型城镇化综合得分 F 值及排名

省（市）	F	排名	省（市）	F	排名
重庆	3.2384	1	新疆	2.2379	7
四川	2.8505	2	贵州	2.0918	8
陕西	2.7987	3	云南	1.6328	9
内蒙古	2.6417	4	青海	1.4591	10
宁夏	2.4106	5	甘肃	1.3849	11
广西	2.2448	6	西藏	0.2728	12

F 值越高，表明该地区新型城镇化发展水平越高，F 值越低，则代表该地区新型城镇化发展水平较差。综合得分为正值代表该地区的新型城镇化发展水平居于所有地区的平均水平以上，负值则代表新型城镇化发展水平低于平均水平。通过表6-5可以发现，青海省的新型城镇化发展水平位居十二省（市）中的第10位，且发展水平低于十二省（市）的平均水平。

三、青海省新型城镇化的特征分析

（一）城镇空间分布与发展不均衡

青海省 2020 年总人口为 612 万人，西宁市和海东市土地面积仅占全省面积的 2.7%，人口则占全省总人口的 68.2%，其中省会西宁有 245 万人口，占 40%。海东市的户籍人口规模为 172.64 万人，占 28.2%。海北藏族自治州、海西蒙古族藏族自治州、玉树藏族自治州、果洛藏族自治州人口分布不足 10 人/平方千米。城镇密度差距也很大，西宁和海东城镇密度分别为 44.68 座/万平方千米和 31.06 座/万平方千米，海西州和玉树州每万平方千米城镇数量不到 1 座。从各州市城镇化率来看，差距也十分显著。城镇化率最高的区域是西宁和海西，均超过 70%，同期果洛州城镇化率不足 30%（见表 6 - 6）。

表 6 - 6　　　　青海省各地区之间 2020 年城镇化差异比较

地区	面积（万平方千米）	总人口（万人）	人口密度（人/平方千米）	城镇数（座）	城镇密度（座/万平方千米）	城镇化率（%）
西宁	0.761	246.80	324.31	34	44.68	78.63
海东	1.320	172.84	130.94	41	31.06	40.40
海南	4.450	44.84	10.08	20	4.49	41.59
海西	30.070	40.36	1.34	29	0.96	70.15
海北	4.495	29.52	6.57	15	3.34	39.78
玉树	26.700	42.52	1.59	18	0.67	—
黄南	1.820	27.62	15.18	12	6.59	—
果洛	7.640	21.56	2.82	14	1.83	—

注：—表示数据缺失，建制镇数量为 2008 年数据。
资料来源：青海统计年鉴（2021）计算整理。

从各州市人口规模变动来看，西宁呈现人口显著上升趋势，其余地区除海东市和海西州之外，都缓慢上升，但值得注意的是海东市总人口从2009年的158.60万人下降至2010年的139.68万人，然后开始缓慢上升。海西州人口数量下滑，与资源型区域产业发展不景气有很大关系（见图6-1）。

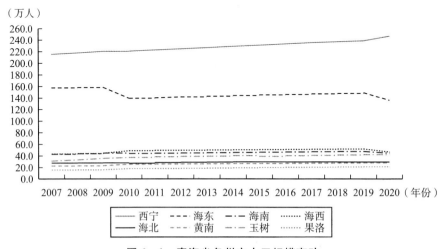

图6-1 青海省各州市人口规模变动

资料来源：根据历年《青海统计年鉴》整理得到。

（二）县域经济发展水平滞后于城市地区

青海省内经济发展极不平衡，2020年地区生产总值中省会城市西宁占比达29.1%，海西及海东占比分别为23.1%及16.3%，其余各地区合计占比约为31.5%，青南地区的黄南、玉树、果洛三州，占比仅为3.5%、2.1%及1.6%。主要的城市化地区西宁、海东和海西的第三产业的集中程度更高，2020年这三个地区的第三产业增加值占全省第三产业的68.5%。青海省经济高度集中在以西宁为首的三个主要城市化区域，县域经济发展水平滞后于城市地区（见图6-2、图6-3）。

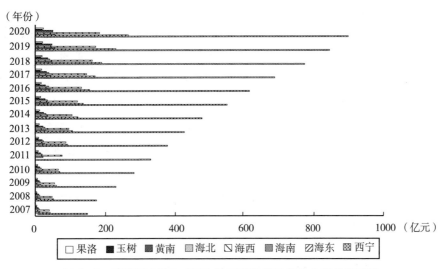

图6-2　青海省2007～2020年各州市第三产业生产总值变动

资料来源：2008～2021年历年《青海统计年鉴》。

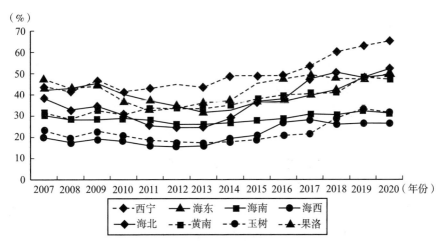

图6-3　青海省2007～2020年各州市第三产业增加值占GDP比重变化

资料来源：2008～2021年历年《青海统计年鉴》。

（三）城镇体系等级结构不合理

根据梯度推移理论，创新是通过多层次的城市体系传递的。青海省现有大城市 2 个，小城市 4 个，其余均为小城镇，城镇结构上出现中等城市断层。中等城市断层就会阻碍创新成果沿各级城市扩散，制约腹地创新能力提升。根据第 151 页表 6－6 数据计算可知，青海省城镇总量的1/2 集中在总面积不足全省 3% 的西宁和海东，广大牧区城镇数量很少。这种非均衡分布虽然有利于资金、人才的集聚和资源、交通基础设施的集约利用，但是会影响经济均衡发展和区域公平。因此，迫切需要在有条件的区域发展城市，优化城镇等级体系和空间结构。

（四）区域间公共资源配置不平衡

1. 区域间基础教育发展不均衡

青海省农村各项社会事业发展明显滞后于城市。基础教育方面，查阅 2021 年青海统计年鉴可知西宁市、海西州 15 岁及以上常住人口平均受教育年限在 9 年以上，其余 6 市州 15 岁及以上常住人口平均受教育年限在 6~9 年之间。统计青海省各州市幼儿园建设情况，可以发现 2020年青海省总共有 1824 所幼儿园，幼儿学生人数合计 227074 人，幼儿教师 12256 人，生师比为 18.53，平均每所幼儿园学生人数为 124.49 人。其中西宁共有 534 所幼儿园，幼儿学生人数合计 74624 人，幼儿教师4463 人，生师比为 16.72，平均每所幼儿园学生人数为 139.75 人。海东共有 323 所幼儿园，幼儿学生人数合计 51802 人，幼儿教师 2221 人，生师比为 23.32，平均每所幼儿园学生人数为 160.38 人。海西共有 104 所幼儿园，幼儿学生人数合计 18332 人，幼儿教师 1141 人，生师比为16.07，平均每所幼儿园学生人数为 176.27 人。果洛州共有 66 所幼儿园，幼儿学生人数合计 9639 人，幼儿教师 321 人，生师比为 30.03，平均每所幼儿园学生人数为 146.05 人。海北州、黄南州、海南州、玉树州的幼儿园生师比分别为15.63、15.86、18.09和19.98，青海省各州市幼儿园教育发展存在不均衡，果洛、海东和玉树压力较大（见图6-4）。

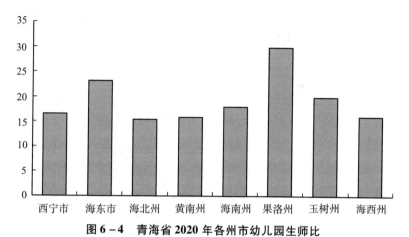

图6-4 青海省2020年各州市幼儿园生师比

资料来源：根据2021年《青海统计年鉴》计算整理。

从表6-7可以看出，青海省各州市小学生师比最高的是西宁市18.44，最低的是黄南州14.90，中学生师比最高的是玉树州16.24，最低的是海西州11.42。总体可以看出，各州市幼儿园教育生师比差距相对较大，说明幼儿教育发展最不均衡。

表6-7　　　　　　　　　青海省各州市中小学生师比

地区	人口（人）	小学生人数（人）	小学教师数（人）	小学生师比	中学生人数（人）	中学教师数（人）	中学生师比
西宁	2467965	163251	8854	18.44	123183	9599	12.83
海东	1358471	128334	7570	16.95	92558	7348	12.60
海北	265322	23185	1483	15.63	17260	1385	12.46
黄南	276215	28481	1912	14.90	18379	1311	14.02
海南	446996	44938	2484	18.09	32420	2405	13.48
果洛	215573	25774	1562	16.50	12435	944	13.17
玉树	425199	55691	2523	22.07	31473	1938	16.24
海西	468216	38091	2410	15.81	26134	2289	11.42

资料来源：根据2021年《青海统计年鉴》整理。

2. 区域间文化与医疗卫生发展不均衡

（1）各区域公共图书馆建设不均衡。从表6－8可以看出，人口规模和密度最大的区域西宁和海东公共图书馆数量偏少，西宁市每万人0.03座，海东每万人0.04座。

表6－8 　　　　　青海省各州市公共图书馆建设情况对比　　　　　单位：座

年份	西宁	海东	海北州	黄南州	海南州	果洛	玉树	海西州
2011	6	6	5	5	6	7	7	6
2012	6	6	5	5	6	7	7	6
2013	6	6	5	5	6	7	7	4
2014	6	6	5	5	6	7	7	5
2015	6	6	5	5	6	7	7	6
2016	6	6	5	5	6	7	7	9
2017	6	6	5	5	6	7	6	9
2018	7	7	5	5	6	7	1	9
2019	7	5	5	5	6	7	6	9
2020	8	6	5	5	6	7	6	7

资料来源：各市州统计公报（2011～2020年）。

（2）区域间医疗卫生发展不均衡。截至2020年，青海省县域（海北、海南、黄南、果洛、玉树）平均每万人拥有医院数约0.35所，西宁、海东、海西分别为0.31所、0.40所、0.62所，除西宁之外，县域显著低于城市化地区；县域每万人拥有的卫生技术人员数为61.67人，城市化地区为92.01人，县域仅为城市化地区的67.03%，而乡村卫生医疗条件又要明显落后于城镇。各州医疗网点少、水平低、设施差的问题普遍存在[①]。另外，值得注意的是，作为省会城市西宁每万人仅有0.31所医院，显著低于其他地区。

————————

① 资料来源：根据2021年《青海统计年鉴》整理计算得到。

（五）城乡居民收入差距依然显著

从表 6-9 可以看出，2002～2020 年青海省城乡居民收入差距最大为 2006 年，城乡居民收入比达到 3.82：1，随后逐步缩小，2020 年为 2.88。黄南藏族自治州城乡居民收入差距最大为 2010 年，达到 5.07：1，"十三五"期间虽然有所下降，但 2020 年差距仍为 3.34 倍，高于全省平均城乡收入差距水平。总体来看，玉树、果洛、黄南州城乡居民收入差距水平显著高于西宁、海东、海西等城市化地区。

表 6-9　　　　　　　　青海省各州市城乡居民收入比

年份	青海	西宁	海东	海北	黄南	海南	玉树	果洛	海西
2002	3.62	—	—	—	4.23	—	—	—	—
2003	3.71	—	—	—	4.30	—	—	—	—
2004	3.65	—	—	—	4.06	—	—	—	—
2005	3.72	3.24	3.51	3.74	4.08	2.80	4.81	4.36	3.78
2006	3.82	3.16	3.48	3.97	4.32	2.95	5.09	4.58	3.75
2007	3.82	3.13	3.39	3.97	4.27	3.13	5.29	4.67	3.78
2008	3.80	3.02	3.31	3.70	4.57	3.24	5.52	4.84	3.63
2009	3.79	2.75	3.13	3.51	5.04	3.00	5.58	5.05	3.32
2010	3.58	3.43	3.35	3.20	5.07	2.97	4.03	5.42	2.93
2011	3.39	3.18	3.16	2.87	4.54	2.98	5.93	5.35	2.75
2012	3.27	3.01	3.07	2.70	4.34	2.87	4.89	4.87	2.55
2013	3.15	2.88	2.92	2.56	4.15	2.79	4.68	4.77	2.42
2014	3.06	2.81	2.83	2.47	4.01	2.72	4.55	4.64	2.35
2015	3.09	2.85	2.85	2.50	3.58	2.75	4.61	4.71	2.40
2016	3.09	2.85	2.85	2.50	3.56	2.75	4.53	4.67	2.40
2017	3.08	2.85	2.85	2.50	3.55	2.74	4.46	4.63	2.40
2018	3.03	2.82	2.81	2.48	3.47	2.69	4.25	4.22	2.36
2019	2.94	2.74	2.69	2.39	3.27	2.58	3.79	3.78	2.29
2020	2.88	2.77	2.75	2.44	3.34	2.65	3.88	3.85	2.34

资料来源：根据 2020 年《青海省统计年鉴》相关数据计算得到；—表示数据缺失。

　　从以上分析可知，青海省地处青藏高原，受到自然地理条件和脆弱的生态环境影响，以及复杂的人口构成、内陆高原区位条件、资源型经济结构制约下，城镇化水平低于全国平均水平，在西部十二省区中新型城镇化质量也相对较低。在城镇化快速推进过程中，仍然存在城镇空间分布与发展不均衡、县域经济发展滞后于城市经济发展、城镇体系等级结构不合理、区域间公共资源配置不平衡、城乡居民收入差距依然显著、省会城市发展不足、农牧民市民化机制不完善等，阻碍了青海省新型城镇化的发展。

第七章 兰西城市群西宁市
统筹城乡发展研究

本章研究的目的是为了更加全面认识和评价兰西城市群西宁市城乡统筹发展现状，找到西宁市统筹城乡发展方面与兰州市的差距，通过分析西宁市统筹城乡发展存在的问题，促进西宁市统筹城乡发展水平进一步提升和城镇化健康发展。

一、兰西城市群城乡统筹发展的条件分析

（一）城乡统筹的内涵与特征

1. 城与乡的界定

按照《关于统计上划分城乡的暂行规定》和《国家统计局统计上划分城乡工作管理办法》的规定，我国的地域可划分为城镇和乡村。城镇包括城区和镇区。城区指街道办事处所辖的居民委员会地域；城市公共设施、居住设施等连接到的其他居民委员会地域和村民委员会地域。镇区指镇所辖的居民委员会地域；镇的公共设施、居住设施等连接到的村民委员会地域；常住人口在 3000 人以上独立的工矿区、开发区、科研单位、大专院校、农场、林场等特殊区域。乡村则指规定划定的城镇以外的其他区域。而在学术界被大多数学者接受的城镇（city）是指"有一定数量的非农业人口聚居的、有相当规模工业和服务业聚集的地区，它

是区域政治、经济、文化、科技和信息的中心"。

国内外对乡村概念的理解和划分标准不尽相同,一般认为乡村人口密度低,聚居规模较小,以农业生产为主要经济基础,社会结构相对较简单、类同,居民生活方式及景观上与城市有明显差别等。在统计上出于实际需要,通常是根据行政区划来界定城乡,而学术界更多的是根据人们的生产、生活方式来界定城与乡,本书将主要采用统计口径来研究西宁城乡统筹发展问题。

2. 城乡统筹的内涵

城乡统筹这一概念是在中国出现的,而国外的相关研究主要集中在探讨城市与乡村的相互关系问题上。相关研究在总结了多位学者关于城乡统筹的概念之后,提出"城乡统筹就是要实现城乡之间生产要素的合理流动和优化组合,在一定经济发展水平下,逐步缩小基础设施、公共服务水平等方面的差距,并使城乡之间更具特色,优势互补"。其内涵包含两个方面:一是城乡统筹发展,二是在统筹发展的同时能够保持城乡各自的特色(田美荣和高吉喜,2009)。

统筹城乡发展,是相对于城乡分割的"二元经济社会结构"而言的,它要求把农村经济与社会发展纳入整个国民经济与社会发展全局之中进行通盘筹划、综合考虑,以城乡经济社会一体化发展为最终目标,统筹城乡物质文明、政治文明、精神文明和生态环境建设,统筹解决城市和农村经济社会发展中出现的各种问题,打破城乡界限,优化资源配置,实现共同繁荣。

统筹城乡经济社会发展的实质是给城乡居民平等的发展机会,通过城乡布局规划、政策调整、国民收入分配等手段,促进城乡各种资源要素的合理流动和优化配置,不断增强城市对农村的带动作用和农村对城市的促进作用,缩小城乡差距、工农差距和地区差距,使城乡经济社会实现均衡、持续、协调发展,促进城乡分割的传统"二元经济社会结构"向城乡一体化的现代"一元经济社会结构"转变。

关于城乡统筹发展的目标,姜作培(2004)认为,彻底消除现存的城乡二元结构,实现城乡一体化,这是统筹城乡经济社会发展的目标选择。城乡一体化包括空间一体化、人口一体化、经济一体化、市场一体化、生态一体化、社会一体化、制度一体化等科学内涵。统筹城乡发展，就是让城里有的农村也有，让城乡居民享有同样的生活质量，农村和城市齐步前进。

3. 城乡统筹发展的特征

第一，统筹城乡发展强调城市对乡村、工业对农业的反哺。在城市方面，要以城带乡，城市向农民敞开大门，加快农村剩余劳动力转移，促进农民市民化。在投资方面，加大对农业和农村的支持力度，特别是在财政、金融、税费、改革等方面有所创新。在产业方面，通过城市产业链延伸到乡村，加快农村二、三产业发展，提高农村生产力发展水平。

第二，统筹城乡发展是全方位的统筹。它不仅包括经济上的统筹，还应该包括政治、文化、社会、生活、制度等各个方面。要统筹城乡生产力布局，统筹城乡产业结构调整，统筹城乡就业，统筹城乡社会事业，提高农村医疗卫生和文化教育水平，保障城乡居民享有均等的社会保障和基础设施服务，缩小城乡差距。

第三，城乡统筹的最终目标就是实现城乡的一体化发展。一体化发展并不意味着彻底让农村消失，而是指全面改善城乡结构与功能，协调城与乡之间的利益分配与再分配，实现城乡各类生产要素与生活要素的合理配置与自由流动，保证城乡经济、社会、文化等各个方面持续协调发展（杨培峰，1999）。

第四，城乡统筹的实现是一个长时间的历史过程。从城乡分离到城乡融合，经历了社会形态的变革以及社会生产力的不断发展，它是一个历史过程。因此，城乡统筹也不会是一个短时期就能解决的问题，需要在制度上不断改进，适应生产力的需求，逐步解决城乡之间的矛盾。

（二）兰西城市群城乡统筹发展的条件

一是地理位置比较好。兰西城市群地理位置相对比较优越，处于青藏高原、黄土高原、内蒙古高原的交会地带，位于西藏、新疆、宁夏、内蒙古四个民族自治区联结部的核心，处于西北地区的中心，是西北地区物流中心的最佳区域，是西北地区战略物资储备的最佳区域，是西北地区事关国计民生的重大企业布局的最佳区域。因此，统筹城乡发展具备相对较好的地理区位条件。

二是交通比较便捷。兰西城市群处于交通要道，特别是兰州处于西北铁路网和公路网的中心，是陇海、兰新、包兰、兰青四条铁路干线的交会点，是国道312线和国道109线的交会点。借助交通优势，兰西城市群统筹城乡发展的人口、资源要素流动会比较便利。

三是经济基础相对较好。兰西城市群内有兰州、西宁、白银、定西等城镇。除了兰州和西宁分别是甘肃、青海的省会城市和政治经济中心，兰西城市群还包括甘肃中部的主要经济区域、青海东部的主要经济区域。相对较好的经济基础为兰西城市群城乡统筹发展提供财力支持，产业支持。

四是科技文化相对聚集。兰州、西宁分别是甘肃、青海的科技中心、文化中心。国家在甘肃、青海的科研单位、高等院校、文化部门主要集中在兰州、西宁。比较发达的科技文化水平有助于兰州、西宁承担起城市群城乡统筹的增长极和中心地的作用。

五是农牧业资源比较丰富。黄河上游流域土地资源丰富，地域辽阔，农业灌溉条件良好，草场面积大。甘肃、青海的绝大部分的灌溉良田均集中在黄河、湟水的两岸。兰西经济区位于黄河干流及支流湟水、庄浪河两岸，这也为兰西城市群的发展提供了良好的条件。农牧业资源比较丰富，有助于兰西城市群城乡统筹发展中，充分发挥乡村经济发展特色优势，提高农牧民就业和收入水平。

六是环境容量具备潜力。我国西北地区生态环境脆弱，生态移民数量大，相对来说兰西地区的生态环境容量较大，是甘肃、青海人口集聚的主要区域。环境容量较大，有助于兰州、西宁承担起城市群中主要的人口与产业发展承载中心，发挥城乡统筹发展中的规模经济效应。

此外，兰州、西宁两地高铁只需1小时左右即可通达，文化相近，习俗相似，社会联系紧密。因此，兰西城市群城乡统筹发展具备经济、社会和环境基础，应当能够示范推动整个甘肃和青海的城乡统筹发展。

二、兰西城市群城乡统筹发展的必要性分析

城乡二元结构是大多数国家和地区的必经发展阶段。早在 20 世纪 60 年代，以亚洲和南美新兴国家为代表的许多发展中国家就开始注意城乡的协调发展，并开始城乡统筹发展的探索。20 世纪 90 年代以来，我国在体制转换和经济结构变动过程中，城乡之间出现了一些矛盾，随着这些矛盾的积累，已导致城乡差距越来越大，社会经济发展失衡。现阶段我国的城乡二元结构依然明显，城乡差距问题依然突出，"城中村""空心村"的问题依然存在，也备受政府关注。

党的十八大强调统筹城乡经济社会发展，形成以工促农、以城带乡、工农互惠、城乡统筹的新型城乡发展格局。城乡统筹也是青海区域经济社会发展的重要目标之一，是解决"三农"问题、逐步消除城乡二元结构、实现全面小康和城乡可持续发展的主要途径和具体体现。

虽然兰西城市群内西宁与兰州相邻，但是西宁市与兰州市统筹城乡水平存在显著差距。因此，迫切要求深入分析西宁市城乡统筹存在的问题，进一步推进城乡一体化和提升城乡统筹发展水平，消除城乡二元结构，促进西宁市全面建成小康社会。

三、兰西城市群西宁市统筹城乡发展的现状

（一）城乡居民收入水平对比分析

收入水平的差距最能反映城乡经济发展的不平衡性，西宁市城乡居民收入水平差距状况见表 7–1。

表7-1   西宁市城乡居民人均收入水平对比

年份	城镇人均可支配收入（元）	农村人均纯收入（元）	城乡收入比
2006	9335	2951	3.16
2007	10636	3398	3.13
2008	11929	3944	3.02
2009	12911	4699	2.75
2010	14085	5521	2.55
2011	15842	6634	2.39
2012	17634	7802	2.26
2013	19444	9904	1.96
2014	21291	10097	2.11
2015	25232	8865	2.85
2016	27539	9678	2.85
2017	30043	10548	2.85
2018	32500	11504	2.83
2019	34846	12577	2.77
2020	36959	13487	2.74

注：表中2015年以后数据为农村常住居民人均可支配收入。
资料来源：2007~2021年历年《西宁统计年鉴》。

由表7-1和图7-1可以看到西宁市农村居民收入水平远远低于城镇居民，"十一五"以来农村居民与城镇居民收入不断增加，且农村居民收入增幅加大，使得城乡居民收入比逐年减小，虽然有波动，但总体城乡收入差距逐步缩小。

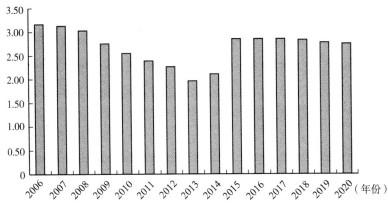

图7-1　西宁城乡居民收入差距

（二）城乡居民消费水平对比分析

居民消费水平可以用人均生活消费支出表示，能反映居民生活水平高低。由表7－2可以看出，西宁市农村居民消费水平远远低于城镇居民。

表7－2 西宁城乡居民消费水平对比

年份	城镇人均生活消费支出（元）	农村人均生活消费支出（元）	城乡消费支出比
2006	6723	2080	3.23
2007	7636	2606	2.93
2008	8278	3904	2.12
2009	8717	4427	1.97
2010	9421	5404	1.74
2011	10551	6398	1.65
2012	12114	6914	1.75
2013	13607	7563	1.80
2014	15077	8144	1.85
2015	20112	8354	2.41
2016	21997	8827	2.49
2017	20627	9825	2.10
2018	22415	10319	2.17
2019	24027	11299	2.13
2020	24811	11633	2.13

资料来源：2007～2021年历年《西宁统计年鉴》。

从表7－2和图7－2可以看出，"十一五"期间，西宁城乡消费支出比在逐渐减小，说明统筹城乡的政策措施有效。但在"十二五"期间，城乡消费支出比又缓慢增加，城乡消费水平差距有所拉大，说明应进一步加快城乡统筹发展。

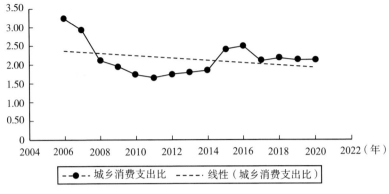

图 7 - 2　西宁市城乡居民消费水平差距

（三）城乡固定资产投资水平对比分析

固定资产投资是社会固定资产再生产的主要手段，能够为改善生产和人民生活质量创造物质条件。西宁市近年来主要年份全社会固定资产投资水平如表 7 - 3 所示。从中可以看出，西宁市全社会固定资产投资城乡差距倍数在"十一五"期间逐渐下降，但是"十二五"期间又有所增加，说明西宁市城市化发展加快，对农村的投资份额下降。

表 7 - 3　　　西宁市主要年份全社会固定资产投资城乡水平对比

年份	全市固定资产投资额（亿元）	城镇（亿元）	农村（亿元）	城乡固定资产投资水平比
2006	141.04	104.58	36.46	2.87
2009	312.04	280.57	31.47	8.92
2010	403.02	269.94	133.08	2.03
2014	1176.61	—	—	—
2015	1295.95	991.61	304.34	3.26
2020	602.99	—	—	—

资料来源：2007～2021 年历年《西宁统计年鉴》。

通过对比分析西宁市 2006～2020 年城乡统筹的主要经济社会指标可知，西宁市城乡统筹发展水平总体持续上升，在经济、社会、生活等各个方面的城乡统筹发展都取得了显著的成效，城乡居民收入水平总体差距逐步缩小。

四、兰西城市群西宁与兰州城乡统筹发展水平对比分析

（一）两市城乡收入水平对比分析

本章选取部分年份资料来对比分析西宁市与兰州市城乡居民收入水平差距状况（见表 7 - 4）。

表 7 - 4　　　　　　　兰州市城乡居民人均收入水平对比

年份	城镇人均可支配收入（元）	农村人均纯收入（元）	城乡收入比
2006	9418	2898	3.25
2007	10271	3103	3.31
2008	11677	3503	3.33
2009	12761	4001	3.19
2010	14062	4587	3.07
2011	15953	5252	3.04
2012	18443	6224	2.96
2013	20767	7114	2.92
2014	13030	8067	1.62
2015	27088	9621	2.82
2016	29661	10391	2.85
2017	32331	11305	2.86

续表

年份	城镇人均可支配收入（元）	农村人均纯收入（元）	城乡收入比
2018	25014	12368	2.02
2019	38059	13605	2.80
2020	40152	14652	2.74

资料来源：2007~2021年历年《兰州统计年鉴》。

对比表7-2和表7-4中的相关指标可以发现，西宁与兰州的城市人均可支配收入和农村人均纯收入从总量上来说都存在一定差距，说明西宁城乡人民生活水平还有待提高。

由表7-2、表7-4和图7-3可以看到西宁市与兰州市农村居民收入均低于同期城镇居民，且"十一五"以来两市城乡居民收入比逐年减小，表明城乡收入差距逐步缩小。

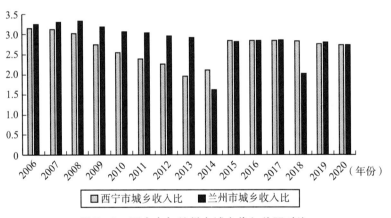

图7-3　西宁市与兰州市城乡收入差距对比

由图7-3可以清晰看出，兰州市的城乡收入差距总体要大于西宁市，且随着时间的增加两市之间的差距在逐步加大。此项数据对比表明，西宁市在城乡收入差距方面，优于兰州市。

但是，将表7-4兰州城乡居民人均收入绝对水平与西宁同期相比，

2020 年兰州城市人均可支配收入为 40152 元，同期西宁为 36959 元。2020 年兰州农村居民人均纯收入为 14652 元，西宁为 13487 元。反映出西宁城乡居民绝对收入水平均低于兰州。

（二）两市城乡消费支出对比分析

对比表 7 - 2 和表 7 - 5 的相关数据可以发现，西宁市的城市人均消费支出小于兰州市，但是西宁市的农村人均生活消费支出从总量上来看却要大于兰州市。

表 7 - 5　　　　　　　　兰州城乡居民消费水平对比

年份	城市人均生活消费支出（元）	农村人均生活消费支出（元）	城乡消费支出比
2006	7469	2137	3.50
2007	8050	2420	3.33
2008	9034	2843	3.18
2009	9653	3317	2.91
2010	10930	3686	2.97
2011	14794	5922	2.50
2012	14168	6063	2.34
2013	15749	6186	2.55
2014	17236	7279	2.37
2015	20156	7940	2.54
2016	22893	8717	2.63
2017	24071	9442	2.55
2018	26130	9697	2.69
2019	27025	11245	2.40
2020	25892	11551	2.24

资料来源：2007～2021 年历年《兰州统计年鉴》。

由表 7 - 2、表 7 - 5 和图 7 - 4 可以看出，西宁市与兰州市农村居民消费水平均远远低于城镇居民。综合对比两市的城乡消费差距，兰州市各年城乡消费支出比一直大于西宁市，说明西宁市城乡消费水平差距较兰州市要小。

图 7-4　西宁市与兰州市城乡消费差距对比

但是，将表 7-5 兰州城乡居民消费水平与西宁同期相比，2020 年兰州城市人均生活消费支出为 25892 元，西宁为 24811 元。2020 年兰州农村人均生活消费支出为 11551 元，西宁为 11633 元。西宁城市人均生活消费支出略低于兰州，但农村人均生活消费支出高于兰州，生活成本较高。

（三）两市常住人口城镇化水平对比分析

对比表 7-6 的数据可以看出，兰州市人口规模大于西宁，城镇人口约为西宁市的 2 倍。虽然两市城镇化率都在逐年提高，但兰州市城镇化率高于同期西宁市的水平，说明西宁市应加快推进城市化建设。

表 7 - 6　　　　　　西宁常住总人口、城镇人口及城镇化率

年份	总人口（万人）		城镇人口（万人）		城镇化率（%）	
	西宁	兰州	西宁	兰州	西宁	兰州
2006	212.73	327.01	126.77	220.37	59.59	67.39
2007	215.36	329.43	129.24	—	60.01	—
2008	217.79	331.01	132.90	—	61.02	—
2009	220.50	332.18	135.28	—	61.35	—
2010	220.87	361.91	140.69	263.05	63.70	72.68
2011	222.80	368.73	145.79	283.18	65.44	76.80
2012	224.74	377.11	152.20	292.07	67.72	77.45
2013	226.76	383.41	153.74	290.27	67.80	78.56
2014	229.07	390.56	157.15	310.41	68.60	79.48
2015	231	369.31	159.5	298.96	69.05	80.95
2016	233.37	370.55	163.41	300.18	70.02	81.01
2017	235.50	414.31	167.53	342.55	71.14	82.68
2018	237.11	421.53	170.98	349.99	72.11	83.03
2019	238.71	428.67	173.90	356.14	72.85	83.08
2020	246.90	437.18	194.06	363.29	78.60	83.10

资料来源：2007～2021 年历年《西宁统计年鉴》《兰州统计年鉴》。

（四）两市城乡经济发展对比分析

二元对比系数是二元经济结构的主要测度指标之一。二元对比系数越大，农业与非农业两部门的差别越小；反之则两部门差别越大。二元对比系数在理论上最大值为 1，但通常都是小于 1。

计算公式：

$$B_1 = \frac{G_1/G}{L_1/L} \qquad\qquad (7-1)$$

$$B_2 = \frac{G_2/G}{L_2/L} \qquad\qquad (7-2)$$

$$R_1 = \frac{B_1}{B_2} \qquad\qquad (7-3)$$

其中，G 为总产值，L 为劳动力总数，G_1 为农业部门产值，G_2 为非农业部门产值，L_1 为农业部门劳动力数，L_2 为非农业部门劳动力数。B_1 和 B_2 分别为两部门比较劳动生产率，R_1 为二元对比系数。

通过查阅历年西宁市和兰州市统计年鉴，整理相关年份农业与非农业部门增加值数据，农业部门与非农业部门就业数据资料，使用上述计算公式，计算出主要年份西宁市和兰州市二元对比系数，见表 7 - 7 和图 7 - 5。

表 7 - 7   西宁市与兰州市二元对比系数对比

年份	西宁市二元对比系数	兰州市二元对比系数
2006	0.1086	0.0930
2010	0.1369	0.1054
2015	0.1543	0.1205
2016	0.1517	0.1254

资料来源：根据 2007 ~ 2017 年历年《西宁统计年鉴》《兰州统计年鉴》及统计公报相关数据测算。

通过图 7 - 5 可以看出，西宁市和兰州市的二元对比系数总体上都在增加，这说明随着城乡统筹政策的实施，两市的二元经济结构在不断改善；横向比较两市的二元对比系数，西宁市大于兰州市，这说明与兰州市相比，西宁市两部门二元经济结构差别更小，此项指标西宁市优于兰州市。

但是，将兰州农业部门与非农业部门增加值与西宁同期相比，2016 年兰州分别为 2203.87 亿元和 60.36 亿元，同期西宁为 1209.01 亿元和 39.15 亿元。西宁市非农业部门和农业部门增加值仅分别为兰州的 54.85% 和 64.86%，经济规模较小，不利于竞争力培育①。

———————————

① 资料来源：《西宁统计年鉴》《兰州统计年鉴》（2017 年）。

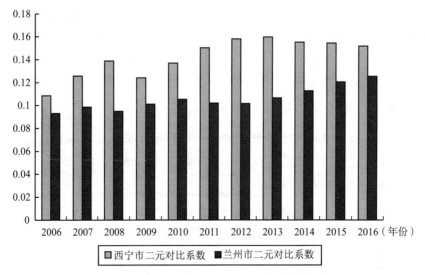

图7-5　西宁市与兰州市二元对比系数变动情况

（五）两市科教文卫发展水平对比

1. 两市科技创新能力对比分析

城市作为区域的核心，也是创新发祥地，城市科技创新能力是城市发展并带动乡村发展的重要动力。结合研究内容与数据资料可获得性，选取两市 R&D 机构数、R&D 人员数和 R&D 人员折合全时当量等指标，对比分析西宁市和兰州市科技水平差距（见表7-8）。

表7-8　　　　　　　　西宁市与兰州市创新能力统计

年份	R&D 机构数（个）		R&D 人员（人）		R&D 人员折合全时当量（人年）	
	西宁	兰州	西宁	兰州	西宁	兰州
2010	45	161	3526	16855	807	12165
2015	44	204	4390	22348	992	14173

资料来源：2011～2016年历年《青海统计年鉴》《甘肃统计年鉴》。

对比表 7 - 8 相关数据可以看出，无论是从 R&D 机构数、人员数还是 R&D 人员折合全时当量来看，西宁市的相关指标数据都要远远低于兰州市，说明西宁市在科技创新能力上与兰州市还有非常大的差距。

2. 两市教育水平对比

在两市教育水平对比时，根据指标的可获得性选取普通高校数量、在校大学生数、万人大学生数、普通中学数量和普通中学在校生数这 5 个指标来对比分析两市的教育水平（见表 7 - 9 和表 7 - 10）。

表 7 - 9　　　　　　　　　西宁市教育水平相关数据统计

年份	普通高校数量（所）	在校大学生数（万人）	万人大学生数（人）	普通中学（所）	普通中学在校生数（万人）
2006	8	3.60	169	145	12.5
2010	9	6.04	273	139	12.0
2015	10	6.99	303	137	12.3
2020	10	8.34	338	139	12.3

资料来源：2006 年、2011 年、2016 年、2021 年《青海省统计年鉴》。

表 7 - 10　　　　　　　　　兰州市教育水平相关数据统计

年份	普通高校数量（所）	在校大学生数（万人）	万人大学生数（人）	普通中学（所）	普通中学在校生数（万人）
2006	18	16.79	513	234	22.20
2010	19	22.76	629	219	19.89
2015	20	41.64	1128	198	17.01
2020	23	50.31	1151	209	16.62

资料来源：2006 年、2011 年、2016 年、2021 年《甘肃省统计年鉴》。

根据表 7 - 9 和表 7 - 10 的数据可知，西宁市在教育发展各个指标数据上都与兰州市有很大的差距，尤其是在高等教育方面，西宁市的教育资源明显少于兰州市。

3. 两市文化发展水平对比

区域文化发展水平的衡量指标也有很多，结合研究内容和数据资料可得性，选取两市广播综合人口覆盖率、电视综合人口覆盖率、出版各类报纸杂志、出版各类报纸杂志总印数、出版各类图书、出版各类图书总印数等指标，来对比分析西宁市和兰州市的文化发展水平差异（见表7－11和表7－12）。

表7－11　　　　　　西宁市文化发展相关数据统计

年份	广播综合人口覆盖率（％）	电视综合人口覆盖率（％）	出版各类报纸杂志（种）	出版各类报纸杂志总印数（万册）	出版各类图书（种）	出版各类图书总印数（万册）
2006	96.09	98.61	71	4538	392	1077
2007	97.16	99.16	77	9953	576	1143
2008	97.64	99.23	78	9140	656	987
2009	97.67	99.37	79	9525	680	856
2010	98.24	99.48	64	9427	727	1015
2011	98.85	99.48	64	9798	781	1015
2012	98.86	99.48	64	10761	788	1115
2013	98.87	99.51	65	12045	1051	1331
2014	99.14	99.55	65	11471	1091	1213
2015	99.32	99.59	63	9459	1111	1213
2016	99.36	99.59	65	8607	1136	1128.4
2017	99.39	99.62	65	7816	1109	1215
2018	99.41	99.62	65	7565	1139	1378
2019	99.44	99.63	78	6504	1177	1340
2020	99.45	99.65	81	8161	1010	2283

资料来源：2007～2021年历年《西宁统计年鉴》，2016年《西宁市统计公报》。

表7－12　　　　　　　　　兰州市文化发展相关数据统计

年份	广播综合人口覆盖率（％）	电视综合人口覆盖率（％）	出版各类报纸杂志（种）	出版各类报纸杂志总印数（万册）	出版各类图书（种）	出版各类图书总印数（万册）
2006	98.26	98.38	185	48662	1280	7671
2010	98.27	98.55	202	62576	1311	9260
2011	98.56	98.55	—	—	—	9502
2012	98.58	98.55	—	—	—	9350
2013	98.6	98.55	—	—	—	6573
2014	98.6	98.55	—	—	—	5312
2015	99.65	98.55	192	60500	3412	6650
2016	99.64	99.7	—	—	—	—
2017	99.64	99.7	—	—	—	—
2018	99.64	99.7	—	—	—	—
2019	90	99.75	—	—	—	—
2020	90	99.7	—	—	—	—

注：一表示数据缺失。

资料来源：2007～2021年历年《兰州统计年鉴》《西宁统计年鉴》。

通过对比表7－11和表7－12的相关数据可以看出，西宁市与兰州市在广播和电视覆盖率上都达到了99％以上，但是从各种出版物种类和总印数来看，西宁市都要远远少于兰州市，说明西宁市要进一步重视文化方面的建设。

4. 两市医疗卫生水平对比

医疗卫生水平也可以体现一个城市的发展程度，一般来说城市经济越发达，医疗卫生水平就越高，对居民的吸引力也越强。对比表7－13的相关数据可以看出，纵向来看，两市的医疗卫生水平都有了很大的提高。横向对比来看，兰州市的医疗卫生条件总体上要优于西宁市。

表 7 - 13　　　　　　　　西宁市与兰州市医疗卫生发展水平对比

年份	全市各类医疗计生卫生机构（所）		医院（所）		卫生技术人员（万人）		卫生机构床位数（张）	
	西宁	兰州	西宁	兰州	西宁	兰州	西宁	兰州
2006	453	290	105	97	1.16	2.07	8534	15700
2007	1720	1646	42	91	1.52	2.06	8961	17000
2008	1688	1456	45	91	1.71	2.07	10023	24200
2009	1444	1534	47	90	1.77	2.24	10921	21900
2010	1461	2257	46	94	1.82	2.44	11352	25500
2011	1532	2362	49	96	2.05	2.64	13078	25400
2012	1533	2359	50	98	2.12	2.80	13921	27500
2013	1596	2288	51	98	2.38	2.85	15885	23600
2014	1763	2393	55	98	2.55	3.09	17052	24900
2015	1794	2385	65	95	2.70	3.10	17913	22800
2016	1816	2408	69	105	2.82	3.22	18136	26500
2017	1807	2464	73	127	3.16	3.53	19713	29200
2018	1843	2211	78	125	3.38	3.68	20390	30700
2019	1927	2277	77	129	3.55	4.00	22094	31400
2020	1882	2245	73	116	3.60	4.15	22132	32200

资料来源：2007~2021 年历年《西宁统计年鉴》《兰州统计年鉴》。

（六）两市产业结构对比分析

1. 三次产业偏离度对比

产业结构与就业结构在城乡统筹发展进程中相互影响，相互制约。由表 7 - 14 可知，西宁市产业结构变动趋势与兰州市相似，第一、二产业产值占比不断下降，第三产业产值占比总体呈上升趋势。从表 7 - 14 和表 7 - 15 可以看出，两市三次产业就业比重变动趋势是第一、二产业比重持续下降，第三产业就业比重稳定上升，总体变动符合产业结构演变规律。

表 7 – 14　　　　　　西宁市与兰州市三次产业产值比重对比　　　　单位：%

年份	西宁市三次产业产值比重			兰州市三次产业产值比重		
	第一产业	第二产业	第三产业	第一产业	第二产业	第三产业
2005	5.58	53.22	41.20	3.90	44.09	52.01
2010	3.89	51.05	45.05	3.07	48.09	48.84
2015	3.31	48.03	48.66	2.68	37.34	59.98
2020	4.16	30.50	65.34	1.99	32.33	65.68

资料来源：2006 年、2011 年、2016 年、2021 年《西宁统计年鉴》《兰州统计年鉴》。

表 7 – 15　　　　　　西宁市与兰州市从业人员构成对比　　　　单位：%

年份	西宁市三次产业就业比重			兰州市三次产业就业比重		
	第一产业	第二产业	第三产业	第一产业	第二产业	第三产业
2005	34.50	23.68	41.82	29.64	28.64	41.72
2010	23.06	29.50	47.44	23.11	26.72	50.17
2015	18.16	26.28	55.56	18.61	26.55	54.84
2020	15.75	20.97	63.28	16.05	25.04	58.91

资料来源：2006 年、2011 年、2016 年、2021 年《西宁统计年鉴》《兰州统计年鉴》。

但是，从表 7 – 16 可以看出，两市三次产业偏离度的变化有显著差异。西宁市 2015 年和 2020 年第一产业正偏离度低于兰州，第二产业负偏离度高于兰州，第三产业西宁市出现负偏离，但是偏离程度低于同期兰州水平。

表 7 – 16　　　　　　西宁市与兰州市三次产业偏离度对比

年份	西宁市三次产业偏离度			兰州市三次产业偏离度		
	第一产业	第二产业	第三产业	第一产业	第二产业	第三产业
2005	28.92	− 29.54	0.62	25.74	− 15.45	− 10.29
2010	19.17	− 21.55	2.39	20.04	− 21.37	1.33
2015	14.85	− 21.75	6.9	15.48	− 10.79	− 5.14
2020	11.59	− 9.53	− 2.06	14.06	− 7.29	− 6.77

资料来源：根据表 7 – 5 计算得到。

2. 两市主要工业行业发展对比

通过对比表 7-17 西宁市与兰州市的工业发展相关数据可以发现，从总量上来看，西宁市的工业总产值远远低于兰州市。从具体行业分析，西宁市农副食品加工业、医药制造业、黑色金属冶炼和压延加工业、有色金属冶炼和压延加工业的产值规模大于兰州市，其余产业的产值规模小于兰州市。

表 7-17　　西宁市与兰州市 2020 年主要工业产业部门产值对比　　单位：亿元

项目	工业总产值	煤炭开采和洗选业	农副食品加工业	石油加工、炼焦和核燃料加工业	化学原料和化学制品制造业	医药制造业	黑色金属冶炼和压延加工业	有色金属冶炼和压延加工业	电力、热力的生产和供应业
西宁	1128.07	0	14.79	1.17	43.68	21.94	115.97	500.58	213.38
兰州	1930.30	32.02	24.81	329.64	178.75	70.10	187.27	142.78	241.99

资料来源：2021 年《西宁统计年鉴》《兰州统计年鉴》。

从表 7-18 两市各行业部门产值占工业总产值的百分比来看，西宁市农副食品加工业、黑色金属冶炼和压延加工业、有色金属冶炼和压延加工业以及电力、热力的生产和供应业的占比大于兰州市，其余产业的产值占比小于兰州市。

表 7-18　　西宁市与兰州市 2020 年主要工业产业部门产值占比对比　　单位：%

项目	煤炭开采和洗选业	农副食品加工业	石油加工、炼焦和核燃料加工业	化学原料和化学制品制造业	医药制造业	黑色金属冶炼和压延加工业	有色金属冶炼和压延加工业	电力、热力的生产和供应业
西宁	0	1.31	0.10	3.87	1.94	10.28	44.37	18.92
兰州	1.66	1.29	17.08	9.26	3.63	9.70	7.40	12.54

资料来源：2021 年《西宁统计年鉴》《兰州统计年鉴》。

3. 两市主要服务业行业对比分析

由表 7 - 19 可知，西宁市主要服务业的增加值要远远小于兰州市；从其增加值占 GDP 的比重来看，西宁市也要小于兰州市。

表 7 - 19　　　　西宁市与兰州市 2020 年主要服务业增加值对比

项目	GDP（亿元）	交通运输仓储及邮政业（亿元）	批发和零售业（亿元）	交通运输仓储及邮政业占比（％）	批发和零售业占比（％）
西宁	1372.98	52.44	117.04	3.82	8.52
兰州	2886.74	238.61	231.23	8.27	8.01

资料来源：2021 年《西宁统计年鉴》《兰州统计年鉴》。

（七）　结论

通过兰西城市群中两个核心城市的对比，发现西宁市城乡统筹发展与兰州市相比，存在一些差距，主要结论如下：

（1）两市统筹城乡收入方面，总体来看，兰州市城乡收入差距大于西宁，说明西宁市此项指标优于兰州。但是，对比兰州与西宁城乡居民收入绝对水平，就发现西宁市城市与农村居民收入水平均低于兰州，未来西宁市如何增收是城乡统筹的重要问题。

（2）两市统筹城乡消费方面，总体来看，兰州市城乡消费差距大于西宁，说明西宁市此项指标优于兰州。但是，对比兰州与西宁城乡居民消费绝对支出，就发现西宁市城市居民消费支出略低于兰州，但农村居民消费支出高于兰州。说明未来西宁市如何改善农村居民生活条件、降低生活成本也是城乡统筹的重要问题。

（3）两市常住人口城镇化水平方面，总体来看，兰州市城镇化率大于西宁，西宁市此项指标落后于兰州。西宁市城市与农村人口规模均小于兰州，使西宁在统筹城乡中表现出小城市、小农村的状态。因此，未来西宁市统筹城乡发展必须注意这一特点，做到小而精、小而特。

（4）两市统筹城乡经济发展方面，通过测算二元结构对比系数，发现两市的二元经济结构在不断改善；而且西宁市两部门的差别更小，二元经济结构更加不明显，此项指标西宁市优于兰州市。但是，西宁市非农业部门和农业部门增加值绝对规模远远小于兰州，说明西宁市在统筹城乡发展方面，怎样壮大非农产业的经济规模是非常关键的问题。

（5）两市科教文卫发展水平方面，总体来看，兰州市在科技创新能力、教育水平、文化发展等方面优于西宁，在医疗卫生方面，西宁市卫生技术人员数多于兰州。西宁市发展的主要短板在科技创新能力较弱，教育水平不高，文化发展较为滞后，城市人口少，虽然对医疗卫生事业压力较小，但高等级医院仍然缺乏，影响西宁市对居民的吸引力。

（6）两市产业结构对比方面，总体来看，兰州市产业结构总体优于西宁市。从三次产业偏离度可以反映出，西宁市第一产业吸纳过多劳动力，导致第一产业效率低。第二产业负偏离程度很高，则反映出西宁市资源型产业排斥劳动力的现象十分明显。第三产业正偏离幅度较小，说明西宁第三产业发展与吸收就业比较协调。对比两市主要工业行业部门发现，西宁市有色金属冶炼和压延加工业的产值占比达到44.37%，表现出工业结构相对落后。西宁市主要服务业发展与兰州还存在一定差距，兰西城市群不仅要统筹城乡发展，在产业部门方面也要优化协调。

城市是区域的核心，城乡统筹主要依托以城带乡发展，中心城市竞争力显著影响全省经济发展和统筹城乡的能力与水平。因此，未来西宁市在城乡统筹工作中，一定不能只注重缩小城乡之间的绝对差距，更重要的是提升城市的竞争力与发展质量，要打破低水平城乡发展均衡，实现较高水平上城乡统筹发展。

五、兰西城市群西宁统筹城乡发展的对策

（一）我国跨省区城市群城乡统筹发展的经验借鉴

根据《国家新型城镇化规划（2014—2020年）》，截至目前中国已形

成长三角城市群、珠三角城市群、京津冀城市群、中原城市群、长江中游城市群、哈长城市群、成渝城市群、辽中南城市群、山东半岛城市群、海峡西岸城市群、关中城市群、北部湾城市群共 12 个国家级城市群；正在建设徐州城市群、琼海城市群、晋中城市群、呼包鄂城市群、兰西城市群、宁夏沿黄城市群、北坡城市群、黔中城市群、滇中城市群共 9 个区域性城市群。其中关中城市群和成渝城市群属于已形成的西部地区城市群，这些城市群的形成有效推动了西部地区经济社会快速发展。

1. 成渝城市群城乡统筹发展的经验

2007 年，国务院正式批准重庆市和成都市设立全国统筹城乡综合配套改革试验区，着重城乡统筹，注重协调城乡二元发展，继续探索"城市带动农村"的城乡均衡发展模式，促进中国西部地区的快速发展（王长生，2012）。

成都市 2003 年开始启动"统筹城乡经济社会发展，推进城乡一体化"的发展战略，2007 年获批成为国家城乡统筹综合配套改革试验区，从启动到现在，形成了一套城乡统筹发展以及城乡统筹规划的思路和办法（曾九利和唐鹏，2013）。

（1）成都、重庆统筹城乡发展的主要做法：

成都是国家统筹城乡综合配套改革试验区，主要做法概括起来就是"六个一体化""三个集中"和农村工作"四大基础工程"。

第一，推进"六个一体化"。成都市通过推进城乡规划一体化、城乡产业发展一体化、城乡市场体制一体化、城乡基础设施一体化、城乡公共服务一体化、城乡管理体制一体化"六个一体化"，大刀阔斧破除城乡二元体制，全方位构建城乡统筹、科学发展的体制机制。通过"六个一体化"，形成了城乡居民共创共享改革发展成果的机制，超越了社会公平的范畴。

第二，推进"三个集中"。统筹推进工业向集中发展区集中、农民向城镇和新型社区集中、土地向适度规模经营集中"三个集中"，以统筹"三个集中"推进新型工业化、新型城镇化和农业现代化"三化联动"，促进了资源集约利用、产业集群发展，推动了发展方式由粗放型向集约型转变。

第三，推进农村"四大基础工程"。即农村产权制度改革、农村土地综合整治、村级公共服务和社会管理改革、农村新型基层治理机制建设"四大基础工程"。

成都城乡统筹的核心理念可以概括为"三主线两抓手"，即以"复合城市化、要素市场化、保障均等化"为主线，以"制度创新"和"规划统筹"为贯穿始终的主要抓手。城乡统筹规划的特点有：城乡满覆盖、强调系统性、注重层次性、突出协调性、考虑地域差别性。

重庆市在借助后金融时代国家拉动内需、扩大固定资产投资的良机，大力进行基础设施建设，完善城乡交流路径与平台，推动城乡一体化发展。

（2）成都、重庆统筹城乡发展的启示：

第一，科学编制规划是前提。第二，盘活土地资源是基础。第三，推进"三个集中"是核心。第四，确保农民增收是根本。第五，创新政策体制是关键。第六，加大政府投入是推力。

2. 京津冀城市群城乡统筹发展的经验

以建立京津冀跨省市的互动协商机制为前提，京津冀跨区域统筹城乡发展实施四步走战略。

（1）京津冀城市群统筹城乡发展的主要做法：

一是建立跨区域的城乡统筹机制，发挥京津在河北农村公共产品供给中的积极作用，其本质就是要建立起京津对河北欠发达地区资金扶持的长效机制。可以成立京津冀欠发达区域援助基金来统一管理援助河北欠发达地区的资金，将京津冀跨区域统筹城乡发展落到实处。

二是建立跨区域的统筹城乡发展的协调机制。不仅可以帮助河北实现经济起飞与发展，也有利于京津发展环境的改善与都市圈整体竞争力的提升。由于行政上分省（市）而治，跨区统筹较区域内城乡统筹面临更多的困难与制度障碍，需要通过三方政府积极实施制度创新，主动担负起相应的职责，加大对农业和农村的扶持力度，京津冀都市圈城乡一体，各城市协调发展的良好局面就会形成。

（2）京津冀城市群统筹城乡发展的启示：

第一，推进新型工业化提升非农产业就业机会。第二，构建以人为本的人口流动管理机制。第三，以"三个集中"谋求聚集经济效应。第四，为广大乡村提供均等化的公共服务。

兰西城市群兼具有西部地区特点与跨省区统筹城乡发展面临的共性问题，因此，我们可以从以上两类城市群的城乡统筹实施方案中找到有利于西宁推进统筹城乡发展，促进实现城乡一体化的一些经验和思路。

（二）兰西城市群西宁市统筹城乡发展对策

西宁市总体应当借助后金融时代国家拉动内需、稳定固定资产投资的政策，积极进行基础设施建设，完善城乡交流路径与平台，要重视对农牧业以及农牧民自主创业的大力支持以及农村社会保障、社会服务等方面的投资，力争藏富于民，提高城乡居民的生活水平与质量，提升西宁市的竞争力。

1. 重视城乡规划与基础设施建设一体化

第一，统筹城乡规划一体化。科学编制按程序报批三县城市总体规划，衔接城镇规划和村镇规划，加大传统村落和传统民居保护力度，按照发展中心村、保护特色村、整治空心村的要求，结合易地扶贫搬迁，合理引导农村住宅和农牧民聚居点建设。坚持城区县域联动，促进区域协调发展，力争城乡一体再上新台阶。

第二，以全域规划为基础，构建整体框架和全域格局。以城乡专项规划为脉络，统筹城乡各类要素；以县域总体规划为平台，综合协调各类规划和城乡发展；以导则指引小城镇和新农村规划，整体推进农村地区建设；以生态控制及生态地区规划为手段，化解城乡矛盾；以区域合作规划为媒介，强化区域统筹发展。

第三，统筹城乡基础设施布局与建设，着力推进基础设施一体化，提高城区与县域同城化发展辐射带动力。构建连接中心城市、重点城镇和特色城镇的立体快速交通与能源通道，提升交通、能源、信息等重大基础设施保障水平。加快基础设施向农村延伸，推动城乡基础设施互联互通，辐射带动三县新农村建设，推动中心城区和县域经济发展"双轮驱动"，推动城乡协调联动、双向发展。加大县域城镇电网改造和农村电网升级，推动有条件的地区燃气向农村覆盖。综合整治集中式饮用水的水源地，加强农村生活污水、生活垃圾处理设施建设。

2. 推进城乡产业与就业一体化

第一，优化城乡产业结构。根据资源禀赋和比较优势，依托现有产业基础，满足当前需求结构，培育发展各具特色的城镇产业体系。着眼于建设现代新型产业体系，增强城市经济与农村经济的产业关联度，大力发展以农产品为原料的城市加工型产业发展。加快三次产业融合发展，在稳定工业发展的同时，大力发展服务业，依托"生态强省"战略发展特色服务业、乡村服务业。

第二，在产业发展政策上，要更多地向劳动密集型产业倾斜，促进城乡一体化的推进。大力提升农牧业生产的综合能力，发展高产、高效、优质、安全的现代化生态农牧业。优化城乡产业空间布局，推进形成工业集中布局的空间格局。要充分发挥要素市场的作用，通过土地交易制度，带动资金向农村地区的流动，开辟出一条城市反哺农村、工业反哺农业的新途径。此外，还要完善财政的投入机制，重点支持农业发展，增强对县域农牧业基础设施建设、农牧业产业化建设、农牧业科技进步的投入力度，保证财政支农资金稳定增长。

第三，建立新型劳动就业制度，统筹城乡就业。就业前，要重视就业市场和就业培训。就业市场方面，需要进一步改善农村富余劳动力转移就业环境，建立统一的城乡劳动力市场；就业培训方面，应该由政府牵头，整合企业、高校、民间的培训力量，建立多元化的、适应劳动市场需求的培训体系。就业中要积极整合各级政府的行政资源与电视、广播、报纸、网络等各类媒体资源，尽快建立起统一的、可信度高、覆盖面广的劳动就业信息网络体系。就业后要加强社会保障制度改革，使城市从业人员与乡村从业人员享有平等的社会保障权益。

3. 加强城乡基本公共服务与社会保障一体化

第一，合理均衡配置公共资源，加快提升农村公共服务水平，推进城乡基本公共服务均等化。提高县域教育设施水平和教学质量，提升农村医疗卫生服务能力，加强农村公共文化和体育设施建设，加快建立农民转产就业服务体系。

第二，建立健全农牧业转移人口市民化推进机制，拓宽住房保障渠道，完善公共就业创业服务体系，改善基本医疗卫生条件，保障随迁子女平等享受教育权利，扩大社会保障覆盖面。落实户籍制度改革，全面放开城市落户限制，合理放宽城市落户条件。加强人口信息管理，全面实施居住证制度。

第三，推进农业转移人口享有城镇基本公共服务。按照保障基本、循序渐进的原则，推进城镇基本公共服务由主要向本地户籍人口提供转变为向常住人口提供，逐步完善符合市情、覆盖城乡、更加均等、可持续的社会服务体系。

4. 优化统筹城乡空间发展一体化

第一，进一步强化中心城市的区域带动作用，坚持形成构建"一芯双城、环状组团发展"的城镇空间布局结构，引导人口向用地条件较好的空间集聚，加强主要发展轴线上城镇的产业经济联系和服务设施共享，形成"组团发展"。

第二，以建设和谐西宁、繁荣西宁、开放西宁、绿色西宁和魅力西宁为导向，提升中心城市竞争力。加快人口向"沿湟"轴带区域集聚，联动城镇发展。完善提升中心城市综合服务的核心功能，优化城镇总体布局，拓展支撑发展的战略性新空间，打造重点城镇，建设特色乡镇，推进城乡发展一体化。统筹市域空间布局，推动都市区空间重构，拓展支撑发展的战略性新空间。

第三，在县域城镇推进"多规合一"试点，将重点城镇分别打造成具有特色的文化旅游、商贸物流、休闲度假、职业教育等魅力小镇，并根据城镇规模和功能定位，完善市政公用设施，加强城镇住房保障和社会服务，提升城镇宜居宜业水平。形成人口聚、产业兴、机制活的小城镇发展新气象。对西宁市自然条件较好、区位优势突出、交通便利、发展潜力较大的乡，适时"撤乡建镇"，引导农民就近向城镇集中，加快形成以城带乡、城乡互动的发展格局，促进县域农牧民就地城镇化。

5. 突出城乡生态环境一体化

生态文明是现代文明的重要标志，城市的生态环境与农村的生态环境有着密不可分的联系，相互影响。因此，要实现城乡生态统筹，就要构建城乡一体化的生态保护格局。将城乡的生态要素和生态功能分区落实在空间上，明确各个分区的功能定位和发展方向；大力扶持农村清洁生产、生活的各项工程建设，推广生态农业发展模式；平衡城乡在生态环境基础设施中的投入。在道路、供水、垃圾、污水处理等方面，公共财政应向农村地区适当倾斜。强化城镇及周边生态空间保护，划定生态保护红线，改革资源利用制度，逐步建立起系统完整的生态环境保护制度体系，把生态文明理念全面融入城镇化进程，围绕美丽西宁建设，加强城市生态建设和环境整治，全面提升城市人居环境质量。

6. 统筹城乡行政社会管理一体化

推进行政管理体制改革，调整市域范围内行政区划，推进撤县设区工作。深化乡镇机构改革，依法探索将部分县级行政管理职能和社会管理权限向乡镇延伸，强化社会管理和公共服务职能。以扩大有序参与、推进信息公开、健全议事协商、强化权力监督为重点，加强基层政权建设，推进政务公开、村务公开，依法保障城乡居民知情权、参与权、表达权、监督权。统筹城乡组织建设一体化：一是统筹规划城乡党建工作；二是统筹管理城乡党建事务；三是统筹开展城乡党建活动；四是加强农村基层组织建设。此外，要将农村公共安全网络建设作为重点，建立健全城乡一体的教育预防、诉求表达、矛盾调解、司法保障、社会治安、安全生产、应急管理等工作机制，为城乡居民提供和谐有序的生产生活环境。

第八章 兰西城市群海东市
高质量发展评价

为克服现有高质量发展评价中存在的客观性不强、不易处理高维数据等缺陷，本章采用基于投影寻踪法的区域经济高质量发展评价新方法。并以海东市为例，从经济基础、创新能力、绿色发展、民生福祉、社会和谐五个子系统出发，构建了高质量发展评价指标体系；对海东市 2005～2019 年高质量发展状况进行评价，通过灰色 BP 神经网络对"十四五"期间海东市的高质量发展进行预测。

一、研究现状综述

改革开放以来，中国经济发展取得了举世瞩目的成就。2020 年中国国内生产总值达 1015986.00 亿元，首次突破百万亿元大关。然而，在区域经济发展中仍然存在产业结构失衡、环境污染、经济效率不高、收入差距拉大等各种发展问题。党的十九大报告首次提出高质量发展的概念，指明中国正处于转变发展方式、优化经济结构、转换增长动力的攻关期，将构建现代化经济体系作为战略目标。

自经济高质量发展的概念提出以来，国内许多学者从不同角度对其进行深入研究。在指标体系构建方面，殷醒民（2018）将高质量发展基本框架扩展为五个维度，分别为全要素生产率、科技创新能力、人力资源质量、金融体系效率和市场配置资源机制，并以此为依据对高质量发展指标体系进行分析研究。李金昌等（2019）从"人民美好生活需要"

和"不平衡不充分发展"这个社会主要矛盾的两个方面着手，构建了经济活力、创新效率、绿色发展、人民生活与社会和谐五个方面，27个指标构成高质量发展指标体系。钞小静和任保平（2011）从长期与短期、宏观与微观、总量与结构、全局与局部、经济发展与社会发展等多个维度来构建高质量发展指标体系，并提出经济增长速度、经济结构、创新成果质量和经济发展可持续等具体评价指标。在高质量发展综合评价的方法方面，万媛媛等（2020）采用因子分析和熵权TOPSIS法，对我国31个省份进行ECC和EHC排序。魏敏和李书昊（2018）采用熵权TOP-SIS法对2016年我国经济高质量发展水平进行测度，发现经济高质量发展综合水平呈现"东高、中平、西低"的分布格局。

通过以上学者对高质量发展进行的分析，本章旨在运用投影寻踪法将兰西城市群海东市高质量发展从五个维度来进行评价，阐释海东市发展状况（刘亚天和丁生喜，2021）。

二、高质量发展评价指标体系构建

（一）高质量发展内涵

高质量发展注重发展的"量"和"质"，显著特征为：从关注经济规模和增长速度，转向关注增长的结果和增长的效益；从关注经济增长一个维度，转向关注经济发展、社会公平、生态环境等多个维度；从片面重视高增长产业，转向关注产业协同发展、构建现代化产业体系；从关注经济增长的要素投入，转向关注要素生产率的提升和要素优化配置；从关注GDP，转向关注以人民为中心的各项制度安排和城乡区域之间的协调发展。

具体可以从三个层面理解高质量发展的内涵：一是宏观层面；二是产业层面；三是企业经营层面。在宏观层面，主要表现为经济增长的稳定性、发展的均衡性、环境的可持续性以及社会的公平性，让经济发展成果更多更公平惠及全体人民；在产业层面，高质量发展指产业布局优化、结构合理，不断实现转型升级，并显著提高产业发展的效益，主要表现为产业规模不断壮大、产业结构不断优化、创新驱动转型升级以及质量效益不断提升；在企业经营层面，高质量发展包含一流竞争力、质量的可靠性以及持续创新、品牌的影响力等，主要表现为保持产品质量的可靠性与持续创新、品牌影响力以及拥有先进的质量管理方法和技术基础。

（二） 区域概况

海东市位于青海省东北部，境内地形复杂，地貌类型多样，地势总体呈西高东低，海拔在 1650～4635.5 米之间。湟水河穿城而过，形成"两山夹一河"的高原河谷地形。海东市现辖 2 区 4 县。截至 2019 年底，全市总人口为 172.6 万人，常住人口城镇化率为 40.97%。海东市是青海省的第二大城市，国家"一带一路"倡议和《兰州—西宁城市群发展规划》的提出，为海东市快速发展带来新机遇。同时，随着国家生态文明建设和青海省"一优两高"发展战略的深入实施，海东市也将面临经济社会发展和生态环境保护的矛盾与协调问题。因此研究海东市高质量发展具有切实意义。

（三） 评价指标体系的构建

我国在改革开放以来经济发展经验的基础上，提出了创新、协调、绿色、开放、共享的新发展理念，成为了我国高质量发展的指导思想，为未来高质量发展指明了方向。创新是第一动力，协调是内生特色，绿色是普遍形态，开放是必由之路，共享是根本目标。新发展理念既是高质量发展的新要求，也是高质量发展评价的一个准则。

基于以上分析，根据我国高质量发展的指导思想以及我国新发展理念，构建新时代背景下海东市经济高质量发展水平评价指标体系，该体系由经济基础、创新能力、绿色生活、民生福祉、社会和谐五个准则层组成，共有 27 个具体测度指标，见表 8 – 1。

表 8 – 1　　　　　　海东市经济高质量发展水平评价指标体系

准则层	指标层	单位	属性
经济基础	GDP X_1	%	+
	规模以上工业增加值占 GDP 比重 X_2	%	+
	第三产业增加值占 GDP 比重 X_3	%	+
	社会消费品零售额占 GDP 比重 X_4	%	+
	全市金融机构各项存款余额 X_5	亿元	+
	地均 GDP（GDP/占地面积）X_6	元/公顷	+
创新能力	全市各类科研人员数 X_7	万人	+
	教育业城镇固定资产投资占全社会固定投资比率 X_8	%	+
	引进新技术、新品种总项数 X_9	个	+
	科学技术、技术服务和地质勘查业投资占全社会固定投资比率 X_{10}	%	+
绿色发展	废污水排放总量 X_{11}	万吨/年	–
	工业用水量 X_{12}	亿立方米	–
	水资源总量 X_{13}	亿立方米	+
	水利、环境、公共设施管理业投资占全社会固定投资比率 X_{14}	%	+
	单位耕地面积化肥施用量 X_{15}	公顷/吨	–
	SO_2 排放量占全省比率 X_{16}	%	+
民生福祉	邮电业务总量增长率 X_{17}	%	+
	人均可支配收入/人均 GDP X_{18}	元	+
	全年粮食产量 X_{19}	万吨	+
	卫生、社会保障和社会福利业城镇固定投资占全社会固定投资比率 X_{20}	%	+
	医疗床位数 X_{21}	个	+
	文化、体育和娱乐业城镇固定投资占全社会固定投资比率 X_{22}	%	+

准则层	指标层	单位	属性
社会和谐	常住人口城镇化率 X_{23}	%	+
	人均财政支出 X_{24}	元/人	+
	社会不安定指数（失业率 + CPI）X_{25}	%	-
	城乡居民可支配收入比 X_{26}	元	-
	交通事故发生数 X_{27}	起	-

三、海东市高质量发展实证分析

（一）研究方法步骤与数据来源

投影寻踪模型是处理多因素非线性高维数据的统计方法，基本思路是将高维数据向低维空间进行投影，通过低维投影数据的散布结构来研究高维数据特征。基于实码的加速遗传算法（RAGA）投影寻踪模型的公式是一个复杂的非线性优化问题，本章采用该算法进行求解，主要步骤如下：

（1）挑选一定数量的个体形成初始种群，并设置优秀个体数量；

（2）计算种群内各个体的目标函数值，设置迭代次数，开始循环；

（3）计算选择函数的值，通过概率的形式从种群中挑选一定个体；

（4）通过染色体个体基因复制、交叉、变异等创造新个体，形成新种群；

（5）进行循环，若终止条件不满足，则返回到（3）继续进化；

（6）加速寻优。

本章的数据主要来源于 2005～2020 年《青海统计年鉴》《海东市国民经济和社会发展统计公报》《青海省水资源公报》及《青海省环境状况公报》等，经整理计算得到。

（二）投影寻踪评价模型的应用

本章采用基于遗传算法的投影寻踪模型来评价海东市高质量发展状况。选取海东市 2005～2019 年数据作为样本。样本维度为 15，指标数为 27，对原始数据进行归一化处理，然后采用 MATLAB2020a 编程处理数据，对处理之后的数据建立 PPCE－RAGA 模型。选定父代初始种群规模 N＝400，优秀个体数目为 20，变异概率 $p_m = 0.20$，交叉概率 $p_c =$ 0.80，$\alpha = 0.05$ 在进行两代进化后加速一次，共加速 20 次，得到最佳投影方向向量，海东市高质量发展时序变化各评价指标的最佳投影方向向量为：

$$a = [0.271101, \ 0.162264, \ 0.191405, \ 0.095675, \ 0.179698,$$
$$0.249727, \ 0.047561, \ 0.17558, \ 0.08448, \ 0.184549,$$
$$0.153428, \ 0.193549, \ 0.235524, \ 0.240679, \ 0.112737,$$
$$0.217917, \ 0.100054, \ 0.074825, \ 0.103991, \ 0.242135,$$
$$0.268863, \ 0.159096, \ 0.288282, \ 0.262144, \ 0.15174,$$
$$0.275964, \ 0.131126] \ （见图 8 - 1）。$$

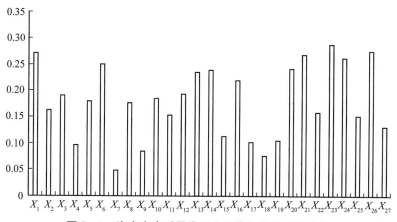

图 8 - 1　海东市高质量发展水平指标最佳投影方向

将最佳投影方向向量与相应评价指标的标准化值的乘积加和，得出各子系统评价值和综合评价值（见表8-2、图8-2）。

表8-2 海东市高质量发展水平指标投影值

年份	经济基础	创新能力	绿色发展	民生福祉	社会和谐	投影值
2005	0.169006	0.217694	0.267005	0.210739	0.270179	1.1346
2006	0.218645	0.162566	0.439231	0.267187	0.29206	1.3794
2007	0.260198	0.162996	0.171603	0.33808	0.202417	1.1352
2008	0.319339	0.124322	0.524135	0.382263	0.31431	1.6643
2009	0.391286	0.185277	0.530824	0.403714	0.503633	2.0144
2010	0.400826	0.203183	0.452485	0.438608	0.17072	1.6654
2011	0.440551	0.279009	0.309856	0.305397	0.346003	1.6808
2012	0.503271	0.150426	0.65353	0.354813	0.565715	2.2274
2013	0.562185	0.164816	0.663069	0.322581	0.671002	2.3834
2014	0.634471	0.178256	0.40222	0.337956	0.823456	2.3763
2015	0.76652	0.187918	0.287075	0.465148	0.675868	2.3823
2016	0.773729	0.207122	0.576815	0.64238	0.906261	3.1058
2017	0.859925	0.263209	0.633565	0.693788	0.937991	3.3882
2018	0.945629	0.331028	0.722977	0.438335	0.958635	3.3965
2019	1.025461	0.436132	0.74094	0.594435	1.036348	3.8331

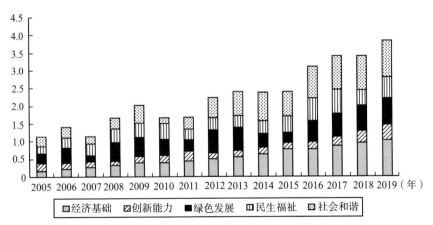

图8-2 海东市高质量发展投影值变化趋势

（三）评价结果分析

通过对指标原始数据、最佳投影方向向量、综合评价结果、评价结果变化趋势分析，结果发现：

（1）最佳投影方向各分量的大小实质上是反映各个指标对高质量发展综合评价的影响程度、各评价指标的权重，其值越大则说明相应的指标对海东市高质量发展评价结果的影响程度越大。根据 8-1 中所表现出来的最佳投影方向，权重位于前 10 位的指标依次为：常住人口城镇化率、城乡居民可支配收入、GDP、医疗床位数、人均财政支出、地均GDP、卫生等城镇固定投资占全社会固定投资比率、水利等投资占全社会固定资产投资比率、水资源总量和 SO_2 排放量占全省比率，其最佳投影方向向量均在 0.2 以上，说明该 10 项指标是海东市高质量发展的主要影响因素。从各评价指标内在联系上看，经济基础、绿色发展与社会和谐是海东市经济高质量发展的内在驱动力。

（2）各个样本的投影值如表 8-2 和图 8-2 所示。由图中可以看出，从 2005～2019 年，样本投影值呈上升趋势，表明海东市高质量发展呈良好的发展态势。从动态分析的角度上来看，自 2005 年以来，海东市经济快速增长且对环境愈加重视的发展环境下，在"拉面经济"带动，以及国家和青海省对海东市富硒产业大力支持下，在发展经济的同时，减少对环境的破坏，正在建设资源节约、环境友好、高质量发展城市。

在 2005～2019 年期间，海东市在各个子系统的评价值上表现出不同特征。在经济基础这一子系统中，评价值由 2005 年的 0.169006 上升至2019 年的 1.025461，平均每年上升 0.057097，呈现稳步上升趋势。其上升主要原因在于 2000 年实施的"西部大开发战略"，国家在产业扶持以及经济发展等方面提供了政策支持。在创新能力方面，海东市在 2005～2018 年变化平稳，在 2005～2016 年，总体在 0.2 上下波动，在 2016 年后，创新能力稳步上升，主要是海东市实施的"百项创新攻坚""重点产业科技支撑"、科技"小巨人"计划、"双倍增"工程和工业强基工程等政策取得实效。在人才引进方面，海东市全面落实高端创新人才"千人计划""高精尖缺"人才绿卡制度，依托"青海省高层次创新创业基地"和"人才之家"等平台，取得成效。在绿色发展方面，2005～2019年变化幅度较大，变化不稳定，出现波浪上升趋势，但整体来看评价值由 2005 年的 0.267005 上升至 2019 年的 0.74094，说明海东市在这十五年间绿色发展处于不稳定阶段，为了绿色发展与经济保持平衡，在环境保护方面海东市还需加强管理。在民生福祉方面，海东市在 2005～2019年期间发展不稳定，且评价值在 2010 年出现较大幅度变化，在 2005～2010 年期间，评价值稳步上升，说明海东市在 2010 年之前在民生福祉等方面没有出现较大变动，在 2011～2014 年间评价值低于 2010 年，但在 2015 年之后重新呈现上升趋势。在社会和谐方面，海东市在 2005～2009 年间表现为上升趋势，除 2010 年下降幅度较大，随后表现为上升趋势，波动较小。

（3）将各子系统 2005 年与 2019 年的数据对比，均表现为较大幅度上升，说明我国"西部大开发战略"成效明显，海东市在经济基础、创新能力、绿色发展、民生福祉以及社会和谐方面都取得显著进展。在经济基础方面，海东市产业结构调整和优化取得明显成效，"一心一核三园"的农业园区建设，"一区四园两个集中区"的工业布局，青藏高原国际物流商贸中心成为全省现代国际物流重要基地，一系列成果都为海东市经济基础稳步发展提供了基础。在创新能力方面，海东市在不断优化教育结构、培养优秀师资、提高办学水平、培养高技能人才、加快发展高等教育等方面出台一系列政策，为海东市创新能力提升提供人才支持；在科技创新方面不断努力建设技术创新平台、建设专业性科研平台、营造良好创新环境等，实施"大众创业、万众创新"工程，为创新能力逐步发展提供了硬件支持。在绿色发展方面，建设"东部城市群绿色走廊""湟水河湿地公园""祁连山生态环境保护和综合治理工程""南北两山绿化工程"等实施，为绿色发展稳步上升提供了基础。在民生福祉方面，建设"智慧医疗""城镇供水、排水、污水垃圾处理设施""住房及公共服务设施"等，建设"黄河彩篮"现代菜篮子生产示范基地等来保证粮食产量，为民生福祉稳步上升提供基础。在社会和谐方面，建设"智慧治安"、市级创业孵化基地、基层劳动保障服务平台，开展"千户百强"家庭服务业企业创建等来保证社会和谐发展。

（四）海东市经济高质量发展预测

1. 灰色 BP 神经网络

作为灰色预测理论的核心模型 GM（1，1）模型适用于小样本建模，本章由于选择指标数量多，时间序列长，所以采用的是离散 GM（1，1）模型。作为 GM（1，1）的离散形式，它对原模型从离散形式到连续形式的转换问题进行了有效解决。因此，本章通过建立离散 GM（1，1）模型，利用平均弱化缓冲算子对原始数据进行弱化，减少了因数据波动幅度过大而产生的误差。

BP 神经网络模型适用于非线性的样本分析，属于定量分析，灰色预测模型则属于定性分析，能够预测分析对象的未来发展趋势。灰色 BP 神经网络是 BP 神经网络与灰色预测结合而成的组合预测模型，是一种定性、定量分析方法相结合的预测方法，具有适用性强、高度拟合非线性关系等优点，和单一的 BP 神经网络模型、灰色预测模型相比，具有更好的预测效果。

根据计算方法的不同，灰色 BP 神经网络预测模型可以分为串联、并联两种。串联型灰色 BP 神经网络是将灰色模型的预测结果作为 BP 神经网络的输入，然后通过神经网络的拟合求出预测值；并联型预测模型则是同时求出 BP 神经网络预测模型和灰色预测模型的预测值，通过计算得到二者的加权平均值，将其作为最终的预测值。根据本书数据指标体系的选择与分析样本的特征，采用串联型灰色 BP 神经网络模型。

串联型灰色 BP 神经网络模型具体步骤如下：

（1）通过离散 GM（1，1）模型获得各个指标中的预测值；

（2）将得到的预测值输入神经网络模型中进行训练，得到最终的预测。

2. 预测模型及投影寻踪法的应用

运用灰色 BP 神经网络预测海东市 2020～2025 年共 6 年的指标数据，根据预测数据进行投影寻踪模型的计算，最后得出高质量发展指标的投影值。其中灰色 BP 神经网络预测与投影寻踪法都是运用 MATLAB2020a 进行模型构建与数据处理。在投影寻踪模型中，选取海东市 2005～2025 年数据作为样本。样本维度为 21，指标数为 27，按照公式进行归一化处理，然后采用 MATLAB2020a 编程处理数据，对处理之后的数据建立 PPCE - RAGA 模型。选定父代初始种群规模 N = 400，优秀个体数目为 20，变异概率 p_m = 0.20，交叉概率 p_c = 0.80，α = 0.05 在进行两代进化后加速一次，共加速 20 次，得到最佳投影方向向量，海东市高质量发展时序变化各评价指标的最佳投影方向向量为：

$a = [0.161821，0.16742，0.166155，0.155614，0.176602，0.31793，$
$\quad 0.101157，0.192343，0.130441，0.2636，0.12123，0.231818，$
$\quad 0.285414，0.204434，0.074314，0.09983，0.158322，0.155891，$
$\quad 0.204858，0.07342，0.245695，0.303529，0.185088，0.189688，$
$\quad 0.201585，0.193321，0.152147]$（见图 8 - 3）。

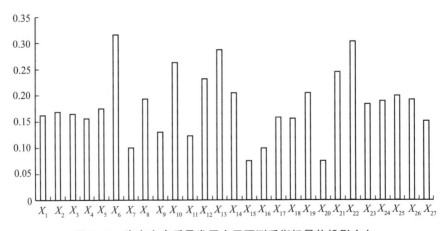

图 8 - 3　海东市高质量发展水平预测后指标最佳投影方向

将最佳投影方向向量与相应评价指标的标准化值的乘积加和，得出各子系统评价值和综合评价值（见表 8 – 3、图 8 – 4）。

表 8 – 3　　　　海东市高质量发展水平预测后指标投影值

年份	经济基础	创新能力	绿色发展	民生福祉	社会和谐	投影值
2005	0.196097	0.241684	0.205455	0.260506	0.3036	1.2073
2006	0.233176	0.190112	0.302722	0.338145	0.310405	1.3746
2007	0.246008	0.176694	0.160807	0.371742	0.165359	1.1206
2008	0.28541	0.146835	0.403142	0.434294	0.161601	1.4313
2009	0.361894	0.181309	0.396589	0.525008	0.334596	1.7994
2010	0.324459	0.176044	0.333094	0.640385	0.13858	1.6126
2011	0.301964	0.250119	0.175174	0.466559	0.232427	1.4262
2012	0.292145	0.131373	0.561089	0.411547	0.382885	1.779
2013	0.282956	0.161698	0.548981	0.382902	0.45057	1.8271
2014	0.310862	0.217907	0.350539	0.363817	0.535876	1.779
2015	0.435102	0.224445	0.202527	0.460859	0.501948	1.8249
2016	0.404001	0.210489	0.388141	0.543111	0.559912	2.1057
2017	0.475809	0.195086	0.404721	0.617187	0.585565	2.2784
2018	0.544487	0.254479	0.618445	0.628991	0.568513	2.6149
2019	0.598402	0.290118	0.594447	0.728692	0.594865	2.8065
2020	0.59946	0.334548	0.517993	0.701512	0.687753	2.8413
2021	0.457436	0.376175	0.553764	0.731332	0.726882	2.8456
2022	0.711871	0.440699	0.595679	0.767213	0.773078	3.2885
2023	0.779383	0.479207	0.632358	0.805736	0.820718	3.5174
2024	0.84981	0.526613	0.694815	0.839153	0.86918	3.7796
2025	0.929522	0.586384	0.762549	0.896728	0.921829	4.097

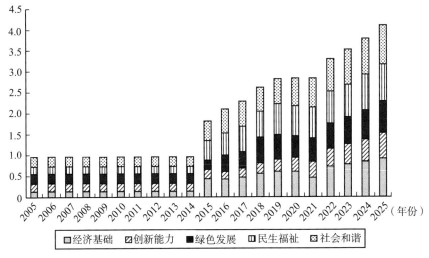

图 8-4 海东市高质量发展预测后投影值变化趋势

3. 预测评价结果分析

通过对指标原始数据、最佳投影方向向量、综合评价结果、评价结果变化趋势分析，结果发现：

（1）根据图 8-3 所示，指标权重位于前 10 位的指标依次为：地均GDP、GDP、教育业城镇固定资产投资占全社会固定投资比率、卫生等城镇固定投资占全社会固定投资比率、文化等城镇固定投资占全社会固定投资比率、水利等投资占全社会固定资产比率、全市金融机构各项存款余额、全年粮食产量、人均财政支出、常住人口城镇化率，以上指标可以为海东市在"十四五"期间高质量发展建设提供方向。与预测前相对比，其中文化等城镇固定投资占全社会固定投资比率、科学技术等投资占全社会固定投资比率、工业用水量、全年粮食产量、社会不安定指数等预测后指标权重占前 10 位，说明这五项指标在未来海东市高质量发展中影响较大，为海东市在制定发展政策时提供了参考方向。

（2）根据表 8-3 和图 8-4 可以看出，海东市高质量发展综合评价值在 2005～2025 年呈上升趋势，并且在 2005～2019 年的趋势与未预测之前发展趋势同方向变化。通过预测后结果可以看出，海东市在 2020 年以后高质量发展趋势呈稳步上升。经济基础、创新能力、绿色发展、民生福祉和社会和谐在"十四五"期间稳步上升，其中经济基础上升幅度最大，由2020年的0.59946上升至2025年的0.929522，说明在"十四五"期间海东市高质量发展取得成效会更加明显。

（3）在"十四五"期间，创新能力仍是海东市高质量发展的短板，其中社会和谐、经济基础和民生福祉为综合评价值的贡献较大。在"十四五"期间，经济基础、创新能力、绿色发展、民生福祉以及社会和谐分别占综合评价值的百分比为21%、13%、18%、24%、24%，这说明在未来海东市在民生以及经济发展的同时，还要注重创新能力的提升以及在环境方面的保护，提升绿色发展水平。

（五）海东市高质量发展评价结论

利用遗传投影寻踪方法对海东市2005～2019年高质量发展进行综合评价，并利用指标投影值$Z(i)$进行了高质量发展评价，结论如下：

第一，利用最佳投影方向可以科学地确定各个评价指标的权重，结合各评价指标投影的方向和大小，客观地反映各个评价指标的重要性和方向性。人均财政支出在最佳投影中分值最大，说明人均财政支出在海东市高质量发展中影响较大，从而为海东市高质量发展提供一定的参考依据。

第二，实证研究表明，采用投影寻踪法建立海东市高质量发展评价模型，避免了人为赋权的主观干扰，克服了传统方法的不足，取得了较为满意的评价结果。

第三，通过运用灰色BP神经网络对海东市"十四五"期间高质量发展进行预测，可以为海东市高质量发展提供一定的决策依据与方向。

（六）海东市高质量发展的影响因素

基于以上建立的海东市高质量发展评价模型、最佳投影向量和投影值的分析，以及运用灰色 BP 神经网络对"十四五"期间进行预测，发现海东市高质量发展的影响因素：

（1）环境质量。加强海东市环境质量建设投入，提高人居环境质量和生态环境质量，加大对水利、环境、公共设施管理业的投资，增加其在全社会固定资产投资中的比例，对耕地面积中的化肥施用量进行严格控制，降低化肥施用量，保护土壤环境；减少 SO_2 的排放量，对企业污染排放进行严格控制，加强对企业污染排放的管理。改善海东市空气质量将是海东市环境保护部门今后的工作重点。

（2）产业结构。加快产业结构优化和升级，提高第三产业增加值占 GDP 比重。依靠科技创新以及科技进步带动经济发展，逐步对产业结构进行优化和升级。同时充分利用对口支援政策，做好产业转型。

（3）资源利用效率。提高资源利用效率，特别是提高单位耕地面积的 GDP 产出，提高粮食产量。与此同时加大节能减排的政策支持力度，加快节能技术开发和推广，在努力提高第三产业占 GDP 比重的同时，重视工业内部结构调整。

（4）民生发展。加强社会发展和民生改善，关注百姓医疗、就业、教育以及交通问题。加大教育业城镇固定投资，增加医疗床位数，改善教育医疗条件；增加文化、体育和娱乐业城镇固定投资，增加百姓的幸福指数。

（5）创新能力。提高区域创新能力，牢牢把握"一优两高"战略的根本要求，优化科技创新环境，加大对科技项目建设、三区人才建设工作的支持，增加科技项目投资，深入开展东西部合作计划，积极推广先进技术，帮助企业进行技术改造和创新。

四、兰西城市群海东市发展的 SWOT 分析

由于海东与西宁和兰州地理空间距离较近，所以有着相似的自然资源和共同的优势产业使各地区的经济和社会发展具有同质性和互补性，

在许多领域有着广泛的合作空间和前景，但也存在一些合作障碍，需要全面分析。

（一）优势分析

1. 自然地理条件优势

西宁和兰州是我国距离最近的两个省会城市，仅相距 220 千米。两地又属于西北地区的物流中心，两地共有两处机场，其中兰州的中川机场，不仅开通有数十条国内航线，连接 40 多个国内大中航线，更有数条国际航线。特别是兰州西宁开通高铁，大幅度缩短了两省会城市的时间距离。海东正是处在这个重要轴线上，东接兰州，西连西宁，而且自然地理条件相对较好。地处河湟谷地，平均海拔较低，物产比较丰富，适宜居住。海东与兰州、西宁的经济合作有利于形成更好的经济增长极，带动整个兰西城市群的发展。

2. 产业基础优势

西宁特色产业主要包括：特色农业和农副产品加工业；有色金属冶炼和压延加工业；以油气化工、盐湖化工和煤化工为主的化学原料以及化学制品制造业，以高原生物制品和中藏药生产为主的医药制品业。兰州市除了石油化工产业等支柱产业，也有较强基础和发展实力的装备制造业体系、有色冶金产业，还有医药生物产业、农产品加工产业、高新技术产业等。两城市主导产业主要集中在制造业、建筑业、批发和零售业、住宿和餐饮等几个行业。两地主导产业具有互补性，具备开展区域经济合作的条件。海东居于两市之间，在产业上可以实现互补和差异化发展。

3. 旅游资源优势

甘青地区属西北地区，受生态环境的影响，适宜居住的地方有限。兰西经济区相对而言区域环境容量大，生态承载力较强，历史悠久，资源丰富，社会经济发展水平较高。首先，由于相似的自然环境和历史文化，海东对甘、青两省居民文化认知度较为统一，客观上能够成为甘肃和青海两地城市化纵深发展、人口和新兴产业聚集的最佳地。其次，海东市区域内多民族聚居，民族风情各异，拥有包括喇家遗址、柳湾彩陶、互助北山、孟达天池等独具特色和知名度的自然、人文旅游资源，海东市可以利用旅游资源优势，着重开展特色旅游经济合作。

（二）劣势分析

1. 行政区经济现象仍然突出

由于地理、民族、发展基础等问题，青海与甘肃地区仍然表现出明显的行政区经济现象。例如，地方政府对企业经济活动的干预较多、生产要素流动受阻等。这种地方政府从自身利益出发，干预区域经济发展的做法，不利于海东与西宁、兰州开展区域经济合作。

2. 区域内科学技术发展水平不高

兰州西宁经济区所在的甘肃、青海两省总体技术发展水平较低，从科技成果产出量、科技投入、专业技术人才等各方面来看，都与全国平均水平存在较大差距，而海东又显著落后于兰州、西宁两个省会城市，这将会制约海东与两省会城市区域经济合作的推进。

3. 区域教育资源缺乏

海东处于西北内陆地区，区域城市化水平不仅低于全国平均水平，也低于兰州和西宁，城乡社会经济发展差距较大，农村人口文化素质较低，思想观念较为落后。区域教育资源缺乏，一方面导致快速城镇化进程中释放出的大量农村劳动力不能得到有效的就业培训，另一方面也不能就地培养用得上、留得住的各类人才。此外，由于缺乏优质的幼儿园、小学、中学，海东对居民的吸引力也大大减弱。对于已经在海东各行各业就业的各类人才而言，因为子女的教育问题而不能安心工作，也是导致人才外流的原因之一。人才外流致使海东市人才缺乏，是制约海东区域经济发展和参与兰西城市群区域经济合作的瓶颈因素。

4. 公共基础设施薄弱

海东市第一产业比重大，农业人口多，扶持难度大。但海东市公共财政实力不强，无法通过自身力量解决区域城乡发展中的交通基础设施、商业服务设施、农业基础设施、教育医疗设施、科技支撑体系建设等，导致城镇化发展不平衡，城镇功能不完善，城乡基础设施等级低，中心城市能级不足，缺乏集聚效应。

（三）面临的机遇

在新的历史时期，丝绸之路经济带的发展和兰西城市群建设为海东与西宁、兰州区域经济合作机制的建设提供了重大机遇。

1. 新丝绸之路经济带建设，有利于海东由西部边缘城市向中心枢纽转变

西部大开发是我国中央政府的一项重要区域政策，目的是"把东部沿海地区的剩余经济发展能力，用以提高西部地区的经济水平、巩固国防"。新丝绸之路经济带的建设为西部大开发提供了推力。丝绸之路经济带包括西北的陕西、甘肃、青海、宁夏、新疆，西南的重庆、四川、云南、广西等地。其中甘肃与青海的省会西宁和兰州连接着西藏与新疆等地，兰州的交通优势在西部地区中显得尤为重要，是丝绸之路经济带的重要地区之一。借助新丝绸之路经济带的建设，加强海东与兰州和西宁的经济合作，推进兰西城市群建设，争取构建西部大开发的"第四极"，无疑有助于海东从边缘城市转型为区域性中心城市。

2. 兰西城市群建设发展的机遇

国务院提出在"十三五"建设 19 个城市群，其中包括兰西城市群，通过城市群的发展形成更多支撑区域发展的增长极，解决产业同质化问题。处于兰西城市群中间地带的海东市一是可以借助区域基础设施改善和提升受益，弥补本地区基础设施薄弱的不足，降低本地区的发展门槛，增强投资吸引能力；二是可以借助两省的经济增长和兰州西宁的城市扩容，分享区域产业增长和消费增长，以及服务业、旅游业的增长所带来的溢出和扩散效应；三是借助兰西两市产业的带动，融入区域产业链条，强化地区产业一体化发展。

3. 国家新型城镇化综合试点地区建设发展的机遇

海东是青海省海拔最低的宜居地区，虽然城镇化率较低，但近年来新型工业化和城镇化进程不断加快，对生态环境干扰少，发展空间潜力大，资源保障度比较高。海东市循化撒拉族自治县街子镇列入第三批国家新型城镇化综合试点地区，海东市还列入国家节能减排财政政策综合试点城市和地下综合管廊试点城市，这些对于海东市新型城镇化发展是良好机遇。以城镇建设带动城乡统筹发展，以新型产业提升城镇实力、以生态环境和公共服务吸引人口集聚的绿色城镇化发展道路，势必使海东市成为青海省未来城镇化进程最主要的载体，成为兰西城市群最重要的核心集聚区①。

（四）面临的挑战

有机遇就有挑战，新丝绸之路经济带建设与兰西城市群的建设为海东、兰州和西宁带来历史性的发展机遇，但不可忽视的是海东市发展面临诸多严峻考验。

1. 省会城市的"虹吸效应"短期内导致海东凹陷

西宁和海东地处兰西城市群的核心区，区域面积仅占全省的4.2%，但汇集了全省70%的人口和64%的经济总量，是青海省承载人口及生产要素集聚的中心区域②。海东位于西宁和兰州之间，这是其区位优势，但在区域经济发展的快速成长阶段，这又转变为区位劣势。整个兰西城市群正处于工业化中期阶段，市场机制作用下，两个省会城市以其行政、经济、文化等方面的优势，不断集聚要素，作为增长极区域持续发展，而海东则作为两个省会城市之间的腹地城市，势必受到虹吸效应影响，在竞争中处于不利地位（见图8-5）。

海东市在兰州和西宁两个省会城市之间，长期以来，无论在人才、

---

① 由于兰西城市群跨省级行政区域，产业协调是大难题。目前兰西城市群产业集聚不够，难以吸引人才，经济发展速度较慢。这也是海东市面临的共同难题。

② 资料来源：根据2020年《青海统计年鉴》计算得到。

投资资金还是消费领域，都呈现出被两头吸的状态，经济社会发展明显滞后。对海东市来说，虹吸效应目前表现为硬环境建设与软环境建设缺资金，招商引资难、项目融资难。居民消费转移，制约城市服务业发展。城市基础设施建设资金需求大，政府融资平台缺少优质资产、资本金不足，存在实力不强、融资规模受限等困难和问题（鸟成云，2016）。

　　海东市经济社会发展水平较低，市政基础设施仍为原县城构架，难以承载城市建设迅速发展的要求，海东市已经变成兰西城市群发展的"凹陷区"和"短板区"。

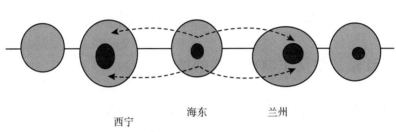

生产要素流动

西宁　　　海东　　兰州

图 8 - 5　兰西城市群省会城市极化效应示意

2. 产业结构相似，对生态环境产生威胁

　　青海与甘肃两省是资源较丰富的地区，发展该区域的资源型产业有助于增加经济总量，提高居民的收入水平，保障基础设施建设，改善投资环境。兰州市在改造提升以石油化工、有色冶金、装备制造、农产品加工和医疗保健等为主的特色优势产业。西宁市在将农牧业、交通通信、能源等作为基础产业重点发展的同时，确定了电力、有色金属、化工、建材、旅游、生物医药、新能源、食品加工等主导产业。综合来看，兰州与西宁已经形成了优势比较突出的水电开发、有色金属和稀土生产加工、装备制造、藏药材加工、生物制造、毛纺、特色和民族食品加工以及高新技术等战略主导产业。海东市的主导产业构架也十分类似，也偏重于资源型和资源加工型产业发展。然而资源型产业对兰西区域环境也有消极的影响，主要表现在对大气、水体环境、土壤的污染，噪声污染、

对动植物的破坏和干扰、对景观环境的破坏等方面。

总体来看，作为重点发展地区以及国家新型城镇化综合试点城市，在工业化进程、农业转移人口市民化、城乡基础设施建设、城乡协调发展等方面，海东市具备政策支撑和保障的优势，享有难得的发展机遇，有利于促进经济社会持续健康发展。国家"一带一路"倡议的全面推进，将为海东市融入全球发展带来历史机遇。海东市作为丝绸之路经济带的重要区域节点城市，具有一定的优势。国家兰西城市群战略的总体布局，将为海东市持续健康发展搭建重要平台。海东市紧紧把握实施"兰西城市群"战略的契机，充分利用两个省会城市的产业、技术、人才和信息、市场等高端发展要素，争取建成兰西城市群的康养、旅游、特色加工业产业基地，有利于实现在兰西城市群中崛起的目标。

（五）加快海东城市发展的原则

青海省委省政府大力实施东部城市群及西宁海东一体化战略，"十三五"期间，按照"规划、综合交通、水资源利用、能源供应、电信通信、生态环保、金融服务、基本公共服务"八个一体化的目标，努力将东部地区打造成引领全省经济社会发展的综合区，促进全省协调发展的先导区，促使海东市成为兰西城市群的重要增长极。为此，海东城市发展应遵循以下原则：

1. 因地制宜，差异发展

根据青海省"十三五"规划纲要，要实现西宁海东协调一体发展。更好发挥西宁市场体系健全、产业基础扎实、城镇功能完备、开放程度较高等优势，推动其在创新驱动、结构升级等方面率先取得突破，推进老城区改造和新区建设，将西宁打造成青海省现代化中心城市、丝绸之路经济带重要节点城市、青藏高原宜居和旅游城市。

海东市要针对地区的经济基础，资源禀赋和自然、地理、人文特点，有选择地确定城市发展重点和产业发展方向，各有侧重地推进主导产业科技进步，带动海东市经济社会又好又快发展。按照八个一体化的目标，统筹实施一批重大基础设施项目，推进形成西宁—海东1小时经济圈、物流圈、旅游圈、生活圈。进一步优化区域分工和产业布局，避免产业布局同构化、产业结构趋同化。

2. 交流合作，开放共赢

积极搭建对外交流新平台，促进人文交流，加快培育外向型经济产业，促进跨境产业合作，跨境电子商务发展，积极建设综合保税区。

统筹规划与成渝经济区以及甘肃、新疆、西藏的交流合作，进一步拓展区域交流合作空间。以西成铁路建设为契机，研究建立西宁—成都区域发展合作机制，从决策、协调、执行层面谋划合作发展的具体路径，在能源资源、产业转移、社会发展、民生改善、科技创新、生态保护等领域开展务实合作。以加快交通大通道和生态屏障建设为切入点，加强与甘肃、新疆、西藏在能源资源等领域的产业合作，共同推进资源开发和转化；丰富文化旅游合作，共同开拓旅游市场；开展生态环境保护和建设的交流合作，共同构筑好国家生态安全屏障。

3. 产城融合，绿色发展

贯彻落实《中国制造2025》行动纲领，以转型升级和提质增效为核心，加快工业化和信息化深度融合，以数字经济为引领，加大产业技术改造、技术创新和技术攻关力度，提升产业层次和高新产业比重，引领生产方式向绿色、柔性、智能、精细数字转变，形成生态文明引领、资源高效利用、产业相互融合的循环型工业体系。

打造"一区六园"新格局，坚持高起点规划、高水平设计、高标准建设理念，在推进园区生产性基础设施建设的基础上，提升生活性基础设施建设和社会性基础设施建设水平，使产业园区生产功能完备、生活设施俱全，成为承载海东产业发展和居民生活的重要载体，实现"产城一体、产城融合"。并将环境质量、循环经济、生态投资等纳入目标考核体系，推广绿色技术、发展绿色产业，打造绿色品牌，推进"绿屏障""绿河谷""绿城区"建设和环境综合治理，促进海东绿色经济发展。

4. 城乡一体，突出中心

坚持工业反哺农业、城市支持农村，加快改造城乡二元结构，推动实现城乡要素平等交换、合理配置和基本公共服务均等化，形成以工促农、以城带乡、工农互惠、城乡统筹的新格局。认真实施美丽城镇建设和乡村振兴，优化小城镇产业发展环境，为农民就地城镇化创造条件。

坚持"同城规划、同步建设、组团发展"，借109国道提升改造之机，开工建设乐都—平安高标准快速路，加快以乐都、平安为组团的核心区同城化和区域经济一体化发展，遵循集聚强核、产城融合、错位发展、联动提升的原则，进一步优化空间布局，完成核心区的区划调整，发挥最大的集聚和集群效应。

（六）兰西城市群海东市发展功能定位

所谓定位，就是规定本区域在一个较大的区域范围内扮演什么样的角色。根据青海省"十三五"规划纲要，实施《青海省城镇体系规划》，着力推进东部城市群快速发展，强化西宁中心城市集聚辐射带动作用，支持打造"一芯双城七片区"城市发展新格局，加强海东副中心城市建设，基本形成多层次城镇体系。把海东市建成青海功能优化的重要城市、兰西城市群的产业基地、高原现代农业的示范地区、东部城市群的重要支撑、全省科技发展的新增长极，指明了海东作为青海副中心城市的发展方向。

据此，海东市城市性质定位是青海省副中心城市；城市职能定位是青海省向东门户枢纽，青藏高原商贸物流中心，宜居、宜业的综合城市化地区；城市产业定位是兰西经济区产业基地、高原现代农业示范区；城市等级定位是地级城市。本书提出海东城市定位是将海东市建成与兰州、西宁分工合作、有效互补的共生协作区，强化海东市在青海东部城市群中的生态职能分工，在兰西城市群中的绿色健康特色经济定位。将河湟文化作为重要的城市名片和依托，打造以河湟文化为中心的绿色康养旅游城市。

五、兰西城市群海东市高质量发展的思路

根据前面的分析可知，海东市位于兰西城市群中间位置，在黄河沿岸，属于青海东部城市群建设区域，因此，海东市可以推动建设"三位一体"的经济区。具体来说，是在以兰州、西宁为"两点"，以黄河"一河"为轴线的兰西经济区中，把海东市建设成既是经济区，又是重点开发区域，还是主要城市群，实现"三位一体"，三重功能叠加的综合经济区，真正成为国家重点发展的战略区域。

（一）积极借助兰西城市群建设，推进海东市特色城市发展

借助国家从基础设施、资源配置、生态保护、产业发展等方面对兰西城市群发展的支持力度，加大海东交通、能源等基础设施的规划建设，逐步形成高效、便捷、共享的基础设施网络。加强产业对接合作，有重点地围绕产业转型、特色优势资源开发等方面规划布局一批重大项目。推进民和川口与兰州海石湾协作建设"川海新城"，使其成为连接西宁、兰州两大城市的重要节点。各区县总体规划也要鲜明地界定自身发展定位，发展方向与发展特色。

此外，积极推进"三条线"其他城镇建设，使其成为海东市新型城镇化的重要节点和支撑，带动"三条线"成为城镇样板带、人口产业集聚带、文化旅游发展带和美丽乡村建设示范带。

（二）依托园区建设，发展绿色生态城市，稳定人口资源环境承载力

推进生态文明先行区创建和国家节能减排财政政策综合示范城市建

设，坚持生态保护优先，优化国土空间利用格局，划定永久基本农田、生态保护和城市开发边界线，到 2020 年，保持耕地保有量不低于 20.15 万公顷、基本农田不低于 16.74 万公顷。扶持推进重点营造林工程，统筹城乡绿化，突出重点区域景观绿化，加强资源节约与循环利用，到 2020 年，森林覆盖率达到 36% 以上，形成重要生态安全"绿屏障"。推进环境保护和治理，重点企业污染物排放达标率达到 100%。全面推进大气污染防治工作，市区空气质量优良率稳定在 75% 以上。

调整优化区域产业分工，明确定位，形成以三大园区为主体，县域经济为补充，各具优势、错位发展的生产力布局。充分发挥西宁创新要素集聚和海东区位优势，引导新能源、新材料、特色轻工、新型建材、高端装备制造等技术和劳动密集型产业向西宁、海东两大园区布局，进一步提高青海东部地区环境准入门槛，减少高载能高污染项目。

通过积极打造人与自然和谐相处的生态环境，提升海东市人口资源环境承载力，更好发挥青海省东部重点开发区域的经济社会职能。

（三）提升新型城镇化水平，推进乡村振兴，缩小城乡发展差距

一是加快推进以人为核心的新型城镇化。全面提升新型城镇化水平，城镇化率稳步提升。加快乐都、平安核心区建设，促进两区快速融合，积极培育互助、民和两个新兴城市，扶持推进循化县城、化隆县城和群科新区建设，进一步打造区域协调发展新格局。促进农业转移人口市民化，到 2020 年完成 20 万左右农业人口的有序转移，全面完成 19 个美丽城镇和 600 个美丽乡村建设。

二是着力构建以质量和效益为中心的绿色产业。发展高原特色现代生态农业，优化农业生产布局，夯实现代农业发展基础。改造和提升传统产业，做大做强特色优势工业，培育发展新兴产业，提升工业园区发展水平，形成"一区六园"新格局。把旅游业作为国民经济的重要产业来培育，通过打造景区景点，提升餐饮、宾馆服务水平，切实用旅游产

业带动服务业提档升级。

三是借助农业现代化，推进乡村振兴，缩小城乡发展差距。具体措施是建设高原美丽乡村，推行"基础设施城镇化、生活服务社区化、生活方式市民化"的新模式。科学规划村镇体系和布局，进一步强化《县域村庄体系规划》和《村庄建设规划》的实施，统筹安排农村基础设施、公共服务设施和住房建设，强化集镇、集市管理，加强村庄环境治理，加大清洁能源使用推广力度，在条件具备的社区积极发展旅游服务、农畜产品加工、特色手工、餐饮等产业，实施村庄建设、环境综合整治、兴业富民等行动计划，建成一批田园美、村庄美、生活美的宜居乡村。

四是加强县城配套基础设施建设，为进入城镇打工或居住的农牧民创造必要的生活条件。城市要发展，劳务输出并非长远之计，海东市要想办法吸聚人口要素，创造就业岗位；因此，要提高海东市自我发展能力，因地制宜培育壮大吸纳就业能力强的产业，让进城农民工稳定就业。大力推进转移人口"员工融入企业、子女融入学校、家庭融入社区、群体融入社会"的四融合工程。

（四）依托丝路经济带建设，加强新生产要素投入，推进绿色城镇化

一是注重人文城镇建设。把文化软实力作为推动城镇化的重要支撑，提倡城镇形态多样性，加强河湟文化发掘和历史文化名城保护，推动传统文化元素融入现代城市建设，结合老城区改造，留住城镇的人文特色和历史记忆。

二是加强绿色宜居城镇建设。坚持生态建设与城镇建设同步推进，将环境容量和综合承载力作为确定城市规模的基本依据，以构筑城镇生态廊、带为重点，全力推进城镇公园、城镇绿地、城乡林带、荒山绿化等建设，着力扩大城镇生态空间和环境容量，形成以城镇绿肺、绿心、绿岛为主体的绿地系统，构筑起环城绿圈。在海拔较高的重点城镇建设一批农业科技生态园，改善人居环境，努力建设人与人、人与自然和谐

相处的美丽家园。大力提升城镇建成区绿化覆盖率，打造美丽海东、健康海东，让海东成为沿黄河经济带的健康、绿色产业的集聚区。

三是重视加强人才、信息等新生产要素的投入，提升城镇品质。"种下梧桐树，引得凤凰来。"近年来，海东市充分利用地处兰西经济区中心地带的区位优势，依托海东工业园区青海中关村基地，深入推进人才强市战略，大力营造良好的人才发展环境，不断创新工作方式方法，着力打造人才"黄金谷地"，人才政策和人才发展体制不断创新，新生产要素对新型城镇化建设的功能正在逐步发挥。要提高信息化水平和质量，以网络宽带化和应用智能化为核心，推动信息技术与城市发展全面深度融合，推进智慧城市建设，提高城镇信息化、智能化、数字化水平。

四是将产业发展与承接产业转移、向西开放的地缘优势结合起来，依托"丝绸之路经济带"建设，深化海东市与西北地区、东中部地区以及周边国家的经济合作。借助东部地区人才、资金、技术、管理等方面的优势，以及招商引资方面的经验，探索东西合作共建产业园区、丝绸之路经济带自由贸易区等合作平台。发挥兰西经济区承接产业转移示范区的示范带动作用，把海东培养成新增长极中的重点经济区、中心城市、资源富集区和承接产业转移示范区（梁华和赵勇，2016）。

（五）以兰西城市群建设促进区域合作，推动增长极创新发展

随着工业化发展，西宁和兰州两市增长极的极化效应正在加强，因此海东市可以采取差异化竞争战略，但更应当注重区域经济合作，取长补短，整合优势，壮大实力，才能实现经济腾飞。海东市作为新增长极在扩大对内对外开放的基础上，应进一步强化合作开发模式，健全合作机制，在资源开发、产业投资、技术交流、市场开拓、教育培训、生态环境保护等领域，深化区域合作。

一是适应区域分工和协作共享发展新趋势，重塑增长极发展理念。按照空间功能分工和协作共享的原则，由城市个体单独发展理念向城市

集群发展理念转变，由单一的城市竞争理念向城市合作理念转变，由城市等级体系发展理念向城市扁平化合作理念转变，由地域联系意义上的增长极发展理念向功能联系意义上的增长极发展理念转变，由有边界的增长极发展理念向无边界增长极发展理念转变，发挥城市协同集聚经济的作用，提高要素空间配置效率。根据这一理念变化，要求海东市城市规划发展要以更加开放的格局，寻找合作共赢的发展道路。

二是引导核心城市重新进行功能定位，不断改善城市环境和配套服务，吸引高技能劳动者集聚，大力发展生产性服务业，实现由要素驱动向创新驱动转变。海东市应进一步发挥低成本的优势，积极承接制造业转移，主要定位于为核心城市服务配套。海东既要继续促进拉面经济健康稳步发展，发挥劳务输出的功能，还要深入分析拉面经济的资金回流的功能、回乡创业的功能、劳动力竞争力提升的功能。使海东市集聚人气，集聚财力，集聚创新发展活力。

三是加强增长极核心城市向外围城市产业转移过程中的对接与协同，通过综合分析转出与转入地区的要素禀赋结构、主导产业以及产业链特点、技术吸收能力、配套设施等方面的情况，海东市应当以园区为平台，按照产业链合作的思路，以承接核心企业为关键，以补链式招商为重点，带动相关企业进入，提高产业转移过程中的对接效率和要素空间再配置效率。

六、兰西城市群海东市城市发展的对策措施

（一）以发展旅游业为突破，促进服务业提档升级

发展旅游业，既能带动经济发展，又能为环境保护和绿色发展创造条件，进而吸引人、财、物等各项生产要素，形成集聚经济效应（鸟成云，2016）。

（1）把旅游业作为国民经济重要的战略性支柱产业来培育，积极打

造"极地门户·青藏首站"旅游新形象，提升"大美青海·风情海东"知名度，加快旅游大市向旅游强市转变。旅游包括吃、住、行、游、购、娱等主要环节，为了增加游客停留时间，并延伸旅游服务，应当按照"旅游＋"的理念，建设青海东部休闲游憩区和城市旅游综合体验体，发展休闲运动、文化创意、生态农业等新兴旅游业态，加快旅游与农业、工业、文化、体育、健康、互联网等产业的融合发展。

（2）以旅游业为突破，优化海东市核心区的商业环境，引进和建设集购物、餐饮、娱乐、休闲、体育、健身等多功能为一体的商业综合体，以形成商业集聚效应，吸引海东、西宁、兰州市民和外地游客休闲消费，丰富城市服务功能。

（3）将海东旅游发展与健康养老相结合，拓展生活服务业，注重民生发展。一方面，充分发挥海东区位优势、交通优势和生态宜居优势，建成绿色、智能养老商住小区和养老庭院。积极推进政府购买健康养老服务，构建多层次、全领域的健康养老服务体系。建成海东首家三甲医院和健康养老城，推动国家医养结合示范城市建设，将海东打造成全省健康养老基地，打造"大美青海，健康海东"新名片。另一方面，大力发展教育事业，为青海南部高海拔地区量身打造跨区教育飞地，开展异地办学；同时，重视全省干部职工教育培训基地建设和高等教育发展，积极引进优质学前教育机构，吸引西宁中心城区人口向海东疏解，促进空间资源优化配置，进一步完善海东副中心城市的功能布局。

（二）积极争取中央财政资金支持，补齐重大基础设施短板

海东撤地设市，城市空间布局和功能结构发生重大变化，城市基础设施滞后等问题日益突出。加快海东市发展，将对促进兰西城市群发展起到积极推动作用，有利于将这一区域打造成全国促进民族团结进步的先行区、西部落后地区跨越发展的试验区以及生态文明进步的示范区。为此，建议国家在政策、资金上给予支持，重点支持海东市政道路桥梁、供排

水、供气取暖、垃圾污水处理等基础设施建设，尤其在跨区（县）"大交通""大水利""大电力"基础设施建设方面，给予中央财政资金支持，促进海东在新丝绸之路经济带和兰西城市群中竞争力提升。

（三）加快西宁—海东同城化发展，乐都平安同步建设管理

在借鉴湖南、广东等地通信同城化经验基础上，结合广西北部湾经济区实践，提出符合青海省自身需求、独具特点的西宁海东同城化模式，助推东部城市群建设。基本原则是协调编制西宁·海东一体化发展规划，按照"规划、综合交通、水资源利用、能源供应、电信通信、生态环保、金融服务、基本公共服务"八个一体化的目标，打造一体化合作新平台，在交通、通信领域率先突破，衔接交通网络，深化产业协作，推动生态共治，共同构建青海省东部经济区。

1. 促进西宁海东同城化发展

（1）起步阶段，加快移动通信网络建设。实现乡镇及人口密集的行政村全面深度覆盖，在城镇热点公共区域推广免费无线局域网（WLAN）接入，打造以西宁为中心、辐射海东的东部"宽带无线城市群"，实现资费同城化、服务同城化。积极推进与西宁"0971"区号共享，实现与西宁的协同发展。通过通信同城化，带动西宁海东同城化全面发展。

（2）发展阶段，完善交通网络。加强公共交通服务建设，加强干线铁路、城际铁路、干线公路、机场与城市轨道、地面交通等综合交通体系建设，开通直达公共交通服务，实现"零距离换乘"，为两市实现人口、物资的自由、快速、方便的流动创造基础条件。依托铁路货运站和机场，加快综合交通枢纽客货运站及集疏运体系建设。取消西宁—海东全线的收费站，促进交通一体化进程。

（3）提升阶段，深化服务业同城化。通过实施一体化发展规划，使海东经济发展与西宁无缝隙对接，海东市应当积极引进城市发展急需的医疗卫生、教育（包括高等教育、学前教育）、金融、商贸服务等产业，

承接物流仓储、新能源、装备制造等产业转移，提升产业链，增强城市群发展内生动力。此外，应当推动海东、西宁两市的企业以及居民自由地、无差别地得到金融服务、医疗服务、教育服务、社会保障等。

（4）持续发展阶段，推动生态共治。推进西宁·海东重点区域的生态综合治理，协同推进湟水河南北山绿化、湟水河及大通河综合治理、大气污染联防联控，推进水土流失综合治理，合力整治环境，实现生态建设环境保护一体化。

2. 促进乐都平安融合发展

在乐都平安同步建设管理方面，坚持同城规划、同城建设、同城管理；充分发挥海东大道（平安—乐都）以及百里河湟文化旅游展示体验区等已经建成或在建的项目的带动作用，统筹推进"两化"发展，推进化隆巴燕·群科双城建设、循化积石·街子十里经济带及河北新区建设，强化全域统筹，注重协调发展，促进新型城镇化水平提升。

（四）注重绿色发展，建设生态海东

海东市的生态环境保护关系到黄河、湟水下游大片区的生态环境质量，具有公共产品性质。因此，海东市要深刻认识生态文明建设的重要性，坚持将生态文明理念贯穿经济、政治、文化、社会各方面和全过程，打牢"增绿护水、生态保护优先"的思想基础，推进"绿屏障""绿河谷""绿城区"建设。打造人与自然和睦相处、城市与自然和谐共融的生态体系，构建资源节约型和环境友好型社会，使海东山更绿、水更清、天更蓝。

树立绿色的政绩观。完善科学考评办法，把资源消耗、环境质量、生态投资、绿色产业等纳入目标考核指标体系，增加考核权重，以绿色发展推动科学发展。实行地方党委、政府领导成员生态文明建设一岗双责制。

树立绿色的发展观。坚持循环经济、绿色发展方向，鼓励各类企业管理绿色化，推广绿色技术，发展绿色产业，打造绿色品牌，促进绿色经济发展。

树立绿色的行为观。建立健全环境保护、绿色发展等地方性法规、规章体系，提供强有力的法律保障。坚持以人为核心、生态城市化新理念，加强生态文明教育，普及生态伦理、生态道德教育，加大惩处生态违法力度，形成生态文明新风尚。

为此，建议海东市向国家申请《绿色发展特区建设基金》项目，由国家拨出专项资金支持海东市绿色特区建设，并在考核机制、税收等方面给予政策倾斜，使海东市成为青藏高原生态文明进步的示范区，绿色经济特区，生产、生活、生态"三生"共赢区。

（五）切实调整产业结构，稳定和提升人口资源环境承载力

针对海东市目前资源环境承载力不强的问题，应当进一步调整产业结构，坚决淘汰落后产能。（1）对环境污染严重的冶金、水泥等企业实施关、停、并、转。（2）在招商引资中严格坚持环保标准，不能被动地承接其他地区转移的不具有持久竞争力的"夕阳"产业部门，而是应当根据本市规划发展的重点和区域特色优势对接一些技术含量高、可持续发展能力强的"朝阳"产业部门，使海东市能够嵌入到发达地区的一些高端产业链条中，进而提升产业竞争力。（3）提升现有重点企业技术水平，发展循环经济，提升单位生态损耗的产出价值。（4）充分利用海东市作为兰西经济区黄金腹地的基础，大力发展以旅游业为龙头的第三产业，使海东市旅游业形成吃－住－行－游－购－娱的大产业链，并将大旅游业与健康养老产业相结合，与农业产业化发展对接，将乐都、平安打造为"旅、养、娱"的基地，并延伸发展冷水养殖、特色农产品加工业等产业部门。既吸引青海省内各州和西宁市的消费者，也能够吸引兰州等地的居民和消费者。

下篇　城市化发展路径

第九章　青海省新型城镇化
建设实现路径

城镇化（城市化），是指农业用地非农化和农业人口非农化的过程。城镇化是人类文明进步和社会经济发展的大趋势，城镇化水平是一个区域经济体发展程度的重要衡量指标。对于城镇化概念的内涵，陈一筠（1986）认为既有侧重于空间变迁的"空间城市化""乡村城市化"观点，也有侧重于人的发展的"人口城市化"观点。我国学者（高佩义，1991；叶裕民，2001）大致认为城镇化是一个变传统落后的乡村社会成为现代先进的城市社会的过程，其中包含着产业结构升级、消费水平提高、城市文明发展和人口素质提高。吴颖婕（2012）、沈正平（2013）认为城镇化质量是在城镇化进程中与城镇化数量相对的反映城镇化优劣程度的一个综合概念，是考察城市化进程中聚集起来的社会资源的使用效率、结构效应以及对整个社会经济发展的作用和影响。城镇化质量提升的过程应该体现为改善城市生活质量，促进空间和谐、社会和谐以及环境和谐，建设可持续城市、和谐城市。

一、以人为核心的新型城镇化内涵

新型城镇化的内涵更为丰富：一是城镇化与工业化、信息化、农业现代化协调互动，通过产业发展和科技进步推动产城融合，实现城镇带动的统筹城乡发展和农村文明延续；二是人口、经济、资源和环境相协调的可持续城镇化；三是空间结构布局合理，以城市群为主体，大、中、小城市与小城镇协调发展；四是实现人的全面发展，建设包容性、和谐式城市和城镇（张占斌，2013）。

新型城镇化是我国现代化建设进程中的大战略和历史性任务。为有效推进新型城镇化，党中央、国务院先后出台一系列重大举措，对我国新型城镇化发展进行了顶层设计和总体部署，"中国特色新型城镇化道路"的内涵也不断丰富。2013年，党的十八届三中全会通过的《中共中央关于全面深化改革若干重大问题的决定》明确提出"坚持走中国特色新型城镇化道路"，同年，中央城镇化工作会议进一步强调"走中国特色、科学发展的新型城镇化道路"。2014年，中共中央、国务院印发《国家新型城镇化规划（2014—2020年）》，随后发布《关于进一步推进户籍制度改革的意见》《关于深入推进新型城镇化建设的若干意见》《关于实施支持农业转移人口市民化若干财政政策的通知》等文件，在推进人口管理制度改革、深化土地管理制度改革、创新城镇化资金保障机制等方面作出部署，激发新型城镇化的活力，提升新型城镇化的质量。可以看出，我国在推进城镇化进程中，已经从单纯注重城镇化速度转向注重城镇化质量、从土地城镇化转向以人为核心的人口—生态—经济协调发展的新型城镇化。

以人为核心的新型城镇化是在城镇这个载体质量不断提高的基础上实现人的发展，包括人口素质不断提升、可靠的社会保障、稳定的就业岗位、体面安全的居住场所、公平公正的社会环境、人与自然和谐相处的生活环境、不断缩小城乡差距、历史文化得以传承、实现人与城的共生发展。提高人口素质是核心，稳定就业是关键，公共服务和社会保障是支撑，制度建设是基础，人居环境质量的改善和居民幸福感、获得感为直接体现。

青海省以人为核心的新型城镇化要更加注重城乡居民教育、医疗等公共基础设施领域的均衡发展；更加注重就业结构转型与收入水平提高；更加注重居住条件与环境质量改善；更加注重城镇化区域间与城乡间平衡发展；更加注重城镇化一般规律与区域特色相结合；更加注重户籍城镇化与农牧民市民化同步推进；更加注重经济发展与生态环境协调可持续发展。

二、青海省城镇化发展现状与特点

中共青海省委十三届六次全体会议以习近平新时代中国特色社会主义思想为指导，全面贯彻党的十九大精神，持续落实中央城镇化工作会议、中央城市工作会议部署，牢固树立新发展理念，把新型城镇化作为推进"一优两高"的重要抓手，就《关于贯彻新发展理念统筹推进新型城镇化的实施纲要（2019—2035 年）（讨论稿）》进行讨论，围绕让城镇生活更美好、乡村生活更富足发展目标，以促进人的城镇化为核心，以推动城镇高质量发展为导向，以主动融入"一带一路"等国家战略为动力，加快统筹城乡发展，加强基础设施建设、基本公共服务、基层社会治理，强化人口、土地、环境、产业、服务等要素支撑，突出以人定城、以水定城、以地定城，推进产城融合、园城融合、乡城融合、文城融合，逐步形成"一群两区多点"的发展新格局，努力走出一条具有青海特色的新型城镇化发展道路，为建设现代化新青海提供强大动力和可持续发展的支撑。在中共青海省委十三届七次全体会议报告中，进一步强调了推动绿色发展，持续保障和改善民生，加快推进新型城镇化建设。

随着青海省城镇化水平不断提高，以大城市为中心、小城镇为基础的城镇体系已经形成。城镇化空间格局逐步优化，省会城市和其他城市、小城镇加速发展。城镇基础设施和公共服务不断加强，可持续发展能力不断增强。

（一）随着经济发展，城镇化水平稳定上升

西部大开发战略实施以来，青海省经济总量大幅度提升，人均 GDP 由 2002 年的 6478 元升至 2018 年的 47689 元，增长 7.4 倍（见图 9-1）。

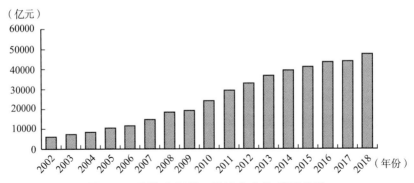

图 9 - 1　青海省 2002～2018 年人均 GDP 变动

资料来源：青海省统计年鉴（2018）。

　　在一系列政策的支持下，近年来，青海省的城镇化平稳发展，常住人口城镇化率也稳步提升。统计数据显示，截至 2018 年末，城镇常住人口为 329 万人，乡村常住人口为 274 万人。城镇化率由 2000 年的34.82% 提高到 2018 年的 54.56%，城镇化水平年均提高 1.097%。同期全国城镇化率由 36.22% 提高至 59.58%，城镇化水平年均提高1.298%。青海省城镇化速度略低于全国平均水平，总体与经济发展比较协调（见图 9 - 2）。

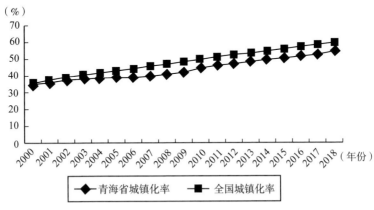

图 9 - 2　2002～2018 年青海省与全国城镇化率比较

资料来源：《中国统计年鉴》《青海统计年鉴》2001—2019 年历年版。

（二）城镇化发展进入中期阶段

根据美国地理学家诺瑟姆（Northam）的 S 形曲线理论，随着社会经济发展水平的提高，城市化水平由低到高将经过起步阶段（城市化水平在 30% 以下）、发展阶段（城市化水平由 30% 持续上升到 70% 左右）和成熟阶段（城市人口比重最终稳定在 80%~90%）。从青海省城镇化水平来看，总体处于城市化中期阶段。

如果以城镇人口增长系数 K（K = 城镇人口增长规模/总人口增长规模）来衡量，青海省 2001 年 K 值为 1.67，随后波动下降至 2006 年的 0.4，然后又迅速上升到 2010 年的 3，进而又波动发展，2018 年 K 值为 2.4，进入城市化的中期阶段（见图 9–3）。这个阶段，总人口的增长全部表现为城镇人口的增长，乡村人口的绝对规模开始由上升转为下降，这是城市化过程中第二个重要的转折点，通过第三产业大规模发展引致的乡村劳动力转移是城镇人口增长系数值超过 1 的基本动力。但与全国平均水平相比，2001 年全国 K 值为 2.44，2018 年则为 3.38，这也说明青海省城镇化发展阶段相对滞后，仍需加快城镇化发展。

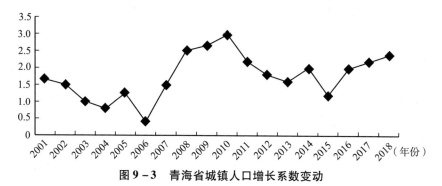

图 9–3　青海省城镇人口增长系数变动

资料来源：根据历年《青海统计年鉴》数据计算得到。

（三）城镇规模不断扩大，非农产业就业比重明显提高

随着青海经济发展以及农牧区基层综合改革，城镇数量迅速增加。2013年国务院批准海东撤地设市、玉树撤县设市，青海省形成2个地级市、4个县级市和143个建制镇构成的城镇体系。城市首位度也由2008年的16.062下降为2.12，城镇规模结构逐渐合理。

与此同时，青海积极依托优势资源，立足产业基础，实施优势资源转换战略，不断推进产业结构的优化升级。2000~2018年，全省GDP年均增长11.06%，第二、三产业增幅明显高于第一产业。2000年青海省三次产业占GDP比重分别为14.6%、43.3%、42.1%，2018年为9.4%、43.5%、47.1%，第一产业比重下降，第二三产业比重上升。经济快速发展和产业结构调整，促使三次产业就业结构进一步优化。2000年全省劳动力在第一、第二和第三产业的就业比重为55.82%、12.61%、31.57%，2018年为35.1%、22.4%、42.5%，非农就业比重合计达64.9%，就业结构的转变也促进青海城镇化的快速推进。

三、推进青海省以人为核心的新型城镇化建设思路

青海素有"江河之源""中华水塔"之誉，境内有三江源、青海湖、可可西里等11个国家级和省级自然保护区，占全省国土总面积的30.2%。生态环境状况不仅关系到青海省的可持续发展，也关系到江河中下游地区的生态安全和可持续发展。

以人为本，以人口-生态-经济协调发展推进新型城镇化进程，有利于扩展第三产业发展空间，加快农牧区富余劳动力的转移，增加农牧民收入，缩小城乡差距；有利于优化资源配置，提高效率，增强全省整体竞争力；有利于保护资源和生态环境，促进经济社会可持续发展；有利于提高人民生活质量和人口素质，促进社会文明进步。

（一）　青海省以人为核心的新型城镇化建设应遵循的原则

按照省委十三届六次全会提出加快新型城镇化建设的要求，结合地区实际，紧紧抓住人的城镇化这个核心和提高品质这个关键，在人口承载力提升、人居环境改善、社会保障增强、生活方式改变等方面深化改革，更好解决人的城市化问题。把握人口集聚大趋势，坚持省市区三级共建，持续深化户籍制度改革，落实进城安置转户优惠政策，增强教育、医疗、市政等公共服务供给能力，持续保障进城人口老有所养、病有所医、学有所教，不断提升支撑和吸纳人口转移能力。构架"一群两区多点"的发展新格局，努力走出一条具有青海特色的新型城镇化发展道路。

第一，要重视经济社会发展与生态环境保护相结合，按照主体功能区来引导经济布局和人口分布，使城镇化与资源环境承载能力相适应。

第二，青海新型城镇化是以人为核心的城镇化，既要对重点区域进行重点开发，提高城镇化建设成效，增加城镇就业岗位，又要将城镇化与农村现代化建设相结合，使农村居民也可以不同程度享受到现代城市的物质文明和精神文明的成果。

第三，青海省是多民族聚居区，在青海民族地区城镇化进程中要重视经济发展与文化发展相结合。在充分挖掘各民族立足于传统民族文化形成的经济结构、产业体系的基础上结合可持续发展的客观要求进行改造和产业升级，多样化发展，使城镇化有持久的产业支撑，独具文化特色与活力。

第四，青海省最大的价值在生态，最大的责任也在生态。青海省以人为核心的新型城镇化是一项系统工程，必须以区域可持续发展为统领，在严格实施对生态环境保护的基础上，在绿水青山中寻找金山银山。在充分评估资源环境系统的承载力的基础上，规划经济发展，促进人口、生态、经济协调发展和社会可持续发展，实现新型城镇化。

（二）青海省以人为核心的新型城镇化建设的前提条件

1. 营造良好的社会环境

主要包括：（1）社会稳定。这是区域经济发展的必要前提条件。如果社会不稳定，则不但不能吸引外资，本地资本也会大量外流，经济难以持续发展。（2）政府管理经济的能力与效率。这取决于地区政府人事制度与管理体制的完善程度、各级领导班子能力的强弱及其办事效率的高低。（3）地区法规的完善程度，如市场管理、社会安全、地方法规的完善程度及投资软环境。（4）区域内社会各阶层、各民族、各社会团体的协作与团结；区域与相邻区域的关系是否和睦。（5）地区财政收入大小及分配使用的政策是否合理，是否有利于地区经济的发展。

2. 做强区域经济基础

主要包括：（1）区域经济发展的实力及各产业部门的运作效率；区域现状产业结构的发展水平及其与区内外经济协作与联系的完备程度。（2）区域的市场条件，表现为区域生产资料与生活资料的需求状况、购买力水平、消费结构、区域市场容量、区域商品输出与输入情况。（3）区域资源的供应条件。这包括区域内生产的农矿原料的种类、数量、质量、成本及其向区内外供销的情况；从区内外输入原料的可能性；区域能源消费结构及其产供销平衡状况；区际能源供求关系；等等。（4）区域劳动力供应条件。这取决于区域人口中劳动力所占比重，区域劳动力数量及其年龄结构、知识与科学技术结构，劳动力的身体素质与劳动态度、劳动效率与工资水平等。（5）城市建设和基础设施条件。这包括区域城市化水平，城市基础设施质量，城市在区域中的分布以及大、中、小城市相结合情况，城乡结合的状况。

3. 重视科学技术发展

主要包括区域科学技术发展水平、技术结构；主要技术的地位；科技人员队伍的素质、规模；区域创新能力，技术转化效率，技术市场的发育水平；等等。

4. 始终坚持保护生态环境

自然环境和自然资源条件主要包括矿产资源、动植物、森林、水资源、水产、自然动力、土壤、气候、地形、地理位置等。

5. 遵循经济发展规律，不急于求成

我国学者陆大道（1991），安虎森和季任钧（1997）提出将区域空间的地域结构演化分为四个阶段，依次是：均质—低水平均衡发展阶段、聚集—二元结构形成阶段、扩散—三元结构形成阶段和区域空间一体化阶段。根据该理论，区域空间一体化阶段对应的是整个社会进入工业化后期或后工业化阶段。该阶段的社会经济特征有：由于产业结构趋于高度化，再加上人口增长趋缓，社会收入和福利水平大为提高；形成发达的、现代化的交通和通信网络；欠发达和不发达地区都得到较快发展，区域差距缩小。该阶段的区域空间特征有：一是形成完善的"点—轴"空间结构系统；二是扩散效应越来越显著，各种城市规模等级差异减小，空间结构的各组成部分融合为有机整体，相互作用，相互依赖；三是以区域城市体系为核心和骨架，实现地域结构的均衡一体化。

根据青海省区域经济整体发展阶段特征判断，目前青海省仍处在工业化中期阶段，因此，不必要急于实现形式上城乡一体化，更重要的是完善"点—轴"空间结构系统，发展壮大各级节点城市和城镇，优化城镇体系，改善城乡交通基础设施条件。

四、青海省以人为核心的新型城镇化建设路径

（一）优化城镇体系结构

1. 提升中心城市竞争力

以人为核心的新型城镇化强调区域均衡发展，但绝不能理解为平均发展。如果不考虑区域经济发展的实际，过分追求均衡发展，就会降低

经济效率。并且，由于各地区的差异，在经济发展中非均衡是常态，不可能达到理想中的均衡发展。正如恩格斯所讲的："在国与国、省与省，甚至地方与地方之间，总会有生活条件方面的某种不平等存在，这种不平等可以减少到最低程度，但是永远不可能完全消除。"①

青海省目前虽然有2座地级市，但是城市规模仍然小，辐射带动能力弱，竞争力也不强。因此，需要把握兰西城市群建设的契机，增强西宁市、海东市的分工与合作，推进青海东部城市群建设。围绕"一群两区多点"空间规划，重点提高城市群发展质量。把青海东部城市群作为城镇化的主要人口载体，并不断推进东部城市群、西宁与海东各区、东部其他具有发展优势的城镇三个不同层次相邻城市（镇）间的区域经济合作。这样，一方面有助于提升青海省中心城市竞争力，另一方面也符合全国主体功能区规划对青海省的要求。根据前面分析可知，目前需要加强省会西宁的学校和公共图书馆建设，重点解决小学生师比过高问题。

2. 壮大集体经济，促进就近就地城镇化

城镇化实质上是追求集聚经济效益，将人口和经济活动集中在少数发展极上。根据城镇化过程中的人口流动规律可以发现，有竞争力的人口（年龄、学历、技能、冒险精神）往往会迁移到发达区域、大中城市。农牧区竞争优势较弱的人口就会滞留在小城镇或乡村，就业途径比较窄，收入水平较低，甚至陷入贫困恶性循环。对这一部分人来说，就近就地城镇化，进入比较熟悉的小城镇，从事相对熟悉的职业，是摆脱贫困、实现稳定发展的最佳选择。

就地城镇化有助于实现产业结构、就业结构非农转化；就地城镇化有助于农牧民收入水平提高，从根本上减轻传统农牧业经济活动对生态环境的压力，实现生态经济良性循环；就地城镇化有助于避免人口远距离迁移给地区经济社会带来严重负面影响（例如空心村、留守儿童、留守老人问题等）；就地城镇化有利于提高美丽乡村建设形成的农村基础设施和公共服务设施的利用效果，节省不必要的投资；就地城镇化有利于

---

① 马克思、恩格斯全集：第三卷［M］. 北京：人民出版社，1976：3.

保持和传承乡土文化、地区文化，使城镇化呈现多元空间状态，既有中心城市的高楼林立、高密度开发的城镇空间，同时也有农牧区小城镇边缘地区民族文化浓郁、低密度开发的乡村型城镇空间。

具体做法是在有条件的地区，结合村集体经济发展和美丽乡村建设，积极推进就地城镇化。青海省农牧区小城镇大多由于区域市场规模小，经济区位相对处于劣势，对外招商引资也不具备较强的吸引力，产业发展薄弱，创造就业岗位不足。壮大村集体经济，将村集体经济的发展与小城镇结合起来，以小城镇作为载体，承载村集体经济发展，通过就近合理开发和利用资源，发展村集体产业，则有助于农牧民就近就地城镇化，更有助于巩固脱贫成果。

（二）发展生态经济促进就业与增收

1. 依托产业发展，促进农牧民增收

青海广大农牧区资源优势突出，特色明显。综合考虑地区人口、经济、生态环境等因素，尊重主体功能区规划的要求和地区实际情况，应将城镇化与生态经济发展相结合，提高城镇规模经济效益和集聚经济效益。

结合区域资源禀赋和产业发展潜力来看，青海农牧区应当积极发展以特色种植业、草地畜牧业为主导的第一产业，并通过提升产业化水平增加产品附加值，提高地区收入水平，增加非农就业岗位。第二产业发展方面，要改变目前以资源开采和粗加工为主的传统工业化，提高技术水平，发展优势农畜产品加工业，矿产资源开发要注意生态环境保护，向新型工业化转变。第三产业发展方面，应当结合自然人文景观和民族文化特色，大力发展体验经济和城镇服务业，促进人口就业和收入提高。

总之，要突破三次产业互相割裂、脱节的现状，将第一、二、三产业贯通，形成六次产业链条，按照六次产业的思路推进产业、就业协调发展，提高城镇化进程中的城乡居民收入水平。

2. 立足生态优势，发展特色农牧业

青藏高原自然条件独特，海拔高、气候冷凉，限制农作物产量和延

长畜产品成长周期的同时，天然赋予农畜产品高原绿色无污染的品质。按照以往的发展思路，一定要做大规模，降低成本，才能参与市场竞争。于是，脆弱的生态环境遭到破坏，农畜产品的品质也不能保证，这种思路是传统流水线工业产品的发展思路。事实上，青藏高原严酷的生产环境，使农畜产品天然具有稀缺性，根据市场经济规律，越是稀缺的产品价格越高。

因此，应当充分认识并广泛宣传在青藏高原绿色无污染的条件下，在严格保护生态环境的前提下，种植和养殖农畜产品的巨大成本投入，以及产品的高品质保证。发展高端订单式农牧业，通过信息化平台建设，让用户（以及潜在用户）随时了解青藏高原高品质农畜产品生产过程，认识到产品的稀缺性，通过竞拍等形式确定即将上市的农畜产品价格。青藏高原农畜产品的竞争优势应当是由稀缺性和高品质决定的，而不是在增加生态环境压力的条件下通过简单扩大规模和降低价格来维持。农牧民可以在传统种植养殖生产活动中，传承文化，获取收入水平提升。通过信息化渠道（比如开通直播），将青藏高原传统农牧业生产和农牧民生活与世界紧密相连，把青藏高原特色农产品作为青海融入"一带一路"的一张生态经济名片，在增强文化自信的同时，获得产业竞争优势，也让外界了解青海的特点、认识青海的贡献，提升青海省的知名度（丁生喜，2019）。

（三）缩小城乡发展差距

1. 多渠道推进农牧业现代化，缩小城乡经济发展差距

城镇化与青海省经济发展、生态安全和现代化建设密切相关，结合生态保护的长远要求和区域社会经济现状，最适宜的选择应是走健康城镇化与农村现代化建设相结合的新型城镇化道路（丁生喜，2012）。推进新型城镇化不能片面追求人口城镇化率，要强化城镇经济，完善城镇功能，发展城镇文明，降低入城门槛，吸引农牧民就近迁移到城镇就业和生活。通过工业反哺农业、信息化和电商发展，城镇化向农牧区延伸，

多渠道提升农牧业现代化发展水平，提高农牧业产值和经济贡献，缩小城乡经济差距。

2. 多元化筹措建设资金，缩小城乡基础设施与公共服务差距

从前面的分析可知，青海省城镇化进程中的城乡社会发展差距不仅体现在医疗、教育、公共服务等领域，也体现在城乡居民实际获得的社会保障存在差距。在公共服务设施方面，一方面，政府在公共基础设施建设资金安排上，要尽量向农牧区重点城镇和小城市给予倾斜，尽快改善小城市、小城镇公共基础设施不足的现状。另一方面，要积极开展多种模式的公共基础设施建设和公共服务提供机制，在可能的条件下，引入社会资本参与该领域，以尽快推进公共服务均等化。扩大公共服务供给，使供给主体多元化，使群众有更多选择；推进城乡公共基础设施与公共服务标准化建设，完善公共服务体系，使城镇与乡村一样美丽、和谐，使乡村与城镇一样便捷、舒适。同时，还能够减轻政府的建设资金压力。

因此，实现新型城镇化发展目标，需要改变片面依靠强制性的政府指令的传统做法，在充分发挥资本要素市场的决定性作用基础上，盘活存量资金和提高资金利用率，重点加大教育投入和保持适当的城乡建设资金投入比例，通过提高金融效率和开拓多层次融资渠道，支持和激励区域产业发展和升级，实现新型城镇化建设和金融支持的耦合协调发展（仇保兴，2012）。

3. 多主体参与，缩小城乡社会保障差距

在城乡居民实际获得的社会保障差距方面，主要表现在城市居民与进城务工人员以及征地后实现农转非的居民在教育、医疗、社会保障等方面的不同等待遇。对此，应强化社区、企业、学校等方面的社会服务，在社会保障、教育和卫生等领域，体现社会的全员公平。比如，晋江率先实行的居民证制度使外来务工人员可获得与常住居民一样的社会公共服务，可以借鉴。

以人为核心的新型城镇化如果片面追求土地城镇化，势必出现失地农民、进城务工人员无法融入城市社会等问题，城乡居民的发展机会差距越来越大，影响社会和谐，也有悖于新型城镇化的质量内涵。青海省应当强化对失地农民、农民工和城市低收入群体的技能训练和职业教育，提供廉价、平等、便捷、丰富多样的再培训机会。从上到下建立顾及全体居民利益的、平等参与的群众协会，为农民工与低收入者提供心理服务与职业生涯设计。对于城市棚改、农村征地涉及的相关居民，应当设计社保基金参与机制，在补偿款中拿出固定份额及时补充这部分居民的医疗保险和社会保险，既有利于补齐差距，更有助于社会稳定。

（四）提高城乡一体化发展水平

1. 通过体制机制创新，促进生产要素城乡间流动

以人为核心的新型城镇化进程中，需要将人口要素、土地要素、资金要素的流转协调统一起来。一是建立在全省范围内可流通的社会保障体系，让劳动力带着社保流动，促进劳动力要素在城乡间优化配置。二是继续推进农村集体土地流转，提高农地产出效率。三是根据人口流动趋势，利用建设用地指标来激励市、县、区、镇政府有意愿和能力提供更高质量的基本公共服务，推进基本公共服务均等化发展，保障进城农牧民市民化方式的可接受及其预期利益的可实现，为新型城镇化持续推进和城乡融合发展提供内生动力（黄开腾，2018）。

2. 提高城市治理能力和管理水平，提升企业与居民的满意度

以人为核心的新型城镇化，必须贯彻以人民为中心的发展思想，充分发挥城镇化的经济功能、社会功能和文化功能。各级政府提高柔性化治理、精细化服务水平，让城市更加宜居，更具包容和人文关怀。要提高城市经营管理水平，合理确定城市建设规模，功能定位和保障体系。

制定和实施城镇化发展相关政策时，进行充分调研，从企业与居民的发展需求着眼，与区域经济发展和产业布局调整紧密衔接，与资源环境承载力相适应，更加注重资源集约和生态环境友好型产业项目的发展，打造生态宜居空间，走绿色、低碳城镇化之路，提升企业与居民满意度，实现人与资源环境协调发展。

（五）提高人口素质，建设文明城市

1. 提升城市品质，吸引要素流入

在各级政府财力安排上，更多用于民生建设，引导推动城镇化人本价值实现。具体措施有：通过城镇基础设施的投资建设及其完善，吸引农村牧区人口到城镇创业安居；通过城镇的拆迁改造和城镇的连片开发，提升房地产的价值，实施"即征即保"，进而通过让利补偿和改善人居生态环境推动城乡人口的安居乐业，实现城镇化过程的人口集聚的良性循环（孙建业和徐静，2018）。通过城镇教育、卫生、体育、文化事业的优先发展及高级专业技术人才的引进和产城园区的建设，提升城镇的品质与产业支撑基础来吸纳各种要素向城镇流入。

2. 提高居民素质，优化社会环境

新型城镇化发展进程中，要始终坚持"人既是要素更是主体"的原则，重视人的发展和居民作为利益主体的各项诉求。一方面，规划、建设、调整好城镇的内在功能结构，以实现居民利益的最大化，满足居民各方面的利益追求；另一方面，注重城镇居民各方面素质的提高，尽可能推行公办高中和中职学校免学费，建立高级人才财政补贴制度，在教育、卫生、体育各方面，强化居民的规范化系统教育，鼓励人才引进和本地人才的培养，形成有利于人才创新、创业和创造的良好社会环境（段浩和许思炜，2018）。

以人为核心的新型城镇化，关键是人的发展。因此要把人的发展和居民素质提高作为统筹城乡区域协调发展的重要途径，坚持人的城镇化与工业化、信息化、农村现代化建设统筹协调发展，真正意义上实现经济发展、生态安全、生活富裕、精神文明的新型城镇化。

（六）以人为本，建设幸福城市

以人为核心的新型城镇化绝不能仅仅关注 GDP 的增长、城市规模扩

大、地产价格飙升。首先，应当合理配置建设资金，更多用于关爱母婴健康、儿童成长、公共医疗、健康养老等领域，极大改善养不起孩子、生不起病、老无所依的悲观预期。其次，在建设新城的同时，采用政府出资＋居民单位出资＋居民出资的形式，进行老城区、老旧小区的管道、供暖、加装电梯设施等改造，切实提高居住安全水平，排除安全隐患。再次，实行中小学师资轮动制度，解决中小学教育资源不均衡问题，给广大市民相对公平的受教育机会。最后，在建设资金方面，要完善新型城镇化的成本分担机制，地方政府作为城镇化成本承担主体和基本公共服务支出的责任主体，不再过度依赖土地财政，要稳定地价与房价，使居民生活成本下降，获得感、幸福感上升。

第十章　现代化美丽幸福大西宁建设路径研究

西宁市地处青藏高原东北部，是青海省政治、经济、文化、交通、教育、医疗中心，辖城东、城中、城西、城北和湟中5个区，大通、湟源2个县及西宁（国家级）经济技术开发区、青海国家高新技术产业开发区，是青藏高原唯一人口超过百万的中心城市。

一、研究背景与区域概况

（一）研究背景

在现代化建设方面，"四地"建设取得积极进展，"四种经济形态"发展壮大，产业链现代化水平明显提高。城市能级显著提升，现代基础设施体系、新型智慧城市基本建成，兰西城市群、大西宁都市圈建设取得明显进展。城市治理体系和治理能力现代化水平全面提升，民族团结进步示范市创建成果巩固深化，城市管理更加科学精细智能。建成青藏高原乃至西北地区重要的经济中心、创新中心、金融中心、物流商贸中心是西宁市一直以来的追求。2015年，西宁市委、市政府实施"畅通西宁"三年攻坚行动六项专项方案，对城市道路"外环内网"建设、"公交都市"建设、智能交通建设、城市公共停车场建设、城市绿道网络系统建设、文明交通建设六个方面进行明确规划。经过五年发展，西宁市，有效改善了道路拥堵状况，老百姓出行质量逐步提高，生活也越来越方便，西宁市集聚力、承载力和辐射力明显提升。

在美丽大西宁建设方面，多年来，西宁市坚持"生态保护优先"理念，扎扎实实推进生态环境保护，大力开展绿化生态建设工作，在打造绿色发展样板城市的道路上不断前行。近年来，西宁市以构筑"一芯二屏三廊道"城市新型生态格局为目标，全力打造生态宜居城市。

在幸福大西宁建设方面，民生福祉不断增进，居民收入增长和经济增长基本同步，共同富裕取得明显进展。

当前，西宁正处在生态文明建设攻坚期、转型升级关键期、竞争优势重塑期和改革开放深化期，也将迎来高质量发展重要"窗口期"，建设具有西宁特色的现代化经济体系，主动融入国家战略，坚定不移走绿色低碳循环发展之路，努力在高质量发展中抢占新机遇、塑造新优势、赢得新未来，为聚力建设现代美丽和谐新青海作出更大贡献。

青海省作为国家生态安全的屏障，具有极其重要而特殊的生态地位，必须要承担起保护"中华水塔"和三江源的重任。要从实际出发，坚持保护优先、坚持以节能减排和环境整治为导向，全面推进生态建设、美丽城乡建设以及自然保护区建设，加强生态保护、沙漠化防治和退牧退耕还林还草，扎扎实实推进生态环境建设。根据主体功能区规划，西宁市属于青海省重点开发区域，也是人口生态经济的主要承载区域，未来必然面临更多挑战。同时，西宁地处青藏高原，与其他省会城市相比，生态环境更加脆弱，只有切实遵循绿色发展理念，才能保护生态环境，实现可持续发展。

（二）任务来源

中国最具幸福感城市以市民的幸福感指数为评选标准，在第十四届中国最具幸福感城市调查推选活动中，西宁荣获中国最具幸福感城市荣誉称号。对西宁幸福城市建设的研究，以及建设幸福西宁始终是市委市政府的执政理念，也是对城市发展终极价值的追求。

本章内容来源于西宁市绿色发展研究院 2021 年度重点课题,旨在通过系统的调查,了解西宁市发展的现状,在此基础上,通过挖掘现代化西宁、美丽西宁、幸福西宁的内涵,据此构建评价指标体系,动态评价西部大开发以来西宁市现代化发展、绿色发展以及民生福祉的发展特点与水平。结合问卷调查(见附录),分析西宁市在现代化发展、绿色发展与民生福祉方面存在的问题与短板,分析提出西宁市提升现代化发展水平、绿色发展水平、民生福祉水平的发展路径。

(三) 区域概况

1. 自然环境状况

西宁水环境质量方面,湟水流域(西宁段)纳入国家和青海省政府考核的 8 个断面分别为扎马隆、小峡桥、塔尔桥、润泽桥、峡门桥、黑嘴桥、老幼堡、七一桥。其中达到 I 类水质断面 1 个、II 类水质断面 5 个、III 类水质断面 2 个,I ~ III 类断面占比为 100%,全年无劣 V 类断面。2020 年湟水河出境小峡桥断面年均氨氮浓度同比下降 18.3%、年均化学需氧量浓度同比下降 19.4%、年均总磷浓度同比保持稳定,流域水环境质量持续改善。在"十三五"期间,完成国土绿化 18.97 万公顷,森林覆盖率提高 4%,人均公园绿地面积由 12 平方米增加到 13 平方米[1]。

2. 经济社会发展状况

(1) 经济发展规模。

2000 ~ 2020 年,西宁市地区生产总值由 103.22 亿元增加到 1372.98 亿元,在国内生产总值迅速增加的同时,西宁市人均 GDP 也在 2018 年突破 5 万元,经济社会发展跨上了一个新的台阶(见图 10 - 1)。第三产业占 GDP 的比重由 2000 年的 52.99% 提升为 2020 年的 65.34%,服务

---

① 资料来源:《西宁市 2020 年生态环境质量状况公报》[R]. 西宁市生态环境局. 西宁晚报,2021 - 06 - 05.

业获得较快发展。第三产业从业人员占比也由 2000 年的 31.2% 提升至
2019 年的 63.28%，就业结构非农化水平较高。

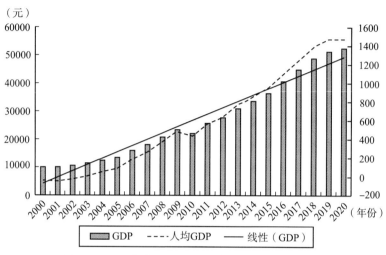

图 10 - 1　西宁市 2000～2020 年 GDP 与人均 GDP

资料来源：《西宁统计年鉴》2001～2021 年历年版。

根据 2020 年各省会城市 GDP 首位度占比测算结果，西宁首位度为
45.7%，在 27 个省会城市中排名第三，大部分省份对虹吸现象（强省
会）存在争议，提倡均衡发展。但是对于青海省来讲，人口总量较小，
经济实力较弱，急需将西宁发展为中心城市，在带动全省经济发展的同
时，留住和吸引人才。

（2）基础设施建设。

在基础设施建设方面，自"十三五"规划以来西塔高速、时代大道、
南线高速、凤凰山路等道路都已经建好通车，并加快启动通海大道、时代
大道等主城区连接湟中的重大工程。同时推进海绵城市二期建设，建设系
统性全局性海绵城市。

实现城市天然气环城高压管道闭合环网，不断提升供应及应急保障
能力。另外，深化城镇污水处理提质增效三年行动，提升污水收集和处
理能力，基本消除城中村、老旧城区和城乡接合部生活污水收集处理设

施空白区。

在教育方面，西宁的教育配套也在逐步跟进，新建的中小学有北川中学、南川中学、小桥大街小学、文逸小学，还有一所高校青海理工大学。医疗配套也在不断提升，新建青海大学附属医院南院区、西宁妇幼保健院、青海省妇女儿童医院南院区。

（3）居民生活。

在居民生活方面，"十三五"以来，西宁社会保障更趋完善，全体居民收入平稳增长，居民消费结构优化升级，新业态新消费快速发展，人民生活水平和质量普遍提高（见表10-1）。

表 10-1　　　　　2016~2020 年西宁市居民收入状况

年份	全体居民人均可支配收入（元）	可支配收入增速（％）	城乡居民收入比
2016	21696	9.3	2.85∶1
2017	23792	9.7	2.85∶1
2018	25926	9	2.83∶1
2019	28189	8.1	2.77∶1
2020	30203	7.14	2.74∶1

资料来源：历年《西宁市统计年鉴》。

伴随着西宁市全体居民人均可支配收入的稳步增长，西宁市城乡居民收入比呈逐年下降趋势。同时，2019 年全体居民工资性收入比 2015 年增长 49.9％，转移净收入增长 44.7％，对全市居民增收的贡献率分别为 70％和 20％，是居民增收的主要动力；经营净收入增长 33.4％，贡献率为 10％；财产净收入下降 4.7％[1]。

"十三五"期间，西宁城乡居民人均生活消费水平呈逐年提高、增速加快态势，农村居民人均消费水平增速高于城镇居民。2019 年西宁全体居民人均生活消费支出 20222 元，比 2015 年增长 24.5％；其中，城

---

① 资料来源："十三五"期间西宁居民收入涨了多少？钱都花在哪里了？［N］. 西宁晚报. 2022-12-30. https：//sohu.com.

镇居民增长 19.5%，农村居民增长 35.3%。西宁城乡居民的消费基本围绕吃住行，从八大类消费支出情况来看，居民在食品烟酒、衣着、居住、生活用品及服务、教育文化娱乐、医疗保健及其他用品和服务上的消费支出，2019 年比 2015 年分别增长 22.1%、23.3%、33.0%、16.8%、36.4%、49.0% 和 31.6%；交通通信增长 2.7%①。

3. 科技创新

为持续提升科技创新水平，西宁市围绕更高水平建设绿色发展样板城市和新时代幸福西宁，将科技进步作为推动经济持续稳定增长的新动力。2019 年，全市研发经费支出 17.07 亿元，比 2018 年增长 11%，占全省研发经费支出的 83%；研发经费投入强度为 1.29%，高于全省 0.6 个百分点②。西宁市在创新发展道路上迈出了新步伐，一大批高新技术产业不断涌现。西宁市作为青海省唯一承担国家创新型城市建设任务的试点城市，通过科技体制机制改革，大力实施创新驱动发展，依靠科技进步推动经济持续稳定增长，持续激活了技术创新和生产率提升的潜力，拓展形成了以创新驱动为核心的 3 条千亿元经济增长带，正式成为全国 78 家创新型城市之一。

企业是创新的主体。2019 年，西宁市开展研发活动的规模以上企业数和研发项目数实现了双增。其中，开展研发活动的规模以上企业达到 85 家，同比增长 102.4%；规模以上企业研发项目（课题）达到 201 个，同比增长 74.8%。规模以上企业实现研发经费 9.15 亿元，同比增长 88.1%，占全社会研发经费支出的 53.6%③。

人才是创新的核心。随着西宁市科技创新水平不断提升，科技型人才队伍也不断壮大。2019 年，西宁市规模以上企业从事科学技术领域活动人员 3988 人，同比增长 32.5%。其中 39 家规上企业研发机构人员中，博士 28 人、硕士 208 人④。高层次研发人才队伍的扩大进一步优化

---

① 资料来源："十三五"期间西宁居民收入涨了多少？钱都花在哪里了？［N］. 西宁晚报. 2022 - 12 - 30. https：//sohu. com.

②③④ 资料来源：［科技创新］西宁科技创新水平持续提升［N］. 西宁晚报，2020 - 12 - 02. https：//mp. weixin. qq. com.

了企业研发人才结构，提升了研发队伍整体素质，为企业自主创新能力
的不断增强，奠定了坚实的人才基础。

4. 生态环境保护状况

经济发展的同时，西宁在生态保护方面也担任着很重要的角色。
2021 年西宁市超额完成国土绿化提速三年行动，累计绿化 18.97 万公
顷，森林覆盖率由 32% 提高到 36%，成为西北首个"国家园林城市"和
"国家森林城市"双荣誉的省会城市[①]。

在绿地建设方面，西宁市人均公共绿地面积由 2000 年的 3.94 平方
米增加到 2019 年的 12.4 平方米，建成区绿地率也由 2000 年的 18.7% 增
加到 2020 年的 39.23%（见图 10 - 2）。

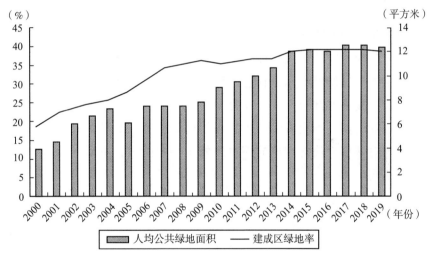

图 10 - 2　2000 ~ 2019 年西宁市人均公共绿地面积与建成区绿地率

资料来源：《西宁统计年鉴》2001 ~ 2020 年历年版。

同时，西宁市水生态环境不断改善，在青海省先行建立四级河湖长
体系，列入全国推行河湖长制典型案例。开展湟水河、南川河、北川河

① 资料来源：青海西宁生态环境持续改善 [R]. 北青网，2021 - 08 - 24，https://
www.360kuai.com/.

综合治理，整治小流域沟道 154 条，减少水土流失 425 平方千米；集中式生活饮用水水源地水质达标率为 100%，西宁市成功创建全国水生态文明城市。

2020 年西宁市环境质量优良天数为 296 天，其中全优天数为 56 天，优良率达到了 87.3%，较上年提高了 1.3%，连续五年位居西北省会城市前列。且西宁市绿色建筑占新建比重超过 60%，实现绿色公交全覆盖，新建绿道 508 千米，绿色发展样板城市基本建成，入选国家"低碳城市"试点，"高原绿、西宁蓝、河湖清"持续释放生态红利[①]。

（四）现代化美丽幸福大西宁建设内涵

1. 现代化城市的内涵

现代化是一个综合性词汇，它贯穿于社会、经济、政治、文化各个方面，与其相对应的现代化理论则是指关于发展中国家发展研究的一种学说，主要探讨发展中国家社会、政治、经济、文化和教育现代化的理论、模式、战略方针乃至具体政策。城市现代化是一个动态发展的过程，在不同发展时期、不同阶段的国家或地区其内涵、标准均有所不同。目前，我国对城市现代化理论的探讨还处于探索阶段，不同学者所得观点也有所不同。

就现代化理论及内涵而言，我国现代化理论学家罗荣渠（1993）认为，广义的现代化是指人类社会从工业革命以来所经历的一场急剧变革；狭义的现代化则指落后的国家采取高效率的途径，通过有计划的经济技术改造和学习世界先进技术，带动广泛的社会改革，以迅速赶上先进工业国和适应现代世界环境的发展过程。姜玉山等（2002）认为现代化是人类从现实社会向理想社会迈进的历史过程，具体来讲现代化是指工业革命以来随着科学技术在生产过程中的广泛应用进而使社会生产力巨大发展以及社会经济结构发生根本转变直至达到相对"理想状态"的一个

---

① 资料来源：青海西宁生态环境持续改善［R］．北青网，2021 - 08 - 24，https：//www.360kuai.com/．

过程。姚月等（2019）认为现代化城市是城市现代化发展的结果，是社会公平和进步的城市，是生态系统平衡和安全的城市，是有利于居民全面发展的城市。

在构建现代化城市评价指标体系方面，扬琴（2012）在"城市现代化"内涵的基础上，结合中国城市统计年鉴中的150个条目，确定了城市现代化评价指标体系，该体系包含城市经济现代化、城市社会发展现代化、城市居民现代化、城市文化现代化、城市生态环境现代化以及城市基础设施现代化，并甄选出33个城市现代化评价指标；彭志宏等（2012）从经济发展、生活环境、基础设施与生态环境以及人口素质四个方面构建城市现代化指标体系；姚月等（2019）通过研究国内外现代大都市及其他现代化中小城市，提出城市空间、城市社会、城市基础等7个衡量城市现代化发展水平的评价维度。

在评价方法的选择上，甄江红等（2008）运用层次分析法对内蒙古自治区20个城市的现代化水平进行了评价与分析；张学良等（2009）运用因子分析和聚类分析的方法对安徽省17个主要城市的现代化水平做出综合评价，得出安徽省各城市的现代化水平存在着明显的差异，并将其聚为四大类；康丽玮等（2013）运用AHP法，从经济、社会、人口、市场、科技五个方面构建了评价指标体系，对鄂尔多斯市的城市现代化水平进行了综合评析。

在我国区域现代化评价实践方面，国内学者从不同角度对现代化城市展开研究，王成新等（2007）从生态角度研究现代化生态城市建设，总结了现代化城市生态枢纽的五大功能效应，并对现代化城市生态枢纽规划的条件、方案选择以及相应措施进行了实证分析；任致远（2014）则在现代化理论的基础上，对我国城市现代化建设的成就和问题进行了系统梳理，提出加强城市现代化发展建设中经济社会、科学技术、城市文化、生态文明、各项设施、社会管理等多个方面的建设思考。相关研究虽然研究角度不同，但都包括经济、文化、社会生活等各个方面。

2. 绿色城市的内涵

绿色城市是在为保护全球环境而掀起的"绿色运动"过程中提出

的。绿色城市是既强调生态平衡、保护自然，又注重人类健康和文化发展的城市建设。

绿色城市与绿色发展一脉相承，绿色发展是以效率、和谐、持续为目标的经济增长和社会发展方式。当今世界，绿色发展已经成为一个重要趋势，许多国家把发展绿色产业作为推动经济结构调整的重要举措，突出绿色的理念和内涵。

改革开放以来，我国经济发展取得了举世瞩目的成就，但是在经济飞速发展背后，粗放式、低质量的发展模式也为未来的经济可持续发展埋下隐患，建设生态文明，发展绿色城市已经成为新时代的主旋律。绿色是最美丽的底色，在此背景下，科学评价西宁市美丽（绿色）城市发展水平显得尤为重要。

我国学者在绿色城市发展方面进行了较为广泛而深入的研究与探讨。在绿色发展指标层面，李文正（2015）从环境健康与基础设施绿色水平、环境承载潜力绿色水平、经济增长绿色水平和环境治理绿色水平4个方面构建了城市绿色发展水平的综合评价指标体系，并运用层次分析法和聚类分析法对陕西省10个地级市城市绿色发展水平进行了综合测度与分析，发现环境承载潜力绿色水平和经济增长绿色水平对各市综合水平差异影响最大。马勇（2017）等对长江中游城市群绿色发展指数进行了计算，发现人均GDP、经济密度、第三产业增加值比重、人均当地水资源量、人均公共绿地面积是影响其发展的五大因子。在绿色经济发展评价方法层面，邱丽丽、朱永君等（2018）在借鉴已有指标体系的基础上，构建适合云南区域特色的评价指标体系，并采用熵权法客观赋权，结合加权求和的方法对云南省16个市州的绿色发展水平进行实证评估。蔡绍洪等（2017）建立了绿色经济评价指标体系，根据西部12省区绿色发展的相关指标，运用计量方法和地理信息系统（GIS）计数法对2014年西部地区绿色发展水平及空间差异进行研究。

3. 幸福城市的内涵

幸福感是衡量人们对自身生存和发展状况的感受和体验，事实上，幸福感的内涵不只包括前者，它还包含民众所拥有的外部生存环境和自身发展条件。此次对西宁幸福城市的研究将结合定性与定量的评价方法，不仅可以客观真实地反馈西宁幸福城市的建设成果，也为未来建设现代美丽幸福大西宁提供建设性意见和建议。

"城市幸福感"是指市民对所在城市的认同感、归属感、安定感、满足感，以及外界人群的向往度、赞誉度。当前，幸福城市建设没有统一的标准，大多是围绕城市经济、社会、生态环境的协调发展来提升居民的幸福感，国内学者对如何构建幸福城市方面进行了积极的探索。中国学者黎昕和赖扬恩（2011）从六个方面构建指标体系：经济状况、健康状况、家庭状况、就业状况、社会状况和环境状况。

对于幸福感的测定，中西方的观点大致可分为两派：一方认为幸福感是一种主观感受，测定幸福感的方法是通过发放调查问卷由个人主观评测；另一方则认为幸福感可以通过经济指标量化表现。

在主观感受方面，邓先奇（2010）认为幸福是人的需要、欲望、目的和接近现实时产生的满足感，"幸福"指人们在一定的社会生活实践中因目标与理想的实现或接近而感受到的一种内心满足；刘杰等（2012）通过编制城市幸福指数问卷及对开放式问卷调查结果的系统分析，结果表明幸福指数包含政治生活、经济生活、文化生活、人际关系、健康状态和环境生活六个满意度。

在幸福感指标量化方面，韩康（2012）则提出"大多数人幸福"的概念，并从马斯洛（Maslow）需求层次模型出发，构建了五种需求三个层次的中国幸福城市评价体系；陈志霞（2012）从城市发展指数、城市满意度、主观幸福感、心理幸福感、社会幸福感五个方面构建了城市幸福指数指标体系；王慧慧（2016）从中等城市居民角度出发，构建了经济状况、身心健康、职业状况、家庭生活、基础设施及社会环境满意度六个维度的居民幸福感评价指标体系；许红等（2020）构建了包括经济发展、生活水平、社会事业、生态环境的幸福城市建设评价指标体系。

也有部分学者从幸福指数角度出发，采用主观性、客观性或者主客观相结合的方法研究幸福城市，秦攀博等（2015）在探求幸福城市内涵、意义的基础上，提出依据人的感受和国内城市经验构建幸福城市评价指标体系，并最终构建了包括就业、教育等八个方面的客观指标和个人发展等五个方面的主观指标体系。

在区域幸福城市评价实践方面，郭凤华（2012）基于牡丹江市实际情况，兼顾发展差异和发展的阶段性特征对构建牡丹江市"和谐幸福城市"评价考核体系进行思考和研究；闵开元等（2019）利用多水平 Logistic 回归模型分析四川省泸州市居民对健康城市建设的满意度和主观幸福感的关系；陈志霞等（2021）借鉴城市发展的实践经验，结合 TOP - SIS 与灰色关联分析法，对成都、宁波、南京等 7 个样本城市的幸福指数进行研究，并对其幸福指数差异度进行测度。

从以上研究成果可以看出，对现代化城市、幸福城市、美丽（绿色）城市等各层面的研究比较充分，但是将三者统一在一个框架下，对一个城市进行系统评价研究还比较少，尤其是对西宁市的专项研究十分匮乏。

（五）现代化美丽幸福大西宁建设目标

建设现代化大西宁就是要建成青藏高原乃至西北地区重要的现代化城市，城市集聚力、承载力和辐射力明显提升。建设美丽大西宁，使其生态环境质量位于省会城市前列，生产生活方式绿色转型成效显著，主要污染物排放总量持续减少，建成全省碳达峰碳中和先行区。建设幸福大西宁，民生福祉不断增进，居民收入增长与经济增长基本同步，共同富裕取得明显进展。人民精神文化生活日益丰富，社会文明程度持续提高①。

具体目标有：

（1）建设现代大西宁。就是建成青藏高原乃至西北地区重要的经济中心、创新中心、金融中心、物流商贸中心，城市集聚力、承载力和辐射力明显提升。"四地"建设取得积极进展，"四种经济形态"发展壮

---

① 陈瑞峰. 感恩奋进　拼搏赶超　聚力建设现代美丽幸福大西宁：在中国共产党西宁市第十五次代表大会上的讲话（2021 年 8 月 10 日）. 青海新闻网，2021 - 08 - 13. ［EB/OL］. https：//www.163.com/dy/article/.

大，产业链现代化水平明显提高。城市能级显著提升，现代基础设施体系、新型智慧城市基本建成，兰西城市群、大西宁都市圈建设取得明显进展。城市治理体系和治理能力现代化水平全面提升，民族团结进步示范市创建成果巩固深化，城市管理更加科学精细智能。

（2）建设美丽大西宁。就是生态环境质量位居省会城市前列，生产生活方式绿色转型成效显著，山川绿、天空蓝、河湖清成为常态。能源资源利用效率大幅提高，主要污染物排放总量持续减少，建成全省碳达峰碳中和先行区。建成美丽高原城市示范市，高原"绿谷""洁净"城市建设取得显著成效。文化魅力充分彰显，城市品质不断提升，人居环境明显改善，"一城山水、百园千姿"的公园城市塑造成形，生态城市、美丽城镇、美丽乡村各美其美、美美与共。

（3）建设幸福大西宁。就是民生福祉不断增进，居民收入增长和经济增长基本同步，共同富裕取得明显进展。脱贫攻坚成果巩固拓展，乡村振兴全面推进。全民受教育程度不断提升，社会保障体系更加健全，卫生健康体系更趋完善，基本公共服务供给更加优质均衡。人民精神文化生活日益丰富，社会文明程度持续提高。社会主义民主法治更加健全，公平正义进一步彰显，平安建设有力有效，社会大局和谐稳定。

本书据此进行内涵剖析，包含城市现代化建设、城市生态环境美化、城市民生福祉水平提升等几个层面。

城市现代化水平方面，包括经济发展、社会发展、基础设施与科学技术等观测点。

城市生态环境质量方面，包括资源利用、环境治理、环境质量和生态保护等观测点。

城市民生福祉方面，包括收入水平、消费水平、社会保障、闲暇文娱以及公共安全等观测点。

通过定量分析评价，明确现代化美丽幸福大西宁建设取得的成效，存在的发展制约因素，进而提出建设发展路径，突出高原特色，优化产业经济，增强民生福祉，坚持生态环保，不断提高城市承载力，建设具有竞争力的西部现代化城市。

二、现代化美丽幸福大西宁发展水平评价

本节在现代化美丽幸福大西宁内涵确立的基础上，建立西宁现代化发展水平评价指标体系、西宁生态环境质量评价指标体系、西宁民生福祉水平评价指标体系，分别采用投影寻踪模型、障碍度模型、耦合协调度模型，动态测度西部大开发以来西宁市现代化发展水平、生态环境质量、民生福祉发展水平的动态变化，寻找关键影响因素，并对三者协调程度进行测度。

（一）评价方法与数据来源

1. 投影寻踪模型

现代化发展水平评价涉及经济发展、社会发展、基础设施、科技发展等因素，是典型的多指标、非线性问题。投影寻踪模型作为学科交叉的一种新型数理统计方法，对于高维度、非正态、非线性数据具有很强的适应性，有利于克服传统评价方法存在的信息丢失、指标权重确定具有主观性、对高维非线性问题适应性不强等弊端，更加全面、客观地反映评价对象的综合水平，已广泛运用于区域经济、生态文明、环境质量等领域的评价工作，并取得了良好效果，鉴于此，本书运用该模型对西宁市现代化发展水平进行评价。

投影寻踪模型的基本原理为：将高维数据投影到低维空间上，运用投影指标函数来描述投影值暴露原系统综合评价某种分类排序结构的可能性大小，寻找出使投影指标函数达到最优的投影值，并根据该投影值进行分析评价。

本书运用 MATLAB（2020b）来建立基于遗传算法的投影寻踪模型，目的是在降维时不影响数据的稳健性，保证数据与实际相吻合，减小数据对评价结果的影响（计算公式见第五章）。

首先，对数据进行标准化处理，消除指标间量纲差异，减少结果偏差。

其次，构造投影指标函数 $Q(\alpha)$。

最后，执行约束非线性函数优化并估计最佳投影方向。

对各个样本的投影值进行排序，即对西宁市现代化水平、民生福祉和生态环境等方面在 2000～2019 年的综合评价值进行排序，可以得到各样本之间优劣性的顺序，综合评价分数越高，对应相应年份的评价值越高。

2. 障碍度模型

障碍因素诊断方法：对于影响西宁市现代化水平、生态环境质量和民生福祉的主要障碍因素进行分析与诊断，可以有针对性地制定和调整西宁市建设现代化城市、美丽城市与幸福城市的各项政策措施。

具体方法如下：引入三个基本变量（因子贡献度 F_i、指标偏离度 I_i 与障碍度 O。因子贡献度 F_i 表示单一指标对总指标（西宁市现代化建设评价值）的贡献大小，一般可以用各指标权重 w_i 表示；指标偏离度为各指标实际值与最优目标值之间的差距，可以用 1 与各指标标准化值 r_{ij} 之差表示；障碍度 O_i 的大小可以表示子系统或各指标对西宁市现代化水平、生态环境质量和民生福祉水平影响程度的高低，计算公式如下：

$$O_i = I_i \times \frac{w_i}{\left(\sum_{i=1}^{m} I \times w\right)} \times 100\% \qquad (10-1)$$

式中，$I_i = 1 - r_{ij}$。

3. 耦合协调度模型

各系统综合度指数计算模型为：

$$U_1 = \alpha_i C_i \qquad (10-2)$$
$$U_2 = \beta_i J_i \qquad (10-3)$$
$$U_3 = \theta_i M_i \qquad (10-4)$$

式中，α_i、β_i 和 θ_i 分别为西宁市现代化水平、民生福祉和生态环境系统的指标权重，其值等于最佳投影向量的平方值；C_i、J_i 和 M_i 分别为现代化水平、民生福祉和生态环境的功能层中具体指标在标准化后的值。

西宁市现代化水平、民生福祉和生态环境的协调综合指数 T 由功能层中各指标加权求和得到，公式为：

$$T_{it} = \frac{1}{2}(U_1 + U_2 + U_3) \qquad (10-5)$$

式中，U_1、U_2 和 U_3 分别表示西宁市在现代化水平、民生福祉和生态环境的综合度指数。

为保证耦合度具有层次性，于是对原有的耦合模型进行修正，使 C 尽可能分散分布于 $[0，1]$ 区间，加大区分度，从而在本章中具有更高效度。修正后的耦合度模型，可以更显著地表示西宁市现代化水平、民生福祉和生态环境各系统之间的关系。

$$C_{it} = \sqrt{\left[1 - \frac{\sum_{i>j,j=1}^{n}\sqrt{(U_i - U_j)^2}}{\sum_{m=1}^{n-1}m}\right] \times \left(\prod_{i=1}^{n}\frac{U_i}{\max U_i}\right)^{\frac{1}{n-1}}} \qquad (10-6)$$

由于西宁市现代化水平、民生福祉和生态环境的相互作用强度只能用耦合度来表示，所以两系统中协调程度的衡量需用耦合协调度模型来测量。耦合协调度 D 的公式为：

$$D_{it} = \sqrt{C_{it} \times T_{it}} \qquad (10-7)$$

本章根据大部分文献界定的协调等级的划分标准，并推演出协调发展度 D 的划分标准（见第八章）。

4. 数据来源

本书中的数据主要来源于 2001~2020 年《西宁统计年鉴》《西宁市国民经济和社会发展统计公报》《中国城市统计年鉴》《青海省水资源公报》《青海省环境状况公报》《青海统计年鉴》等整理测算，部分缺失数据采取移动平滑法补齐。

（二）西宁市现代化发展水平评价

1. 评价指标体系建立

城市现代化发展水平涵盖经济发展、社会发展、基础设施建设、科技发展等诸多因素,鉴于此,结合西宁市特点,在参考其他学者研究的基础上从以上四个方面构建西宁市现代化发展水平评价指标体系(见表10-2)。

其中:经济发展包括人均GDP、人均地方财政收入、第三产业占GDP比重等指标,反映西宁市经济发展现代化程度;社会发展包含每万人高校在校学生数、文化、体育与娱乐人员从业人员比例、每万人拥有卫生技术人员数等指标,分别从教育、文化、医疗、保障四个方面反映西宁市社会发展现代化程度;基础设施现代化包含每万人拥有公共交通车辆、路网密度、供水总量等指标;科技发展现代化包含科教支出占财政支出比重、从事科技活动人员数、专利授权数等指标。

表10-2 西宁市现代化发展水平评价指标体系

目标层	一级指标	三级指标	单位	符号
现代化城市	经济发展	人均GDP	元/人	X_1
		人均地方财政收入	元/人	X_2
		第三产业占GDP比重	%	X_3
		第三产业从业人员比重	%	X_4
		社会消费品人均零售额	元/人	X_5
		城乡居民年末人均储蓄余额	元	X_6
	社会发展	每万人高校在校学生数	人/万人	X_7
		高校每万人拥有专任教师	人/万人	X_8
		文化、体育和娱乐业从业人员比例	%	X_9
		每万人拥有卫生计生机构床位数	张/万人	X_{10}
		每万人拥有卫生技术人员数	人/万人	X_{11}
		社会卫生保障和福利业从业人员比例	%	X_{12}
	基础设施	每万人拥有公共交通车辆	标台/万人	X_{13}
		每万人拥有公共厕所数	座/万人	X_{14}
		路网密度	千米/平方千米	X_{15}

目标层	一级指标	三级指标	单位	符号
现代化城市	基础设施	供水总量	万吨	X_{16}
		供天然气总量	万立方米	X_{17}
		供热总量	万吉焦	X_{18}
	科技发展	科教支出占财政支出比重	%	X_{19}
		科技经费支出占研发机构经费支出比重	%	X_{20}
		从事科技活动人员数	人	X_{21}
		专利授权数	件	X_{22}

2. 西宁市现代化发展水平评价结果

借助 WPS 数据处理系统，分别将代表经济发展现代化、社会发展现代化、基础设施现代化和科技发展现代化指标标准化后的数据导入软件，求得西宁市现代化发展指标在各子系统的最佳投影方向和西宁市现代化发展水平综合评价值（见表 10-3 和图 10-3）。

表 10-3　　　　西宁市现代化发展指标最佳投影方向

一级指标	经济发展现代化		社会发展现代化		基础设施现代化		科技发展现代化	
	指标	投影方向	指标	投影方向	指标	投影方向	指标	投影方向
最佳投影方向	X_1	0.1531	X_7	0.2904	X_{13}	0.2962	X_{19}	0.1282
	X_2	0.1685	X_8	0.1406	X_{14}	0.3452	X_{20}	0.2403
	X_3	0.1240	X_9	0.3793	X_{15}	0.1976	X_{21}	0.1301
	X_4	0.2603	X_{10}	0.1427	X_{16}	0.1776	X_{22}	0.1581
	X_5	0.1793	X_{11}	0.1769	X_{17}	0.2389	—	—
	X_6	0.1503	X_{12}	0.2137	X_{18}	0.1193		

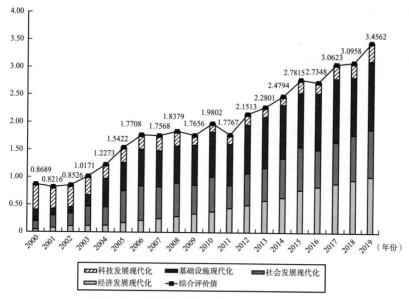

图 10 - 3 西宁市现代化发展水平综合评价值

从表 10 - 3 中可以看出，西宁市经济现代化的最主要影响因素为第三产业从业人员比重；社会发展现代化方面，文化、体育与娱乐业从业人员数和高校在校生人数影响居前列；在基础设施现代化方面，公厕数量以及公交车数量对于西宁市现代化发展具有显著影响；科技现代化发展方面，科技经费支出是西宁市科技现代化发展的关键因素。积极推动产业转型，增加对科技教育的投入，改善城市公共基础设施对于西宁市现代化发展具有积极的促进作用。

由图 10 - 3 可知，2000～2019 年期间西宁市现代化水平整体呈上升趋势，综合评价值提升 3 倍，平均每年增长 12.9%，增长速度较快。其中 2000～2011 年期间上升较为缓慢，2012 年之后呈直线上升趋势，年增长幅度较大。

3. 西宁市现代化发展障碍因素诊断

从表 10 - 4 可以看出，2000～2019 年西宁市现代化发展水平障碍度因子排名中，社会发展现代化指标层的指标较多，且该指标层对现代化发展效果的障碍度一直较明显，表明其对西宁市现代化发展水平影响较大且较持续。

表 10 - 4   2000～2019 年西宁市现代化发展水平障碍因子及障碍度

年份	障碍因子排序									
	第一		第二		第三		第四		第五	
	障碍因子	障碍度	障碍因子	障碍度	障碍因子	障碍度	障碍因子	障碍度	障碍因子	障碍度
2000	X_9	17.286	X_{14}	14.307	X_7	10.128	X_4	8.145	X_{17}	6.859
2001	X_9	14.342	X_{14}	12.114	X_{13}	10.671	X_7	9.33	X_4	7.038
2002	X_9	14.539	X_{14}	12.279	X_{15}	9.937	X_7	8.708	X_{17}	6.744
2003	X_{14}	12.764	X_9	12.18	X_7	8.635	X_{13}	8.564	X_{17}	6.878
2004	X_9	15.666	X_7	8.989	X_4	7.045	X_{13}	6.628	X_{14}	6.114
2005	X_{14}	10.419	X_7	9.96	X_4	7.97	X_{17}	7.235	X_{15}	5.632
2006	X_7	10.635	X_{17}	7.836	X_4	7.513	X_{14}	6.845	X_{11}	6.313
2007	X_9	17.286	X_{14}	14.307	X_7	10.128	X_4	8.145	X_{17}	6.859
2008	X_7	8.042	X_{17}	7.245	X_9	6.714	X_4	6.242	X_{11}	6.117
2009	X_9	13.212	X_{20}	8.782	X_7	8.042	X_{17}	6.595	X_{12}	6.148
2010	X_9	10.852	X_{20}	10.350	X_4	7.013	X_{17}	6.458	X_{12}	6.414
2011	X_9	23.001	X_{20}	8.764	X_{13}	7.344	X_{12}	6.587	X_{17}	5.620
2012	X_9	16.975	X_{20}	9.800	X_{13}	8.600	X_{12}	7.845	X_4	6.558
2013	X_9	18.529	X_{20}	11.604	X_{13}	9.032	X_{12}	9.027	—	—
2014	X_{20}	14.572	X_9	13.786	X_{13}	10.256	X_{12}	9.652	X_4	5.483
2015	X_{20}	14.902	X_9	13.532	X_{13}	12.889	X_{12}	10.234	X_8	5.626
2016	X_9	23.832	X_{20}	12.039	X_{12}	10.430	X_{13}	10.133	X_8	5.228
2017	X_9	25.109	X_{12}	12.889	X_{13}	12.318	X_{20}	9.759	X_8	6.357
2018	X_9	22.409	X_{12}	13.196	X_{13}	12.992	X_{16}	11.184	X_{20}	10.293
2019	X_9	53.004	X_{20}	12.336	X_{13}	11.447	X_8	8.013	X_{19}	6.546

具体来看：排名第一位的障碍因子中，X_9 文化、体育和娱乐业从业人员比例这项指标出现 14 次，X_{14} 每万人拥有公共厕所数、X_7 每万人高校在校学生数、X_{20} 科技经费支出占经费支出比重等指标各出现 2 次。

排名第二位的障碍因子中，X_{20} 科技经费占经济支出比重指标出现 7 次，X_{14} 每万人拥有公共厕所数指标出现 4 次。

排名第三位的障碍因子中，X_{13} 每万人拥有公共交通车辆指标出现 9 次，X_4 第三产业从业人员比重、X_7 每万人高校在校学生数等指标各出现 4 次。

排名第四位的障碍因子中，X_{12} 社会卫生保障和福利业从业人员比例指标出现 5 次，X_4 第三产业从业人员比重、X_{13} 每万人拥有公共交通车辆、X_{17} 供天然气总量等指标各出现 3 次。

排名第五位的障碍因子中，X_{17} 供天然气总量指标出现 5 次，X_4 第三产业从业人员比重、X_8 每万人高校在校学生数等指标各出现 3 次。

（三）西宁市生态环境质量评价

1. 评价指标体系建立

生态环境质量涵盖资源利用、环境治理、环境质量和生态保护四个方面的诸多因素，鉴于此，结合西宁市特点，在参考其他学者研究的基础上从以上四个方面构建西宁市生态环境质量评价指标体系（见表 10-5）。

表 10-5　　　　　　西宁市生态环境质量评价指标体系

目标层	准则层	指标层	单位	符号
绿色城市	资源利用	工业企业综合能源消费量	吨标准煤	X_{23}
		万元 GDP 能源消费量	吨标准煤/万元	X_{24}
		单位 GDP 电耗	吨标准煤/万元	X_{25}
		用水总量	亿立方米	X_{26}
		城市建设用地面积	平方千米	X_{27}
		人均耕地面积	公顷/人	X_{28}
	环境治理	工业固体废物综合利用量	万吨	X_{29}
		清理生活垃圾	万吨	X_{30}
		废污水排放量	万吨/年	X_{31}
		城市维护投资额占 GDP 比重	%	X_{32}

目标层	准则层	指标层	单位	符号
绿色城市	环境质量	空气质量优良天数比例	%	X_{33}
		区域环境平均等效声级	dBa	X_{34}
		江河湖泊水功能区水质达标率	%	X_{35}
		单位GDP二氧化碳排放量	万吨/亿元	X_{36}
	生态保护	当年造林面积	公顷	X_{37}
		全年植树数量	万株	X_{38}
		人均公园绿地面积	平方米/人	X_{39}
		建成区绿地率	%	X_{40}
		燃气普及率	%	X_{41}

其中：资源利用包含工业企业综合能源消费量、万元GDP能源消费量、单位GDP电耗等指标，这些指标反映西宁市近年来的资源利用状况；环境治理包含工业固体废物综合利用量、清理生活垃圾、城市维护投资额占GDP比重等指标；环境质量包含空气质量优良天数比例、区域环境平均等效声级等指标；生态保护包含当年造林面积、全年植树数量、建成区绿地率等指标。

2. 西宁市生态环境质量评价结果

借助WPS数据处理系统，分别将代表资源利用状况、环境治理情况、环境质量状况和生态保护情况指标标准化后的数据导入软件，求得西宁市生态环境质量指标在各子系统指标上的最佳投影方向和西宁市生态环境质量综合水平变动情况（见表10-6和图10-4）。

表10-6　　　　　　西宁市生态环境质量指标最佳投影方向

一级指标	资源利用		环境治理		环境质量		生态保护	
	指标	投影方向	指标	投影方向	指标	投影方向	指标	投影方向
最佳投影方向	X_{23}	0.1465	X_{29}	0.2322	X_{33}	0.3011	X_{37}	0.0507
	X_{24}	0.2287	X_{30}	0.0879	X_{34}	0.2109	X_{38}	0.2381
	X_{25}	0.1550	X_{31}	0.3522	X_{35}	0.0855	X_{39}	0.2348

续表

一级 指标	资源利用		环境治理		环境质量		生态保护	
	指标	投影方向	指标	投影方向	指标	投影方向	指标	投影方向
最佳投 影方向	X_{26}	0.2926	X_{32}	0.2438	X_{36}	0.3336	X_{40}	0.2382
	X_{27}	0.1754	—	—	—	—	X_{41}	0.3010
	X_{28}	0.1586	—	—	—	—	—	—

由表 10 - 6 可知，西宁市生态环境指标体系中，资源利用方面，用水总量影响最大；环境治理方面，废污水排放量影响最显著；环境质量方面，单位 GDP 二氧化碳排放量与空气质量优良天数比例影响最为突出；生态保护方面，燃气普及率对于西宁市绿色发展具有至关重要的作用。从表 10 - 6 中还可以看出当年造林面积 X_{37}、江河湖泊水功能区水质达标率 X_{35} 以及清理生活垃圾 X_{30} 等对于西宁市绿色建设的影响较小，也说明这些领域是未来绿色西宁建设的关键因素。积极推进西宁市植树造林、减少污染排放、增加垃圾处理站等对西宁市绿色建设具有重要的推进作用。

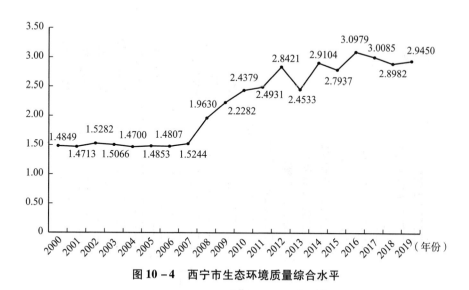

图 10 - 4 西宁市生态环境质量综合水平

由图 10 - 4 可知，西宁市绿色发展综合水平在 2000～2019 年整体呈上升趋势，在 2000～2007 年之间变化幅度不是很大，在 2007 年后，呈现波动上升趋势，自 2012 年后尤为明显。2000～2019 年，西宁市绿色发展评价综合值整体提升 0.98 倍，平均每年增长 7% 左右，增长速度较为平稳。

分析各子系统发现，2000～2019 年，生态保护状况、环境治理状况与环境质量状况都呈上升趋势，仅资源利用情况表现为下降趋势，说明在 20 年发展过程中，西宁市绿色发展对于资源依赖性较强，主要原因为资源型产业拉动西宁市经济发展，进而出现资源短缺；在 2007 年以前，西宁市表现为生态环境保护、环境治理等方面力度不够，影响绿色发展水平提升，该阶段中绿色发展水平主要由环境质量状况与资源利用状况支撑；在 2008 年以后，环境治理与生态保护力度加大，2007～2008 年西宁市绿色发展呈现跨越式上升；2013 年环境质量状况波动下降，影响西宁市绿色发展水平。但在 2014 年之后，西宁市生态环境表现出平稳上升且少有波动的变化趋势（见图 10－5）。

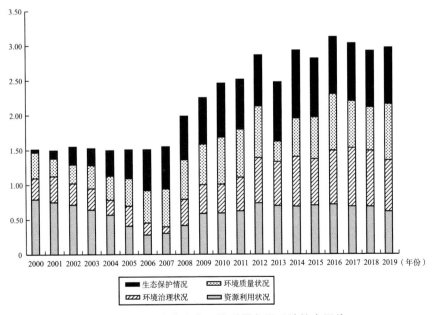

图 10－5　西宁市生态环境质量各子系统综合评价

3. 西宁市生态环境质量障碍因素诊断

西宁市生态环境质量障碍因子及障碍度评价结果见表10 – 7。

表10 – 7　　　2000 ~ 2019 年西宁市生态环境质量障碍因子及障碍度

年份	障碍因子排序									
	第一		第二		第三		第四		第五	
	障碍因子	障碍度	障碍因子	障碍度	障碍因子	障碍度	障碍因子	障碍度	障碍因子	障碍度
2000	X_{36}	14.492	X_{33}	10.986	X_{31}	9.448	X_{40}	8.153	X_{26}	8.080
2001	X_{36}	13.907	X_{33}	11.173	X_{31}	8.825	X_{29}	7.836	X_{38}	7.762
2002	X_{36}	14.624	X_{33}	11.458	X_{38}	8.385	X_{29}	8.083	X_{31}	8.027
2003	X_{36}	15.237	X_{33}	8.889	X_{26}	8.454	X_{38}	8.431	X_{29}	8.205
2004	X_{36}	15.495	X_{31}	10.394	X_{26}	10.050	X_{38}	8.627	X_{29}	8.074
2005	X_{36}	17.399	X_{31}	12.345	X_{26}	10.563	X_{24}	7.923	X_{29}	7.497
2006	X_{31}	14.889	X_{26}	12.713	X_{36}	12.000	X_{24}	8.446	X_{29}	8.048
2007	X_{31}	19.743	X_{26}	13.629	X_{36}	8.498	X_{32}	8.281	X_{24}	7.459
2008	X_{32}	11.801	X_{26}	11.188	X_{38}	9.786	X_{36}	8.497	X_{24}	8.400
2009	X_{32}	14.291	X_{33}	9.504	X_{38}	9.283	X_{26}	9.035	X_{24}	8.454
2010	X_{32}	14.931	X_{26}	12.400	X_{29}	8.740	X_{24}	8.085	X_{31}	7.657
2011	X_{26}	14.190	X_{32}	13.137	X_{38}	10.904	X_{31}	8.697	X_{33}	6.638
2012	X_{32}	18.545	X_{38}	15.568	X_{24}	9.289	X_{33}	9.288	X_{23}	7.487
2013	X_{32}	14.491	X_{34}	12.498	X_{23}	5.849	X_{24}	5.742	X_{28}	5.656
2014	X_{33}	23.741	X_{32}	12.222	X_{27}	9.001	X_{28}	8.735	X_{23}	7.774
2015	X_{33}	17.692	X_{38}	12.449	X_{27}	8.917	X_{28}	8.649	X_{32}	8.48
2016	X_{38}	23.607	X_{27}	13.924	X_{28}	13.175	X_{23}	9.745	X_{31}	7.639
2017	X_{38}	19.327	X_{33}	17.687	X_{27}	12.738	X_{28}	11.532	X_{23}	8.973
2018	X_{38}	20.828	X_{34}	14.658	X_{27}	11.964	X_{28}	10.589	X_{23}	7.709
2019	X_{38}	22.678	X_{27}	14.192	X_{28}	11.611	X_{23}	9.907	X_{32}	9.479

从障碍因素测算结果来看，在指标层中，环境质量与环境治理指标层的指标较多，且障碍度较明显，这表明环境质量与环境治理情况是影响西宁市生态环境质量发展的主要障碍因素，且该影响较持续。

分阶段来看，在研究初期阶段，障碍因素主要集中在二氧化碳排放量、废污水排放量等方面。最近五年，障碍因素发生迁移，除原有的环境治理、资源利用层面的障碍因素，生态环境质量发展的障碍因素也显现出来，例如，全年植树总量等。

（四）西宁市民生福祉水平评价

1. 评价指标体系建立

民生福祉水平涵盖居民收入水平、消费水平、社会保障、闲暇文娱以及公共安全等诸多方面，鉴于此，结合西宁市特点，在参考其他学者研究的基础上从以上五个方面构建西宁市民生福祉水平评价指标体系（见表10-8）。

其中：居民收入水平包括城镇登记失业率、在岗职工年平均工资、居民人均可支配收入、城乡居民收入比4个二级指标；消费水平包括恩格尔（Engel）系数、商品零售价格总指数、城镇居民人均消费支出、每百户城镇居民家庭拥有家用汽车数、城镇人均住宅建筑面积5个二级指标；社会保障由城镇居民最低生活保障人数、社会保险参保率、医疗保险参保率以及社会保障就业人口占总就业人口比重4个指标组成；闲暇文娱由博物馆参观人次、电视人口覆盖率、每万人公共图书馆藏书量、报纸、杂志、图书总印刷数4个指标组成；公共安全由公共安全支出、每万人刑事案件发案总数和每万人交通事故总数3个指标组成。

表10-8 西宁市民生福祉评价指标体系

目标层	准则层	指标层	单位	符号
幸福城市	收入水平	城镇登记失业率	%	X_{42}
		在岗职工年平均工资	元	X_{43}
		居民人均可支配收入	元/人	X_{44}
		城乡居民收入比（以农村为1）	—	X_{45}
	消费水平	恩格尔系数	%	X_{46}
		商品零售价格总指数（以上年为100）	—	X_{47}
		城镇居民人均消费支出	元	X_{48}
		每百户城镇居民家庭拥有家用汽车数	辆/百户	X_{49}
		城镇人均住宅建筑面积	平方米/人	X_{50}

目标层	准则层	指标层	单位	符号
幸福城市	社会保障	城镇居民最低生活保障人数	人	X_{51}
		社会保险参保率	%	X_{52}
		医疗保险参保率	%	X_{53}
		社会保障就业人口占总就业人口比重	%	X_{54}
	闲暇文娱	博物馆参观人次	万人次	X_{55}
		电视人口覆盖率	%	X_{56}
		每万人公共图书馆藏书量	册/万人	X_{57}
		报纸、杂志、图书总印刷数	万册	X_{58}
	公共安全	公共安全支出	万元	X_{59}
		每万人刑事案件发案总数	件/万人	X_{60}
		每万人交通事故总数	起/万人	X_{61}

2. 西宁市民生福祉水平评价结果

借助 WPS 数据处理系统，分别将代表收入水平、消费水平、社会保障、闲暇文娱以及公共安全等子系统指标值标准化后的数据导入软件，计算出西宁市民生福祉各子系统指标的最佳投影方向和西宁民生福祉综合水平变动情况（见表 10-9 和图 10-6）。

表 10-9　　　　　　　西宁市民生福祉指标最佳投影方向

一级指标	收入水平		消费水平		社会保障		闲暇文娱		公共安全	
	指标	投影方向	指标	投影方向	指标	投影方向	指标	投影方向	指标	投影方向
民生福祉	X_{42}	0.0189	X_{46}	0.0763	X_{51}	0.3044	X_{55}	0.1542	X_{59}	0.3121
	X_{43}	0.2765	X_{47}	0.0955	X_{52}	0.2486	X_{56}	0.1698	X_{60}	0.2798
	X_{44}	0.1905	X_{48}	0.2843	X_{53}	0.2938	X_{57}	0.0845	X_{61}	0.0698
	X_{45}	0.2673	X_{49}	0.2787	X_{54}	0.3008	X_{58}	0.1718	—	—
	—	—	X_{50}	0.0747	—	—	—	—	—	—

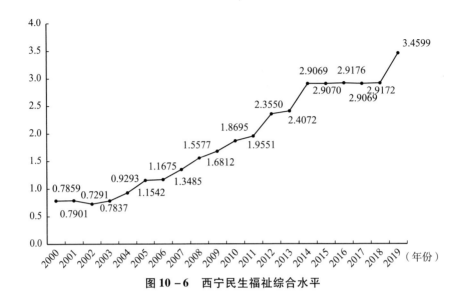

图 10 - 6　西宁民生福祉综合水平

由表 10 - 9 可观察到，西宁民生福祉的主要影响因素分布情况。

在收入水平中，影响最大的是在岗职工年平均工资，其次是城乡居民收入差距；在消费水平方面，最显著影响因素是城镇居民人均消费支出和每百户城镇居民家庭拥有家用汽车数；在社会保障子系统中，影响因素权重值均较大，说明社会保障各方面对幸福西宁建设都具有重要影响。

由图 10 - 6 可知，幸福西宁综合评价水平在 2000～2019 年整体呈上升趋势，综合评价值提升 3.4 倍，平均每年增长 17.01%，增长速度较快。其中，2000～2002 年变化幅度较小，整体呈"倒 U"型，变化幅度在 0.1 左右；2002～2016 年呈直线上升趋势；2016～2018 年变化幅度较小，在 0.1 左右；2018～2019 年呈直线上升趋势。

由图 10 - 7 深入分析可以看出在 2000～2019 年期间，公共安全、闲暇文娱、社会保障、消费水平与收入水平五大综合评价系统得分呈上升趋势，增长值分别为 0.6905、0.5596、0.5710、0.3284、0.5246，平均每年增长值分别为 0.036、0.029、0.030、0.017、0.028。

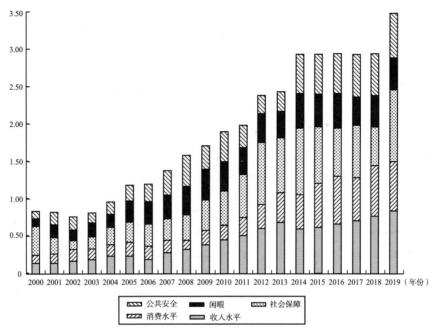

图例：公共安全　闲暇　社会保障　消费水平　收入水平

图 10 - 7　幸福西宁（民生福祉）各系统综合评价水平变化

3. 西宁市民生福祉质量障碍因素诊断

从表 10 - 10 来看，影响西宁市民生福祉排名前五的障碍因子主要集中在消费水平与公共安全这两个子系统。

表 10 - 10　　2000～2019 年西宁市民生福祉障碍因子及障碍度

年份	障碍因子排序									
	第一		第二		第三		第四		第五	
	障碍因子	障碍度	障碍因子	障碍度	障碍因子	障碍度	障碍因子	障碍度	障碍因子	障碍度
2000	X_{59}	11.959	X_{51}	11.311	X_{48}	9.859	X_{49}	9.481	X_{43}	9.322
2001	X_{59}	11.244	X_{48}	9.279	X_{51}	9.258	X_{49}	9.229	X_{53}	9.153
2002	X_{59}	11.334	X_{53}	10.042	X_{49}	9.041	X_{48}	8.881	X_{54}	8.872
2003	X_{59}	11.268	X_{54}	9.905	X_{53}	9.403	X_{49}	9.153	X_{48}	8.766
2004	X_{59}	11.618	X_{54}	10.389	X_{49}	9.538	X_{53}	9.154	X_{48}	8.965

续表

年份	障碍因子排序									
	第一		第二		第三		第四		第五	
	障碍因子	障碍度	障碍因子	障碍度	障碍因子	障碍度	障碍因子	障碍度	障碍因子	障碍度
2005	X_{59}	12.060	X_{49}	10.025	X_{54}	9.943	X_{53}	9.258	X_{48}	9.196
2006	X_{59}	11.673	X_{54}	10.287	X_{49}	9.906	X_{53}	9.141	X_{48}	9.125
2007	X_{51}	11.294	X_{59}	11.172	X_{54}	10.774	X_{49}	10.570	X_{48}	9.079
2008	X_{59}	11.758	X_{49}	11.421	X_{54}	11.327	X_{53}	9.798	X_{48}	9.507
2009	X_{59}	11.907	X_{49}	11.733	X_{54}	10.369	X_{43}	9.489	X_{53}	9.475
2010	X_{49}	12.680	X_{43}	9.803	X_{54}	9.796	X_{48}	9.752	X_{53}	9.611
2011	X_{49}	13.333	X_{54}	11.033	X_{60}	10.65	X_{48}	9.181	X_{43}	9.071
2012	X_{60}	17.467	X_{49}	15.994	X_{53}	12.536	X_{43}	10.107	X_{59}	9.884
2013	X_{60}	18.673	X_{49}	13.334	X_{43}	9.264	X_{59}	8.018	X_{48}	7.979
2014	X_{49}	17.695	X_{43}	11.418	X_{51}	11.194	X_{45}	10.890	X_{52}	10.417
2015	X_{51}	14.317	X_{49}	13.043	X_{45}	11.283	X_{43}	10.181	X_{54}	10.085
2016	X_{54}	27.401	X_{51}	11.948	X_{45}	10.985	X_{49}	8.341	X_{43}	8.03
2017	X_{54}	31.181	X_{45}	11.811	X_{53}	7.513	X_{51}	6.946	X_{49}	6.76
2018	X_{54}	24.632	X_{53}	21.907	X_{52}	13.779	X_{45}	11.867	—	—
2019	X_{54}	28.384	X_{45}	23.258	X_{58}	11.678	X_{52}	11.295	X_{49}	7.382

2000～2009年，公共安全支出为西宁市幸福发展的最大障碍因素，其中在2007年城镇居民最低生活保障人数为最大障碍因素。每百户城镇居民家庭拥有家用汽车数、医疗保险参保率、城镇人均消费支出以及社会保障就业人口占总就业人口比重等指标排名前五的次数较多，仅有少数年份表现为城镇居民最低生活保障人数指标为排名靠前的障碍因素。

2010～2019年，每百户城镇居民家庭拥有家用汽车数、每万人刑事案件发案总数、城镇居民最低生活保障人数以及社会保障就业人口占总就业人口比重为制约西宁市幸福发展的关键障碍因素。

（五）西宁市现代化、绿色、幸福发展耦合协调度评价

将现代化西宁、幸福西宁、绿色西宁的指标体系整体进行投影寻踪模型分析，运用式（10-2）~式（10-7）进行耦合协调度的计算。

计算结果见图10-8和图10-9。

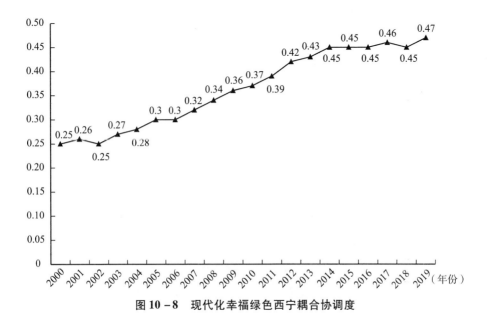

图 10-8 现代化幸福绿色西宁耦合协调度

根据图10-8可以看出，现代化西宁、幸福西宁与绿色西宁系统之间的耦合协调度整体处于上升趋势，从0.25升至0.47，但根据表5-2中对耦合协调程度划分标准来看，在2000~2019年均未达到协调，2000~2005年，协调程度处于0.25~0.3，属于中度失调，2006~2010年协调程度处于0.3~0.39，属于轻度失调，2011~2019年协调程度处于0.39~0.47，属于濒临失调阶段。总体来看，发展趋势良好，即将进入协调发展阶段。

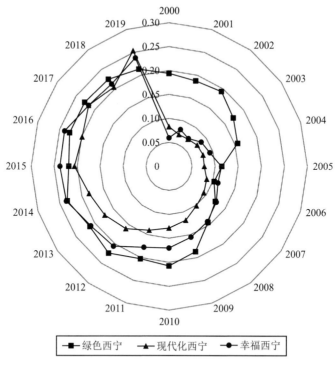

图 10 - 9　现代化幸福绿色西宁子系统值变动对比

　　根据图 10 - 9 可以看出，在 2000～2005 年、2008～2013 年、2017～2018 年，西宁市三系统处于中度失调的主要原因为生态环境建设较快，现代化建设和幸福城市建设相对较慢。

　　其中，在 2000～2004 年绿色西宁的系统值要明显高于现代化系统和幸福系统的值，说明在此期间西宁市城市建设重心在绿色西宁，建设重心的转移导致西宁市在三个系统之间的协调发展程度失衡。

　　2008～2013 年，现代化西宁明显低于幸福西宁建设与绿色西宁建设，但幸福系统值较上一阶段有所提升，说明西宁市在此期间逐渐开始注重西宁市民生福祉建设，进而提高了西宁市三个系统之间的耦合协调度。

　　在 2017～2018 年，三个系统之间系统值相差不大，绿色西宁建设略高于现代化西宁建设与幸福西宁建设系统值，可以看出西宁市在这几年建设中，工作重心不再局限于某一系统，而是重视协调发展，虽然处于濒临失调阶段，但整体来看现代美丽幸福西宁的建设发展趋于协调。

2006～2007年、2014～2016年西宁市注重提升居民幸福感，幸福建设成效快于现代化建设和绿色发展。在2006～2007年可以看出幸福西宁与绿色西宁之间系统值差别不大，而明显高于现代化西宁建设，说明在此期间，西宁市发展重心在幸福城市与绿色城市建设，缺少对现代化方面的建设，进而导致西宁市三个系统之间的耦合协调度较低；2014～2016年，西宁市现代化建设与幸福建设和绿色建设之间的差距明显缩小，但仍然存在，这也是导致西宁市三系统之间耦合协调程度较低的主要原因。

从2019年的评价结果可以看出，现代化建设水平高于幸福城市建设与绿色城市建设，三个系统之间相差较小，说明西宁市在2002年之后工作重心逐步向现代化建设转移，但同时并未放缓幸福建设与绿色建设，虽处于濒临失调阶段，但分析内部原因可以看出西宁市现代化建设、幸福城市建设与绿色城市建设之间的耦合协调性具有上升的潜力。

三、现代化美丽幸福大西宁建设问卷调查

现代美丽幸福大西宁建设是以人为核心，实现经济现代化发展，生态绿色美丽，民生福祉持续提高，所以居民的切身感受至关重要。本章以居住在西宁的居民（包含永久居住和临时居住）为对象，开展问卷调查，并通过西宁与西部其他省会城市的横向对比，以找出现代美丽幸福大西宁建设的问题与短板。

（一） 问卷的设计与发放

区域经济主体一般包括居民、企业和政府三类，居民作为城市重要主体，最能深刻感受城市发展变化。为了深入了解现代化美丽幸福大西宁建设存在的问题与短板，本书设计调查问卷，对居民进行调查。所设计的调查问卷共分为五大部分：

第一、第二部分为调查居民的个人基本情况及居民生活状况，该部分统计被调查对象的基本样本特征，包括性别、学历、消费额等。

第三部分主要是西宁市幸福满意度评价的量表，主要是针对西宁市居民对于幸福感认知程度进行的调查。

第四部分是关于居民对于西宁城市发展情况的主观评价。

第五部分是关于西宁市与其他相关城市发展情况的对比。该部分为主观调查内容，包括居民对西宁市的排名评价及影响西宁市幸福感程度的其他因素的调查。

相关调查问卷见附件。

调查过程中，通过问卷星发布在线问卷，开展线上调查。

（二） 问卷处理

1. 调查对象样本分布

本次调查针对的对象主要是青海省西宁市居民，主要样本来自西宁市高校学生、企事业单位、科研院所、人大代表等群体，确保对问卷的理解力、关注度。通过问卷星发放问卷，共收回 246 份，其中有效问卷 240 份，问卷回收率达 100%，问卷有效率为 97.561%。

首先，进行调查对象的样本特征统计，见表 10 - 11：

表 10 - 11　　　　　　　　　调查对象样本特征统计

人数统计变量		实际人数（人）	百分数（%）	人数统计变量		实际人数（人）	百分数（%）
性别	男	112	45.53	个人就业状况	退休或离休	3	1.22
	女	134	54.47		其他	56	22.76
年龄	18 岁以下	1	0.41		（空）	4	1.63
	18～29 岁	113	45.93	家里每年的支出主要花费	食品及衣物支出	112	45.53
	30～49 岁	863	4.96		医疗支出	5	2.03
	50～69 岁	451	8.29		教育支出	70	28.46
	70 岁以上	1	0.41		房屋购置	34	13.82
学历	初中及以下	2	0.81		车辆购置	0	0.00
	高中（或中专）	13	5.28		其他	25	10.16
	本科（或大专）	123	50.00	平均每月在食物方面的花费	500 元以下	7	2.85
	本科以上	108	43.90		500～1000 元	93	37.80
家庭月平均收入	3000 元以下	33	13.41		1001～1500 元	57	23.17
	3000～5000 元	49	19.92		1500 元以上	89	36.18
	5001～1 万元	100	40.65	家里目前拥有机动车数量	0 辆	61	24.80
	1 万元以上	61	24.80		1 辆	142	57.72
身份	其它	3	1.22		2 辆	38	15.45
	常住居民（包含在校大学生）	225	91.46		3 辆及以上	5	2.03
	临时居住（包含游客和中转人员）	19	7.72	每周平均工作时间	7 天	41	16.67
家里有几口人	（空）	2	0.81		6 天	39	15.85
	1 人	4	1.63		5 天	132	53.66
	2 人	21	8.54		4 天	4	1.63
	3 人	81	32.93		3 天及以下	30	12.20
	4 人	78	31.71	闲暇时间主要从事以下哪些活动	看电视	25	10.16
	5 人及以上	62	25.20		上网	99	40.24
居住状况	自有商品房	153	62.20		运动	43	17.48
	租房	11	4.47		阅读	44	17.89
	自建住房	36	14.63		其他	35	14.23
	其他	46	18.70	在日常生活中是否会进行垃圾分类	是	140	56.91
个人就业状况	在岗	147	59.76		否	106	43.09
	待（下）岗	1	0.41	是否经常使用一次性产品	是	142	57.72
	无业	35	14.23		否	104	42.28

在本次调查结果当中，男女性别比例接近相等，调查对象年龄主要集中在 18~70 岁，成年人为主。学历分布上以本科生为主，其次为硕士研究生及以上学历，初中及以下学历占比极小。家庭月平均收入当中，5001~1 万元的收入比重最大，为 40.65%，收入为 1 万元以上次之，3000~5000 元再次之，3000 元以下的收入占比最少。

2. 调查量表分析

（1）满意度调查量表的信度分析：

在问卷的第三部分，采取本特量表的调查形式对西宁市居民幸福满意度进行调查，其满意度量表的信度分析结果见表 10-12。

表 10-12　　　　　　　KMO 值、巴特球形值及可靠性检验

充分抽样的 KMO 测度（Kaiser – Meyer – Olkin Measure of Sampling Adequacy.）		0.952
巴特球形检验（Bartlett's Test of Sphericity）	近似卡方（Approx. Chi – Square）	4075.405
	自由度（df）	171
可靠性统计（Reliability statistics）		
特征值（旋转前）［Eigenvalue（Beforerotating）］	特征值（旋转值）［Eigenvalue（Afterrotating）］	
因子 1（FAC1_1）	11.45	7.62
因子 2（FAC1_2）	1.63	5.46
方差贡献率（旋转前）［Vari – ancecontributionrate（Beforero – tating）］	方差贡献率（旋转后）［Variancecontributionrate（Afterrotating）］	
因子 1（FAC1_1）	60.28%	40.11%
因子 2（FAC1_2）	8.59%	28.75%
累计方差贡献率［Cumulativeva – riancecontributionrate（Beforero – tating）］	累计方差贡献率［Cumula – tivevariancecontributionrate（Afterrotating）］	
因子 1（FAC1_1）	60.28%	40.11%
因子 2（FAC1_2）	68.87%	68.87%

由表 10 – 12 可知，KMO 值为 0.952，接近于 1，则表明该量表中的变量间的相关性强，原有变量非常适合作因子分析，所以根据原问卷中的 20 ~ 39 题关于满意度的调查结果，也得到了以上的因子分析结果。

由表 10 – 12 中可靠性统计的数据可得，特征值在旋转之后的数值分别为 7.62 和 5.46，累积方差贡献率分别为 30.11% 和 28.75%，表明总方差被预测变量所解释或决定的比率即进行的拟合效果和解释效果较好。同时本次调查采用内部一致性评价中的克朗巴哈（Cronbacha）系数法对量表各个问题选项设置有效性进行检验，其分析目的是为了评价问卷中各个问题测量是否为类同概念，以此判断问卷设置是否合理。首先 Cronbacha 值位于 0 ~ 1 之间，越接近于 1，表明指标的信度越高，本次调查的 Cronbacha 值为 0.961，表明信度高，问卷设置合理。

（2）问卷样本相关分析：

针对问卷第一部分与第二部分样本基本特征，采取相关分析的方法，探究具体样本基本特征是否与西宁市居民对建设现代美丽幸福大西宁认可度存在相关关系，幸福满意度总分与人口特征、居民生活状况的相关分析见表 10 – 13。

由表 10 – 13 可以看出，在样本人口特征方面，性别与西宁市的居民幸福感的 Pearson 相关系数为 – 0.138，显著性水平 P 值为 0.030 < 0.05，说明性别与西宁市居民幸福感之间存在相关关系但其相关性不强。

同理，推断出性别、年龄、民族、身份等因素都与居民幸福感得分无相关关系。

居民的文化程度、在西宁居住的时间、是否继续在西宁居住、就业状况与每周工作时间、日常生活中是否进行垃圾分类与居民幸福感得分存在负相关关系，Pearson 系数为 – 0.182、– 0.154，– 0.127、– 0.192，显著性水平 P 值均 < 0.01，且相关性较强，说明与居民幸福感相关。能够理解为文化程度越高的居民体会到的幸福感差距越大，将在西宁继续居住的居民对幸福感要求更高，就业状况与工作时间影响幸福感，生活垃圾分类属于责任义务，减少居民的幸福感（但这项工作增加居民的责任感）。

表 10 – 13　　　　　　　　幸福满意度与人口特征、居民生活相关性

调查对象及特征		幸福感总分	调查对象及特征		幸福感总分	调查对象及特征		幸福感总分	调查对象及特征		幸福感总分
性别	Pearson 相关性	− 0.138	民族	Pearson 相关性	− 0.036	是否经常使用一次性产品	Pearson 相关性	0.084	家里的住宅面积是	Pearson 相关性	0.167 **
	显著性（双尾）	0.03		显著性（双尾）	0.579		显著性（双尾）	0.188		显著性（双尾）	0.009
年龄	Pearson 相关性	0.136	身份	Pearson 相关性	0.022	目前的居住状况是	Pearson 相关性	− 0.078	家里目前拥有机动车数量是	Pearson 相关性	0.116
	显著性（双尾）	0.034		显著性（双尾）	0.731		显著性（双尾）	0.222		显著性（双尾）	0.069
文化程度	Pearson 相关性	− 0.182 **	以后会继续在西宁居住	Pearson 相关性	− 0.154 *	个人就业状况是	Pearson 相关性	− 0.127 *	每周平均工作时间是	Pearson 相关性	− 0.019
	显著性（双尾）	0.004		显著性（双尾）	0.015		显著性（双尾）	0.047		显著性（双尾）	0.762
家庭月平均收入	Pearson 相关性	0.088	幸福感分数	Pearson 相关性	1	家里每年的支出主要花费在	Pearson 相关性	0.130 *	闲暇时间主要从事以下哪些活动	Pearson 相关性	0.116
	显著性（双尾）	0.17		显著性（双尾）	—		显著性（双尾）	0.041		显著性（双尾）	0.07
在西宁居住的时间	Pearson 相关性	0.156 *	家里有几口人	Pearson 相关性	0.013	平均每月在食物方面的花费大概是	Pearson 相关性	0.102	在日常生活中是否会进行垃圾分类	Pearson 相关性	− 0.192 **
	显著性（双尾）	0.014		显著性（双尾）	0.839		显著性（双尾）	0.11		显著性（双尾）	0.002

同时，由表 10 – 13 的 Correlation 可得，居民生活状况当中家庭人口数、居住状况、每月在食物方面的花费、拥有机动车数量、闲暇时间主要从事的活动、是否经常使用一次性产品与幸福感分数不存在较强的相关关系。

（3）相关变量回归分析：

在本部分中，首先通过相关分析的结果，选取具体指标，采取多元线性回归模型，进行回归分析。其中选取的变量 X 分别为 X_1 性别、X_2 文化程度、X_3 在西宁居住的时间、X_4 以后会继续在西宁居住、X_5 个人就业状况、X_6 家里每年的支出主要花费、X_7 住宅面积、X_8 在日常生活中是否会进行垃圾分类。

表 10 - 14　　　　　　　　居民幸福满意度回归分析结果

R	R²		调整后的 R²	标准估算的错误
0.333a	0.111		0.081	26.092

	平方和	自由度	均方	F	显著性		
回归	20167.874	8	2520.984	3.703	0.000b		
残差	161350.894	237	680.805				
总计	181518.768	245					

	非标准化系数		标准系数	t	显著性	共线性统计	
	B	标准错误	贝塔			容许	VIF
（常量）	134.645	16.815		8.007	0		
X_1	-3.193	3.492	-0.059	-0.914	0.361	0.915	1.093
X_2	-5.642	2.875	-0.129	-1.962	0.051	0.864	1.158
X_3	1.71	2.41	0.057	0.71	0.479	0.574	1.742
X_4	-1.228	3.083	-0.032	-0.398	0.691	0.568	1.762
X_5	-0.347	1.13	-0.022	-0.307	0.759	0.707	1.413
X_6	1.334	1.038	0.08	1.286	0.2	0.967	1.034
X_7	4.251	2.055	0.129	2.068	0.04	0.962	1.039
X_8	-8.776	3.418	-0.16	-2.567	0.011	0.966	1.035

表 10 - 14 为回归方程的有效性检验，其中 $R^2 = 0.111$，即自变量可以解释因变量的 11.1% 的变异。在方差分析表中，检验回归效果的 F 值 = 3.703，P 值 $0.000 < 0.001$。

可见回归方程非常显著。

所以根据表 10 - 14 数据，可建立多元回归方程：

$$Y = -3.193X_1 - 5.642X_2 + 1.710X_3 - 1.228X_4 - 0.347X_5 + 1.334X_6$$
$$+ 4.251X_7 - 8.776X_8 + 134.645 \qquad (10 - 8)$$

从上述公式可得出，在西宁居住的时间（X_3）、家里每年的支出主要花费（X_6）、住宅面积（X_7）与居民幸福感呈正相关。

（三） 西宁城市发展情况评价分析

根据调查问卷中第四部分的结果，本书结合普及率以及响应率来分析西宁市居民对城市发展状况的看法（见表10-15）。

表10-15　　　　　　　　　响应率和普及率汇总

项	响应 n	响应率（%）	普及率（%）（n=50）	项	响应 n	响应率（%）	普及率（%）（n=50）
居民素质	21	12.21	42.00	人口压力小	30	20.00	60.00
制度政策	19	11.05	38.00	区位条件	17	11.33	34.00
经济发展水平	28	16.28	56.00	其他	0	0.00	0.00
生态环境质量	38	22.09	76.00	汇总	150	100	300.00
基础设施水平	43	25.00	86.00	拟合优度检验：$\chi^2=54.867$ $p=0.000$			
生活质量	21	12.21	42.00	居民收入增长	35	18.62	70.00
其他	2	1.16	4.00	生态环境改善	43	22.87	86.00
汇总	172	100	344.00	经济发展	34	18.09	68.00
拟合优度检验：$\chi^2=44.674$ $p=0.000$				提高城市知名度	40	21.28	80.00
政府管理	36	21.18	72.00	公共设施改善	36	19.15	72.00
产业发展	32	18.82	64.00	其他	0	0.00	0.00
专家、人才作用	26	15.29	52.00	汇总	188	100	376.00
民众配合	19	11.18	38.00	拟合优度检验：$\chi^2=39.426$ $p=0.000$			
西宁自身优势	18	10.59	36.00	基础设施	27	13.43	54.00
政策支持	39	22.94	78.00	环境质量	8	3.98	16.00
其他	0	0.00	0.00	产业结构	36	17.91	72.00
汇总	170	100	340.00	技术创新水平	38	18.91	76.00
拟合优度检验：$\chi^2=44.200$ $p=0.000$				教育条件	31	15.42	62.00
生态环境	38	25.33	76.00	医疗水平	26	12.94	52.00
自然资源	36	24.00	72.00	自然地理条件	34	16.92	68.00
经济发展	10	6.67	20.00	其他	1	0.50	2.00
政策环境	19	12.67	38.00	汇总	201	100	402.00
—				拟合优度检验：$\chi^2=50.821$ $p=0.000$			

首先，大多数居民认为西宁近几年最大变化表现在基础设施水平和生态环境质量上，同时他们认为这些方面的变化应当最大程度归因于政策支持、政府管理以及产业发展。

其次，居民认为西宁发展的优势集中于具有良好的生态环境和自然资源以及存在较小的人口压力。

最后，居民认为西宁市发展最大的制约因素是技术创新水平以及产业结构等劣势。

此外，自然地理条件方面，由于青海省位于祖国的大西北，气候并不宜人，且是高原，所以存在劣势。

（四）居民对现代化美丽幸福大西宁建设水平主观评价分析

2020 中国最具幸福感城市榜单中有成都、杭州、宁波、广州、长沙、南京、郑州、西宁、青岛、西安等城市。为了将西宁与上榜其他城市对比，将居民主观判断的西宁市生态环境、民生福祉、现代化程度以及幸福感排名做了认可度调查，结果见表 10 - 16。

表 10 - 16　　　　　　　　居民主观认可西宁市幸福感排名统计

生态环境		民生福祉		现代化程度		幸福感	
排名	计数	排名	计数	排名	计数	排名	计数
1	40	1	21	1	9	1	31
2	17	2	10	2	2	2	15
3	32	3	20	3	8	3	30
4	13	4	6	4	4	4	10
5	35	5	39	5	20	5	40
6	20	6	25	6	16	6	21
7	13	7	14	7	15	7	14
8	19	8	30	8	35	8	25
9	8	9	20	9	30	9	10
10	18	10	28	10	64	10	14

从表 10 – 16 统计数据可以反映出，居民关于问卷中第五部分现代美丽幸福大西宁的建设评价：大多数居民认为与其他上榜的最具幸福感城市相比，西宁的生态环境排名为第一名或第五名的居多；民生福祉排名大多认为是第五名或第八名的居多；现代化程度排名认为是第八名～第十名的居多；幸福感排名评价第五名或第一名的居多。

同样，被调查居民认为制约西宁市建设"现代美丽幸福大西宁"的因素除普遍认为的自然条件较差、地理位置偏僻、产业发展较落后等因素以外，还有人才制度不完善导致人才流失、教育水平较低导致创新能力不足、基础设施建设落后与起点过低、人文素质培养缺乏等。

四、西宁与西部其他省会城市幸福满意度对比

本书的西部省会城市主要包括西宁、重庆、成都、兰州、西安、银川等六座城市，要实现现代幸福美丽大西宁建设目标，必须将西宁与其他省会城市的差距找出来，并扬长避短，实现差异化发展。

（一）西部省会城市幸福满意度评价指标体系

刘逸舟（2020）基于西安市居民美好生活需要的调查，认为西安市居民幸福感满意度较高，西安市自然安全、饮用水安全和人身安全状况良好，测评结果和居民满意度均较高，但是空气质量、社会治安中的信息安全、财产安全状况相对较差，测评结果和居民满意度偏低。

陈文和陈华（2013）通过实证研究得出成都市城乡居民的生活满意度、幸福指数偏高，对现在生活状态较为满意，同时认为成都市居民有较多的积极情绪体验，近八成的被调查者感觉"幸福"和"比较幸福"，这与成都市的西部中心地位、经济发展、文化特征和成都人的心态有较大的关系。李秋敏和肖雯心（2016）根据流动人口的幸福感分析得出成都市流动人口对于幸福感的获得上，个体之间存在差异，例如性别、年

龄、户口差异等。

孟东方（2021）认为重庆市居民对高品质生活的整体满意度处于中等水平，主城都市区和收入较高的居民满意度较高，同时重庆市居民对未来的物质生活和发展前景充满期待和信心，期望在今后发展中，有效提升全市人民的幸福感、安全感和获得感。

通过本次调查也发现大多数居民认为西宁市的生态环境良好，自然资源丰富，且拥有丰富的文化底蕴，适合发展生态旅游产业。

根据上述文献与问卷分析，我们提炼出评价西部城市幸福感指数的最具代表性的影响因素，作为比较西部各个省会城市幸福感高低的指标，并依此建立指标体系（见表 10 – 17）。

表 10 – 17　　　　　　　　西部省会城市幸福感评价指标体系

一级指标	二级指标	三级指标
城市居民幸福感	经济满意度	人均 GDP
		社会消费品零售总额
		新增就业人数
		旅游总收入
	生活满意度	全体居民人均可支配收入
		居民人均生活消费支出
		公共卫生机构数
		普通高校个数

（二）西部省会城市幸福满意度评价结果

利用熵值法，将西宁、西安、兰州、成都、重庆、银川 6 个主要西部省会城市作对比。将数据无量纲化，然后进行熵值法的计算，得出赋权值的结果（见表 10 – 18）。

表 10 – 18   熵值法计算权重结果汇总

项目	信息熵值 e	信息效用值 d	权重系数 w（%）
人均 GDP（元）	0.8447	0.1553	7.25
社会消费品零售总额（亿元）	0.6988	0.3012	14.05
新增就业人数（万人）	0.5811	0.4189	19.54
旅游总收入（亿元）	0.6897	0.3103	14.48
全体居民人均可支配收入（元）	0.804	0.196	9.14
居民人均生活消费支出（元）	0.7679	0.2321	10.83
公共医疗卫生机构数（个）	0.6655	0.3345	15.60
普通高校数（个）	0.8047	0.1953	9.11

使用熵值法对人均 GDP 等总共 8 项进行权重计算，从表 10 – 18 可以看出：人均 GDP、社会消费品零售总额、新增就业人数和旅游总收入四项反映经济满意度的指标中，除了人均 GDP 权重系数仅占 7.25%，其余三项权重较高，依次为 14.05%、19.54% 和 14.48%。这说明样本城市居民经济满意度偏重于消费、就业和产业发展，经济总量的重要程度稍低，反映出对居民而言影响最大的是就业情况。

在全体居民人均可支配收入、居民人均生活消费支出、公共医疗卫生机构、普通高校数四项反映生活满意度的指标中，权重比较均衡，依次为 9.14%、10.83%、15.61% 和 9.11%。这说明样本城市居民生活中收入、消费、医疗和教育都比较重要，其中又以医疗条件为最重要因素。

综合来看，经济满意度各项指标权重合计 55.32%，生活满意度各项指标权重合计 44.68%，反映出西部城市发展带动居民满意度提升还是要重视发展城市经济，提升城市经济竞争力。

然后根据权重，对 6 个省会城市的满意度综合得分进行计算并排序，得到各城市居民满意度评价结果（见表 10 – 19）。

表 10 - 19 　　　　　　　　　西部省会城市幸福满意度排名

城市	综合排名	综合得分
重庆	1	0.7835
成都	2	0.6381
西安	3	0.4124
兰州	4	0.2458
银川	5	0.2243
西宁	6	0.1171

由表 10 - 19 综合排名结果可得，在西部省会城市中，重庆是目前最具幸福感的城市，成都市与西安市紧随其后，再次是兰州市、银川市，排名最后是西宁市，说明在西部省会城市中，西宁居民幸福感相对较弱。这很大程度上可以归因于经济发展与就业不协调，同时存在生活成本高、教育医疗水平低等影响生活满意的限制因素。

五、评价结论与制约因素分析

运用投影寻踪模型、障碍度模型、耦合协调模型以及问卷调查等对 2000~2019 年西宁市现代化建设、幸福城市建设和美丽城市建设三个系统进行评价，评价结果较为客观真实地反映了西宁市在现代化、幸福城市和美丽城市建设三个方面的现实情况，说明投影寻踪模型、障碍度模型以及耦合协调模型在城市评价领域具有较强的适应性。

（一）评价结论

1. 西宁市综合发展水平不断提升

从定量评价结果可知，2000~2019 年期间，西宁市现代化建设、幸福城市建设与美丽城市建设投影值呈上升趋势，反映出西宁市综合发展水平不断提升。

就子系统而言，现代化西宁整体综合评价值提升 3 倍，平均每年增长 12.9%；美丽西宁整体综合评价值提升 0.98 倍，平均每年增长 7% 左右；幸福西宁整体综合评价值提升 3.4 倍，平均每年增长 17.01%。

说明西宁市在幸福城市发展方面速度较快，现代化建设次之，在美丽西宁方面建设成效相对平稳。

2. 西宁市现代化发展水平各子系统有差异

对西宁市现代化发展进行深入分析可以看出，2000～2019 年期间，基础设施现代化、社会发展现代化与经济发展现代化呈上升趋势，而科技发展现代化不稳定，但下降幅度不大；对四个子系统分别分析可以发现，经济发展现代化在 2000～2019 年呈直线上升趋势，在 2008 年以前，是影响西宁市现代化发展的关键因素，而在 2008 年以后成为西宁市现代化发展的中坚力量；社会发展现代化在 20 年发展过程中上升速度较快，增长幅度仅次于经济发展现代化，在西宁市现代化发展进程中具有积极推动作用；基础设施现代化在 2003 年之前对于西宁市的现代化建设贡献率较少，但在 2003 年以后，成为推动西宁市现代化建设的关键因素；科技发展现代化在 2003 年以前对于西宁市现代化建设发展具有推动作用，但是在 2003 年以后，其他层面现代化水平逐步提升，而科技发展现代化对于西宁市现代化发展的贡献率逐年降低。

3. 西宁市绿色发展水平各子系统比较协调

从西宁市生态环境质量动态评价结果来看，2000～2019 年西宁市绿色发展在生态保护、环境质量、环境治理和资源利用方面均有显著提升，加大生态保护力度、提高环境治理能力、加快产业转型、充分利用资源等对于西宁市绿色发展具有显著的促进作用。

4. 西宁市民生福祉发展水平提升优势与短板并存

可以看出公共安全领域得分在 20 年中提升最多，并且年增长值也是最高的，在 2000 年公共安全为西宁市幸福城市建设的最大短板，在 2019 年情况有所改观，公共安全为推动西宁市幸福建设起到至关重要的作用；社会保障在西宁市幸福建设中也起到重要的推动作用，在 2000 年、2001 年、2004 年、2006 年、2010～2014 年、2017 年和 2019 年，社会保障在整个综合系统评价中贡献最多，说明在幸福西宁建设过程中，积极推动社会保障建设是提高人民幸福指数的重中之重。

收入水平、消费水平和闲暇文娱三大系统在幸福西宁城市建设过程中起到重要推动作用，在2000～2019年幸福西宁建设过程中处于中等位置，说明西宁市在幸福城市建设过程中，积极提高城市居民收入水平与消费水平、推动西宁市基础设施建设、增强文化宣传、推动文化建设等为幸福西宁建设起到积极推动作用；在2000年公共安全领域是幸福西宁建设的最大短板，在2019年情况有所改善但贡献率仍处于较低水平，因此，要积极推动城市安全建设，增强安全宣传力度，为西宁市幸福安全保驾护航。

从权重系统看，闲暇文娱对于幸福西宁建设贡献率较小，说明目前西宁市居民仍然重视物质生活。但也说明，未来这些因素将成为幸福西宁建设的关键因素。西宁市在提高居民整体物质生活水平的过程中，如何增强居民闲暇时间文化娱乐与精神享受的问题，越来越成为幸福建设的新领域、新方向，这与需要层次理论也是相符的。在公共安全子系统中，公共安全支出比重最大，说明它对于幸福西宁的建设具有至关重要的作用。

5. 西宁市现代化水平、生态环境与民生福祉协调发展程度不断提升

根据耦合协调度模型来看，2000～2019年，西宁市在现代化建设、幸福城市建设与美丽城市建设三个系统之间的耦合协调程度较低，处于失调阶段，但整体来看耦合协调度逐步上升，经过20年的发展，西宁现代化建设初见成效，在2019年成为现代化发展带动型城市。

在城市建设方面，大多数居民认为西宁市近几年在基础设施水平的建设和生态环境质量上的变化最大，同时他们认为这些巨大变化的原因为政府政策的支持以及政府管理的改善，说明政府通过多方努力，管理效能得到了广大居民的认可。

总体来看，西宁市居民认为本地生态环境排名在前列，说明生态环境质量为本地居民最满意之处；民生福祉排名稍微靠后，现代化程度排名较为靠后，说明本地居民对于西宁市现代化建设的满意程度不高，努力建成现代化城市，是西宁市当务之急。

6. 居民对幸福城市的体验评价

从表10－20、表10－21可以看出西宁市与西部其他五座城市在主要发展指标上的差距。

表10－20 西部六城市居民收入与消费水平对比

城市	市区人口数（万人）	人均GDP（元）	社会消费品零售总额（亿元）	居民消费价格总指数	全体居民人均可支配收入（元）	居民人均生活消费支出（元）
西宁	149.65	55631.2804	573.57	102.7	30203	21018
西安	1025.8464	77360.1632	4989.33	102.1	35783	22168
兰州	235.7200	66218.0470	1641.20	102.0	40152	25892
成都	938.2100	106849.4059	8118.50	102.5	42075	28736
重庆	2226.4100	78001.7033	11787.20	102.3	30824	21678
银川	181.2800	85664.3845	770.87	101.8	39416	26671

资料来源：《中国统计年鉴》（2021）。

表10－21 西部六城市建设与经济发展对比

城市	新增就业人数（万人）	旅游总收入（亿元）	公共医疗卫生机构数（家）	普通高校数（所）	建成区面积（平方千米）
西宁	3.167	219.71	1882	10	98.00
西安	15.310	3600.00	7130	63	701.00
兰州	8.240	421.40	2245	30	329.00
成都	8.240	3005.20	11954	65	975.30
重庆	65.560	5734.00	20922	68	1566.00
银川	6.250	113.48	1337	16	194.74

资料来源：《中国统计年鉴》（2021）。

从表10－21可以看出，首先，西宁市人口较少，但是收入最低，消费价格指数最高，严重影响城市的吸引力和发展潜力。

其次，西宁市总体规模较小，建成区面积仅为银川的50.32%，比其他城市更小。公共医疗卫生机构数量仅多于银川，普通高校数量也最少。

从表10-22可以看出，西宁建成区面积最小，但是经济开发强度最大，每平方千米建成区GDP产生110160.61元，远高于兰州和银川；西宁建成区人口密度远高于其他城市，说明未来西宁主城区面积狭小会成为制约现代化美丽幸福大西宁建设的重要因素。

表10-22　西部六城市人口密度与经济密度、医疗教育机构密度对比

城市	人口密度（人/平方千米）	公共医疗卫生机构密度（家/平方千米）	高校分布密度（所/平方千米）	城市道路网密度（千米/平方千米）	经济密度：单位建成区面积GDP产出（元/平方千米）
西宁	1.98	19.20	0.10	5.40	110160.61
西安	1.46	10.17	0.09	5.70	113209.19
兰州	0.72	6.82	0.09	4.20	47443.52
成都	0.96	12.26	0.07	8.30	102786.00
重庆	1.42	13.36	0.04	6.70	110896.41
银川	0.93	6.87	0.08	4.80	79743.45

资料来源：根据表10-20计算得到。

（二）现代化美丽幸福大西宁建设的主要制约因素分析

1. 现代化西宁发展的制约因素分析

根据障碍度模型分析来看，在2000~2019年，根据现代化发展水平障碍度因子排名可以发现，社会发展现代化是制约西宁市现代化发展的主要原因，进行深入分析可以发现，文化、体育和娱乐业从业人员比例与每万人拥有公共厕所数等为制约西宁市现代化发展的主要因素。

综合来看，起始年份障碍因子集中在社会发展和基础设施方面，西部大开发以来障碍因子发生了变迁，最近五年障碍因子集中在科技发展、公共交通以及文体娱乐发展方面。评价结果客观反映出人口就业结构以及文体娱乐业发展是西宁市现代化发展水平的限制因素。

2. 美丽西宁发展的制约因素分析

根据美丽发展水平障碍度因子排名可以发现，环境质量与环境治理为制约西宁市美丽发展的主要原因，深入分析可以看出二氧化碳排放量、植树总量与三废排放量等为制约西宁市美丽发展的主要因素。

具体来看，2019 年排在前五位的西宁市生态环境质量的障碍因素依次是 X_{38}（全年植树总量）、X_{27}（城市建设用地面积）、X_{28}（人均耕地面积）、X_{23}（工业企业综合能源消费量）、X_{32}（城市维护投资额占 GDP 比重），说明在未来发展中，西宁市应着重关注以上因素，结合西宁市的市情，呼吁继续坚持全民义务植树。在城市建设方面，合理增加城市维护建设投资，并把每一笔投资发挥到效益最大化，真正落实到美丽西宁建设中去。

3. 幸福西宁发展的制约因素分析

根据幸福西宁发展水平障碍度因子排名可以看出，消费水平、收入水平为制约西宁市幸福发展的主要原因，深入分析可以发现，社会保障、就业人数、家庭拥有家用汽车数为制约西宁市幸福发展的主要因素。

此外，城镇居民最低社会保障人数、社会保障就业人数对于幸福西宁的建设具有显著影响，缩小城乡收入差距、提高医疗保险参保率以及提高在岗职工平均工资对于幸福西宁的建设具有重要推动作用。交通事故也是幸福西宁建设的制约因素，此外物价居高不下，导致恩格尔系数处于较高水平，城镇人均住宅建筑面积较小，这些因素也是幸福西宁建设的短板。

从最大障碍因素的统计次数来看，社会保障就业人口占总就业人口比重为最关键障碍因素。收入水平不高与社会保障不足是阻碍西宁市幸福建设的主要原因。整体来看，在近 10 年中，西宁市在公共安全方面建设初见成效，在未来建设中应注重收入水平以及社会保障等方面建设，在缩小收入差距、提高工资收入、提高社会保障水平、增加社会保障就业人数等方面制定和完善相应政策。

4. 其他制约因素

通过问卷调查分析可以看出在日常生活方面，西宁市居民每年支出费用最多的为食品及衣物支出，教育支出次之，说明居民支出大部分都为维持正常生活，也从侧面反映出西宁市消费水平较低；从闲暇文娱活动可以看出，大部分居民选择上网，很少一部分选择阅读和运动，说明居民日常活动较为单一，城市文化体育事业发展滞后。

（1）教育医疗基础设施存在短板，人口流失趋势明显。

第七次全国人口普查资料数据显示，西宁市出现明显的人口流失。人口流失的原因是多方面造成的，包括缺乏统筹管理、对教育的发展不够重视、缺乏对人才的激励机制等。一是教育资源分布不均匀，优质教育资源缺乏，难以吸引人。二是教育发展不均衡，西宁市的教育发展偏重关注学生文化知识的提升，对公民素养的提高重视不足，影响居民素质整体提升。三是人才工作环境不优，本地补偿机制不足。通过西部六省会城市对比发现，西宁市公共医疗机构密度最高，高校分布密度也高于其他省会城市，道路密度居于中间水平。理论上说，这几项指标应该属于居民比较满意，但是问卷调查结果表明居民对医疗卫生并不满意，其原因在于高质量的医疗卫生机构缺乏、数量发展与质量发展不协调。高校分布密度相对最高，但是学前教育、小学和中学的分布与质量不能满足居民实际需要。

（2）缺乏企业家群体，城市创新意识不足。

西宁市在现代化发展过程中，缺少有创新能力的企业家群体，经营者观念整体落后，创新与奋进的意识较为薄弱，例如西宁旅游业的发展仅仅着眼于眼前的利益，人才能力和资源潜能未能全面发挥。创新意识薄弱，导致科技发展滞后，无法吸引高质量产业带动落后产业转型升级。

（3）区域发展不平衡，收入与物价不平衡。

城乡发展不平衡，区域联动发展不足，西宁市各区县普遍存在物价水平高，但工资水平却相对较低。民企职工收入偏低，住房与购车成本高。老城区改造滞后，就业率不高，这些原因使城市居民幸福感得不到提升。城乡区域发展差距仍然比较突出，城乡二元结构急需化解。

此外，人口密度与经济密度双高，城市空间承载力下降，如何科学规划和综合开发利用国土空间，将变得极为紧迫。

六、现代化美丽幸福大西宁建设路径

西宁市在近年来，成功创建并蝉联全国文明城市，获得国家森林城市、全国民族团结进步示范市、全国水生态文明城市、国家创新型城市、全国双拥模范城、全国法治政府建设示范地区等称号，先后获评中国十大幸福城市和中国最具幸福感城市。但在西宁市稳步发展的同时，还面临一些挑战和困难：发展不平衡不充分问题仍然突出，要素约束进一步趋紧，稳增长任务艰巨，新旧动能转换速度较慢，民生福祉存在短板，社会主义现代化建设任重道远，等等。本书在现代化建设、美丽建设以及幸福建设三个方面，对西宁市现代化美丽幸福大西宁建设路径提出相关政策建议。

（一）现代化大西宁建设路径

在现代化大西宁建设方面，应坚持创新在现代化建设全局中的核心地位，充分发挥市场在资源配置中的决定性作用；坚持把发展经济着力点放在实体经济上，夯实现代产业体系发展基础支撑，提高经济质量效益和核心竞争力；完善现代化基础设施体系建设，补齐基础设施短板，促进传统和新型基础设施融合发展，构建系统完备、高效实用、智能绿色、安全可靠的现代化基础设施体系。

前文西宁市现代化发展障碍因子频次统计结果表明，西宁市现代化发展的核心仍然是以人为本，优化产业结构，提高科技水平，实现人的现代化。加大对科技领域的投资，对于西宁市建设现代化具有至关重要的作用。

具体实现路径主要在以下 3 个方面：

1. 构建和完善创新体系，增强创新基础能力

提升企业技术创新能力，激发人才创新活力。深化科技体制改革，

推动各类创新主体协同互动、创新要素顺畅对接和创新资源高效配置。推动产学研深度融合，推进科研院所、高校、企业科研力量优化配置和资源共享；改进科技项目组织管理方式，建设科研信用体系，加强知识产权保护，建立健全知识产权管理体系，构建充分体现知识、技术等创新要素价值的收益分配方式，完善科研人员发明成果权益分享机制，落实科研人员薪酬奖励等相关政策；推进补齐短板和锻造长板，打好关键核心技术攻坚战，注重基础研究，提高创新链整体效能。加强重大科技创新载体布局；加快建设青海高新区教育科创园，形成覆盖重点领域、开放共享的科技创新平台体系；强化企业创新主体地位，实施科技型企业、高新技术企业、科技小巨人企业等培育计划，建立梯次培育机制，引导企业加大研发投入，落实企业投入基础研究税收优惠政策；坚持"人才资源是第一资源"，尊重劳动、尊重知识、尊重人才、尊重创造，培育本土人才、引进外来人才、用好现有人才，释放人才创新创业活力；建立多层次、分渠道的人才培养体系，推进高端创新创业人才培育引进工程。

2. 优化产业结构、壮大优势产业集群

统筹资源禀赋、产业基础、环境容量、区位交通等要素，加快构建"三极引领、三带提升、三点增长、区域联动"的产业发展新格局。持续做强经济技术开发区，打造具有行业重要影响力的研发制造基地、先进制造和现代服务相融合的复合型产业功能区；推动西宁综保区、北川工业园配套生活融合发展，打造对外开放新高地；加强区域产业联动，强化与省内区域产业配套链接，推进兰西城市群产业协同发展，主动融入长江经济带、黄河流域生态保护和高质量发展等区域产业链供应链体系，构建融入新发展格局的西宁特色产业链。提高要素供给能力和供给质量，锻造产业链供应链长板，提升优势产业链供应链现代化水平，推动新型优势产业规模和质量双提升。做强光伏光热制造产业，加强系统集成，拓展光伏发电应用，巩固提升光伏光热全产业链水平，壮大产业规模，打造全国重要清洁能源制造产业基地。做优锂电材料等产业链项目，开发储能产业应用市场；做精有色合金材料，加强有色合金新材料与汽车产业等产业融合发展；做细特色化工新材料产业，延伸发展有机基础材料等。

3. 促进产业转型升级

转型升级传统产业、培育发展新型产业、加快发展现代服务业，推动发展数字经济。稳住传统产业发展根基，围绕有色金属生产等传统产业，以新技术、新模式、新业态推动传统产业向中高端价值链迈进。推动产业智能化、推进传统产业加快向数字化、网络化、智能化方向升级，建设一批数字化车间等推进工业互联网与传统产业融合发展；加快布局新一代信息技术产业，开展"第五代移动通信技术（5G）+工业互联网"集成创新应用试点示范，启动建设大数据产业园、智能制造产业园等。推动发展高端装备制造业；积极发展绿色环保产业，推进节能环保技术装备、产品应用和服务产业链，推动节能减排，发展绿色经济和循环经济；推动生产性服务业向专业化和价值链高端延伸，鼓励各类市场主体参与服务供给，发展研发设计、检验检测、商务咨询等产业；推动数字经济赋能赋智，加快数字经济和实体经济深度融合，推进数字产业化、产业数字化，建设西宁大数据产业聚集区，吸引数据应用企业集聚发展，立足延链补链强链，做强数字产业。

（二）美丽大西宁建设路径

在美丽大西宁建设方面，应推动绿色发展，打造生态文明高地城市典范，坚持绿水青山就是金山银山的理念，统筹生态环境保护和经济社会发展，推动生产生活方式绿色转型，创建生态文明建设示范城市，着力打造黄河流域上游生态保护和高质量发展先行区，具体实现路径主要在以下5个方面：

1. 建设生态安全屏障

青海省被誉为"中华水塔"，应强化省会城市在黄河流域生态保护中的责任担当，统筹推进水环境保护、水环境修复、水污染治理，保障水环境质量。统筹协调流域生态保护红线、自然保护地与生态修复、农业生产、城乡发展等空间布局结构，切实筑牢生态安全屏障。

2. 建设高水平公园城市

全面建成自然保护地管理体系，创建自然保护地学术交流和教育示范窗口，打造湟水河两侧重点区域生态廊道，科学布局休闲游憩和绿色开敞空间；加速全域增绿增景，提升生态系统弹回能力，加快建设西宁国家级环境生态森林公园。

3. 提升生态环境质量

统筹生态系统的完整性、地理单元的连续性和区域发展的协同性，坚持山水林田湖草系统治理，丰富和拓展"一芯两屏三廊道"的城市生态屏障格局；加强湟水全流域综合治理、实现湟水流域水环境综合治理，持续开展小流域水土保持综合管理，遏制水土流失等相关问题；推进土壤污染综合治理，强化农业面源污染治理；实施大气污染清单式、精细化防控治理，确保空气质量优良；开展重大产业布局环境影响评价和重大环境政策经济社会影响评估。

4. 推动绿色低碳发展

建设清洁能源城市，创建国家节水型城市，全面实施能源、水资源消耗、建设用地总量和强度双控行动，控制碳排放强度和总量；发展绿色金融，支持绿色技术创新，推动清洁生产，加快重点行业和重要领域绿色化改造。推广使用绿色建材，推进节能、装配式等高星级绿色建筑。建立动力电池、光伏组件等综合利用和无害化处置系统，构建废旧资源循环利用体系等。重视城市绿色交通建设、智慧交通建设，提高城市交通运转效率，减少碳排放。

5. 完善生态文明体制机制

强化国土空间规划和用途管控，优化重大基础设施、重大生产力和公共资源布局，逐步形成城市化地区、农产品主产区、生态功能区空间格局。完善自然资源资产产权制度，健全自然资源有偿使用和监管体制。全面实行排污许可制，推进排污权、用能权、用水权、碳排放权市场化交易。加强生态环境监测监管网络和预警指挥体系建设，建立跨区域流域联防联控和城乡协同的联合机制。

（三）幸福大西宁建设路径

在幸福大西宁建设方面，应把实现好、维护好、发展好最广大人民根本利益作为发展的出发点和落脚点，健全公共服务体系，加大优质资源和服务供给，改善人民生活品质，建设人民满意的幸福西宁。主要实现路径在以下4个方面：

1. 提高就业质量和收入水平

强化就业优先政策，坚持经济发展就业导向，扩大就业容量，提升就业质量，促进充分就业，保障劳动者待遇和权益。统筹城乡就业政策体系，支持民营经济增强吸纳就业能力，建立企业稳岗扶持体系，优化就业创业环境，发展特色劳务品牌，促进农村富余劳动力转移就业；建立健全就业需求调查和失业检测预警机制；健全工资合理增长机制，着力提高低收入人群收入；完善按要素分配政策制度，探索通过土地、资本等要素使用权、收益权增加中低收入群体要素收入。多渠道增加城乡居民财产性收入；完善再分配调节机制，发挥第三次分配作用。

2. 推动教育高质量发展

健全学校家庭社会协同育人教育机制，重视青少年身体素质和心理健康教育。加强师德师风建设，提升教师教书育人能力素质，增强学生文明素质、实践本领、社会责任意识。推进学前教育普惠优质发展、义务教育优质均衡发展等，提高特殊教育办学水平，支持和规范民办教育发展，监督校外培训机构规范有序发展，完善职业教育和培训体系，全面提升服务经济社会发展能力；大力培养技术技能人才，打造全省职业教育高地；深化新时代教育评价改革，纵深推进集团化办学，不断激发教育发展活力。

3. 推进西宁健康建设，健全多层次社会保障体系

统筹推进"五医"联动，向融合创新、协同发展转型。持续深化四级紧密型一体化医联体改革，推进"健康服务共同体"建设升级，促进医防深度融合发展；增强应对突发重大公共卫生事件能力，改革疾病防

控体系，完善突发公共卫生事件检测预警、应急指挥体系；加强优质医疗资源扩容和均衡布局，建设青藏高原区域医疗中心；提升社会办医水平；健全覆盖全民、统筹城乡、公平统一、可持续的多层次社会保障体系。促进城乡基本社会保险服务均等化，推进社保转移接续。健全灵活就业人员社会保险制度，扩大社会保险覆盖面。健全基本医疗保险筹资和待遇调整机制，稳步提高保障水平；健全重大疾病医疗保险和救助制度，落实异地就医结算，稳步建立长期护理和保险制度，积极发展商业医疗保险。

4. 推动文化体育事业繁荣发展，建设居民精神家园

高质量提升文明创建水平，深化新时代文明实践中心建设，巩固提升全国文明城市创建成果；保护河湟文化；推进优秀传统文化传承工程，强化重要文化和自然遗产、非物质文化遗产保护；统筹推进工业遗产的保护与再利用，建设一批具有文化特质、专属特性的文化设施；大力推进公共文化服务体系建设，实施文化惠民工程、全媒体传播工程等推动公共文化数字建设；发展积极健康的网络文化，营造清朗的互联网空间；深化文化体制改革，完善文化产业规划和政策，加强文化市场体系建设；加大文化文艺人才引育力度，提升文艺作品质量；深入推进文旅融合发展，创建国家级旅游度假区；开发新型工业旅游；等等。

（四）几点思考

现代美丽幸福大西宁的前提是实现城市现代化，重点是生态环境保护，核心是民生福祉发展，人民幸福感获得感增强。

通过西宁市与西部主要城市对比可以发现，西宁市规模虽小，但是人口密度与经济密度双高，开发和发展局限极大，城市承载力下降。

首先，要科学规划空间和综合开发利用国土空间，积极申请发展轨道交通。这将有效缓解西宁狭长河谷型城市东西向拥堵以及由此产生的碳排放问题，也是西宁市实现碳达峰碳中和的必由之路。

其次，针对西宁物价偏高、收入偏低的现状，一是要积极发展物流

产业，不断增强西宁与省内外的通达度，降低物流成本。二是要积极发展第三产业，通过发展新兴第三产业增加就业与收入水平。

最后，积极融入"一带一路"，增加城市开放程度；提高城市医疗水平，解决居民后顾之忧。打造青藏高原绿色有机农畜产品深加工基地，品牌营销高地，通过绿色有机农畜产品生产销售，提升经济竞争力、科技创新力、就业承载力和持续发展力。

第十一章 青海省绿色城镇化发展路径研究

一、绿色城镇化相关概念与研究综述

近几年来，随着我国经济的高速发展，我国城镇化率由 2015 年的 56.10% 提高到 2020 年的 63.89%，城镇化水平明显上升，但随之而来的是生态环境问题。为了解决城镇化发展中的生态问题，绿色城镇化应运而生。

（一）绿色经济与绿色城镇化

英国经济学家皮尔斯（Pearce）在 1989 年出版的《绿色经济蓝皮书》中第一次提出来了"绿色经济"一词，他认为经济的发展必须是环境和人类都能承受的。随着经济发展，现在的绿色经济是指可以遵循"开发需求、降低成本、加大动力、协调一致、宏观有控"五项准则，并且能够可持续发展的经济。其主要内容是资源节约型和环境友好型经济，它是一种资源消耗低，环境污染少，产品附加值高，生产方式集约化的经济形式。同时，绿色经济以资源节约、环境友好为重要特征，以经济绿色化、绿色工业化为内涵，有利于转变我国高能耗、高物耗的粗放型经济发展方式，同时也有利于促进我国经济集约和可持续发展。

所谓绿色城镇化，是指秉持以人为本为根本宗旨，按照统筹兼顾的基本原则，以实现经济效益、环境友好、民生幸福为发展目标，以生态平衡、人与自然和谐共处为基本立足点，努力早日实现人口效益、经济效益、生态效益和社会效益、资源环境效益"多赢"的新型城镇化发展模式。绿色城市化是在反思传统城市化发展模式基础上提出的，它是对传统城市化发展模式的改进和升华，是人口、经济、社会、生态、文化系统等多个子系统的有机耦合。

（二）研究现状综述

国外有关于绿色城镇化的研究，最早是霍华德（Howard）于1898年提出的建设田园城市的思想。随后，形成和发展了城市生态学。1980年以后，是生态环境和经济可持续发展的思潮更加高涨的一个时期。亚尼茨基（Yanistky）于1981年提出了一个理想的绿色城镇化模型，体现了对建设美好城市的向往（沈清基和沈贻，2002）。

国内关于绿色城镇化理论内涵的研究中，李佐军（2014）指出，通过选择合理的城镇化模式，建立生态文明制度体系来推进绿色城镇化建设，是我国绿色城镇化发展重点。冯奎等（2016）认为我国推行绿色城镇化进程中，应综合运用产业政策、金融政策、财政政策与社会政策，进而解决传统城镇化所带来的问题。张永生（2020）对我国城镇化进行深入分析，对绿色城镇化现状与未来模式进行深入探讨，指出我国基于生态文明推动绿色城镇化，是解决城市不可持续问题的根本出路。王茹（2020）指出，在我国城镇化进程中需要补齐城镇环境基础设施短板，推进绿色城镇化向纵深发展。王凯等（2021）对20年城镇化研究进行反思，对我国新型城镇化进行再认识，发现生态文明建设给城镇化理念和方式带来深刻性的变革，对绿色城镇化的认识论进行全新梳理，指出未来需从生态文明建设的角度来探索绿色城镇化的制度框架和规划战略。

关于绿色城镇化评价指标体系的研究中，熊国斌等（2013）从能源类、土地类、交通类、绿色建筑类、生态环境类和社会和谐类六个方面对评价指标进行确定。宋慧琳等（2016）从人口转移、经济发展、生态环境、城乡统筹以及基本公共服务均等化五个方面构建绿色城镇化测度指标体系。马潇（2019）从绿色城镇建设、绿色经济发展、自然资源节约、生态环境保护、公共服务均等化与城乡协调发展六个方面进行指标体系的构建。周南南等（2021）通过分析绿色城镇化核心，即"以人为本，绿色发展"，将其分为人口转移、经济增长、基础设施和生态环境四个方面反映我国绿色城镇化发展水平，并基于此进行指标体系构建。

关于评价方法的研究方面，秦青（2014）运用 DEA 交叉评价模型对城镇化的"质"和"量"进行分析。杨角（2020）运用灰色关联度评价法对我国绿色城镇化发展水平进行定量测度和综合评价。苏旭峰等（2021）运用耦合协调度模型对西北地区城镇化高质量发展进行评测，其中将评价指标体系分为人口、经济、空间、社会以及绿色城镇化五个方面。张东玲等（2021）运用固定效应面板模型和门槛效应回归分析模型，针对农村产业融合、绿色城镇化与城乡均衡发展的协同效应进行分析。

关于青海省绿色城镇化的研究方面，丁生喜等（2015）基于"人口—生态—经济"协调发展的新型城镇化内涵，对青海省城镇化发展现状进行分析。杨清丽（2022）对青海省绿色城镇化水平进行评价，但未对青海省与西部其他省区绿色城镇化发展差距进行评价。本章将在前述学者的研究基础上，更加深入地研究青海省的绿色城镇化发展水平与区间、区内差异，以期对青海省绿色城镇化建设提供决策参考。

二、青海省绿色城镇化主要发展指标对比

（一）城镇化发展水平对比

为了更好地研究青海省城镇化发展现状，选取了 2020 年西部 12

个省区市的城镇化率的统计数据进行分析（见图 11 - 1），结果显示 2020 年西部地区各省份城镇化率差距较为明显，其极差为 33.73%，城镇化率的均值为 56.94%。青海省的城镇化率为 60.08%，虽然高于西部地区的平均水平，但也仅高了不到 3.2 个百分点。在西部 12 个省区市中，青海省的城镇化率排在第 5 位，在 12 个省区市中处于中等偏上水平。

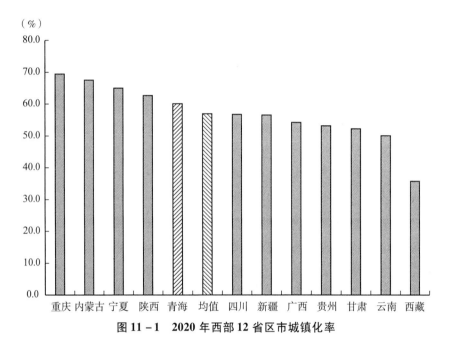

图 11 - 1　2020 年西部 12 省区市城镇化率

资料来源：《中国统计年鉴》（2021）。

（二）经济发展指标对比

为了充分了解西部地区城镇化的经济发展状况，对 2020 年西部地区各省区（市）的城镇居民人均可支配收入、国内生产总值和固定资产投资总额三项指标数据进行对比，主要数据见表 11 - 1：

表 11 - 1　　　　　　　　2020 年西部各省区市经济发展状况

地区	城镇居民人均可支配收入（元）	GDP（亿元）	固定资产投资（亿元）
内蒙古	41353	17359.82	10891.17
广西	35859	22156.69	25840.71
重庆	40006	25002.79	21677.9
四川	38253	48598.76	31917.65
贵州	36096	17826.56	19524.38
云南	37500	24521.9	23578.51
西藏	41156	1902.74	2284.11
陕西	37868	26181.86	28975.49
甘肃	33822	9016.7	6290.58
青海	35506	3005.92	3855.04
宁夏	35720	3920.55	2906.21
新疆	34838	13797.58	10508.79

资料来源：《中国统计年鉴》（2021）。

从表 11 - 1 的数据可以综合看出，在我国西部地区城镇化发展中，青海省的城镇居民人均可支配收入、国内生产总值，以及固定资产投资总额等指标排名均比较靠后。由此可见，在西部地区城镇化发展中，青海省经济水平相对还较为落后，与其他 11 个地区还存在着显著的差距。

（三）生态环境水平对比

为了分析西部地区的生态环境水平，对 2020 年西部地区各省区市的建成区绿化覆盖率、人均公园绿地面积和生活垃圾无害化处理率指标数据进行对比，主要数据见表 11 - 2：

表 11 - 2　　　　　　　　2020 年西部各省市区生态环境水平

地区	建成区绿化覆盖率（%）	人均公园绿地面积（平方米）	生活垃圾无害化处理率（%）
内蒙古	40.45	19.2	99.9
广西	41.3	12.85	100
重庆	43.05	16.5	93.8
四川	42.48	14.4	100
贵州	40.94	17.04	97.8
云南	40.46	12.27	100
西藏	38.06	12.02	99.6
陕西	40.8	12.79	99.9
甘肃	36.28	15.15	100
青海	35.9	12.45	99.3
宁夏	41.95	21.02	100
新疆	40.86	14.02	99.1

资料来源：《中国统计年鉴》（2021）。

从表 11 - 2 可以看出，在西部 12 省区市中，重庆的绿化覆盖率最高，而青海省的绿化覆盖率最低，仅为 35.9%，比重庆低了 6.6 个百分点。同时青海省的人均公园绿地面积也较低，仅为 12.45 平方米，比排在第一位的宁夏低 8.57%。垃圾处理方面，青海省的生活垃圾无害化处理率为 99.3%，在 12 个省市区中排名处于中等偏下水平。由此可见，青海省生态环境水平与其他省市区也有一定的差距。

三、青海省绿色城镇化发展水平测度

本章通过构建绿色城镇化评价指标体系，并运用熵值法和因子分析法对青海省的绿色城镇化发展水平进行测度，以便于准确认识青海省在绿色城镇化建设中存在的问题。

（一）评价指标体系的构建

1. 构建指标体系的原则

本着为城镇绿色可持续发展提供依据的目的，在评价指标体系的构建中应遵循以下原则：

（1）系统性原则。该原则要求各指标之间要有一定的逻辑关系，要从整体出发构建指标体系。

（2）典型性原则。该原则要求指标要有一定的典型代表性，要尽可能准确地体现出研究区域的综合特点。

（3）科学合理性原则。该原则要求在构建各项指标时必须以科学性为原则，可以反映出各指标之间的真实关系。

（4）可比、可操作、可量化原则。该原则要求所选取的指标要尽量简单明了、可运用性强。

2. 评价指标体系解释

根据指标体系的构建原则，依据城镇化理论、绿色可持续发展理论等相关理论，同时也借鉴了国家发展和改革委员会制定的《绿色发展指标体系》，构建出了一套可以反映出青海省绿色城镇化的特点的评价指标体系（见表 11 - 3）。

表 11 - 3 　　　　　青海省绿色城镇化发展水平评价指标体系

要素层	指标层	指标符号	熵值	差异系数	权重
经济绿色化 0.293	人均 GDP（元）	X_1	0.8981	0.1019	0.0392
	第三产业增加值比重（%）	X_2	0.8338	0.1662	0.064
	万元 GDP 能耗（吨标准煤/万元）	X_3	0.7848	0.2152	0.0829
	地方财政收入（亿元）	X_4	0.9351	0.0649	0.025
	社会消费品零售总额（万元）	X_5	0.9013	0.0987	0.038
	第三产业从业人口占从业总人数比重（%）	X_6	0.8859	0.1141	0.0439
	城镇化率（%）	X_7	0.892	0.108	0.0416

要素层	指标层	指标符号	熵值	差异系数	权重
社会绿色化 0.3049	城市人口密度（人/平方千米）	X_8	0.9356	0.0644	0.0248
	城镇登记失业率（%）	X_9	0.8687	0.1313	0.0505
	万人拥有卫生机构人员数（人）	X_{10}	0.8972	0.1028	0.0396
	城镇居民恩格尔系数（%）	X_{11}	0.9195	0.0805	0.031
	城镇居民人均可支配收入（元）	X_{12}	0.8902	0.1098	0.0423
	城市居民最低生活保障人数（万人）	X_{13}	0.8051	0.1949	0.0751
基础设施绿色化 0.1997	城市用水普及率（%）	X_{14}	0.8978	0.1022	0.0394
	城市燃气普及率（%）	X_{15}	0.9128	0.0872	0.0336
	每万人拥有公共交通车辆（标台）	X_{16}	0.8629	0.1371	0.0528
	生活垃圾无害化处理率（%）	X_{17}	0.945	0.055	0.0212
	用电量（亿千瓦时）	X_{18}	0.9432	0.0568	0.0219
	城镇环境基础设施建设投资（亿元）	X_{19}	0.92	0.08	0.0308
生态环境绿色化 0.2026	污水处理率（%）	X_{20}	0.9138	0.0862	0.0332
	建成区绿化覆盖率（%）	X_{21}	0.8829	0.1171	0.0451
	人均公园绿地面积（平方米）	X_{22}	0.9267	0.0733	0.0282
	水资源总量（亿立方米）	X_{23}	0.8817	0.1183	0.0455
	生态环境用水量（亿立方米）	X_{24}	0.8687	0.1313	0.0506

（1）经济绿色化。主要考虑选取一些可以反映城市产业结构和经济发展水平的指标，一个国家或地区城镇化的发展过程也就是第二、三产业持续向城市聚集的过程，同时也是产业结构不断优化和高级化的过程。因此，主要选取人均GDP、第三产业增加值占GDP的比重、万元GDP能耗、地方财政收入、社会消费品零售总额和第三产业从业人员占从业总人数比重6个二级指标。

（2）社会绿色化。主要考虑选取一些可以反映人口的职业变化和城市人口的集中度的指标。因此，主要选取了城镇化率、城市人口密度、城镇登记失业率、万人拥有卫生机构人员数、城镇居民恩格尔系数、城镇居民人均可支配收入和城市居民最低生活保障人数7个二级指标。

（3）基础设施绿色化。在基础设施建设方面，主要考虑选取一些可以反映城镇基础设施建设引起人们生活质量改善的一些指标。因此，主要选取了城市用水普及率和城市燃气普及率，以及每万人拥有公共交通车辆和生活垃圾无害化处理率等6个二级指标。

（4）生态环境绿色化。在生态环境方面，主要选取了一些可以反映垃圾处理和绿化覆盖面积的指标。具体选取了污水处理率、建成区绿化覆盖率和人均公园绿地面积等5个二级指标。

（二）青海省2010~2020年绿色城镇化发展水平测度

1. 测度方法

本节选取了熵值法对青海省2010~2020年绿色城镇化发展水平进行了测度，熵值法是指可以通过利用熵的特性计算得出各项指标权重大小的方法。这种方法的计算步骤简单易懂，操作简单，结果客观、合理。

2. 主要步骤

（1）原始数据标准化。

以 X_{ij} 表示第 i 年第 j 项指标的原始实际值（ $i=1,2,\cdots,m$; $j=1,2,\cdots,n$ ）。其中 X_{max} 代表第 i 年第 j 项指标中的最大值， X_{min} 代表第 i 年第 j 项指标中的最小值：

正向指标：

$$X'_{ij} = X_{ij} - X_{min}/X_{max} - X_{min} \qquad (11-1)$$

逆向指标：

$$X'_{ij} = X_{max} - X_{ij}/X_{max} - X_{min} \qquad (11-2)$$

（2）标准化后数据平移。

（3）计算第 j 项指标下，第 i 个样本值的比重：

$$P_{ij} = X'_{ij}/\sum_{j=1}^{n} X'_{ij} \qquad (11-3)$$

（4）求熵值：

$$e_j = -1/\ln n \sum_{i=1}^{n} P_{ij}\ln P_{ij} \qquad (11-4)$$

（5）求差异系数：

$$g_i = 1 - e_j \qquad (11-5)$$

（6）求权重：

$$W_j = g_i \Big/ \sum_{j=1}^{m} g_j \qquad (11-6)$$

通过上式计算得出各指标熵值，差异系数和权重结果见表 11 - 3。

（7）求各子系统城镇化水平：

$$u_i = W_j \times X'_{ij} \qquad (11-7)$$

（8）求青海省绿色城镇化水平综合指数。

由经济、社会、基础设施、生态环境绿色化 4 个子系统的权重乘以各个子系统城镇化水平指数，并通过求和得出青海省城镇化水平综合指数（见表 11 - 4）。

表 11 - 4　　　　　青海省各子系统城镇化水平指数及综合指数

年份	经济绿色化 水平指数	社会绿色化 水平指数	基础设施绿色 化水平指数	环境绿色化 水平指数	绿色城镇化 水平综合指数
2010	0.009	0.0046	0.1116	0.0421	0.0511
2011	0.0168	0.0195	0.134	0.0723	0.0891
2012	0.0393	0.0669	0.139	0.0745	0.1138
2013	0.0648	0.1034	0.079	0.0383	0.1031
2014	0.0932	0.1151	0.1102	0.0713	0.1645
2015	0.1307	0.1388	0.0753	0.0394	0.1701
2016	0.1637	0.1611	0.0974	0.0902	0.2539
2017	0.2	0.1925	0.1115	0.1274	0.3274
2018	0.2249	0.2388	0.1058	0.167	0.3919
2019	0.2742	0.2778	0.1184	0.184	0.4582
2020	0.2885	0.3032	0.0896	0.1897	0.4782

根据表 11 - 4 绘制出青海省绿色城镇化发展水平指数变化曲线（见图 11 - 2）。

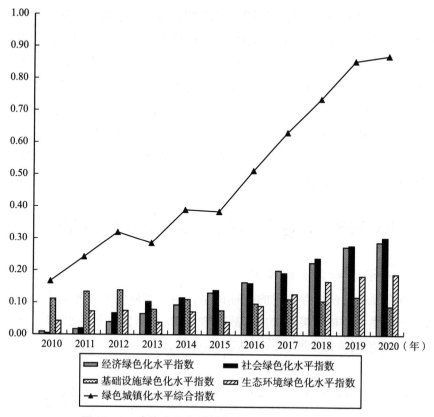

图 11 - 2　青海省绿色城镇化发展水平指数变化曲线

3. 结果分析

（1）运用上述熵值法计算过程，计算青海省绿色城镇化发展水平各一级指标和二级指标权重，其中一级指标中社会绿色化居于主导地位，在二级指标中排序第 1 位的是万元 GDP 能耗，所占权重达到了 8.29%。城市居民最低生活保障人数位居第 2 位，权重达到 7.51%。

（2）从横向角度看，一级指标中青海省社会绿色化指标权重最大，基础设施绿色化的权重最低，这说明在绿色城镇化发展中，社会的绿色发展作为绿色城镇化的内在动力，在绿色城镇化建设中占据重要位置，同时也表明绿色城镇化各子系统之间发展不平衡，经济、基础设施、环境的绿色城镇化发展相对滞后。

（3）从纵向角度分析，2010～2020年，青海省绿色城镇化水平综合指数由0.05上升到了0.47，整体呈上升态势，中间有波动。其中经济绿色化和社会绿色化的发展水平指数均呈现逐年上升趋势，这表明青海省的绿色城镇化发展主要依靠经济绿色化和社会绿色化的发展支持，而基础设施绿色化和生态环境绿色化均表现欠佳，基础设施绿色化还在波动中有所下降。因此，基础设施绿色化和生态环境绿色化还有很大的发展空间和发展的迫切性，所以青海省在绿色城镇化发展过程中应更加关注这两个子系统的发展。

（三）西部十二省市区绿色城镇化发展水平测度

1. 评价指标体系的确定

本章原计划使用青海省的指标体系，但是实际采集数据过程中部分数据不完整，分析结果不合理。故选取了16个指标分析西部12省市区2020年绿色城镇化发展水平（见表11-5）。

表11-5　　西部12省区市2020年绿色城镇化发展水平评价指标体系

要素层	指标层	指标序号
经济绿色化	第三产业增加值比重（%）	X_1
	人均GDP（元）	X_2
	社会消费品零售总额（万元）	X_3
	第三产业从业人员数占总就业人数的比重	X_4
社会绿色化	城镇化率（%）	X_5
	万人拥有卫生机构人员数（人）	X_6
	城镇居民恩格尔系数（%）	X_7
	城镇居民人均可支配收入（元）	X_8
	城市居民最低生活保障人数（万人）	X_9
基础设施绿色化	城市用水普及率（%）	X_{10}
	城市燃气普及率（%）	X_{11}
	每万人拥有公共交通车辆（标台）	X_{12}
	生活垃圾无害化处理率（%）	X_{13}

要素层	指标层	指标序号
生态环境绿色化	建成区绿化覆盖率（%）	X_{14}
	人均公园绿地面积	X_{15}
	水资源总量（亿立方米）	X_{16}

2. 结果分析

对西部 12 省区市绿色城镇化发展水平的测度也选用了上一节中所用到的熵值法。通过这种方法计算得出了各地区城镇化水平综合指数及排序（见表 11 - 6）。

表 11 - 6　西部 12 省区市 2020 年绿色城镇化水平综合指数及排序

地区	城镇化水平综合指数	排序
内蒙古	0.5672	3
广西	0.3876	10
重庆	0.5641	4
四川	0.5674	2
贵州	0.4281	7
云南	0.4051	9
西藏	0.3856	11
陕西	0.5186	5
甘肃	0.3233	12
青海	0.4622	6
宁夏	0.5698	1
新疆	0.4148	8

从表 11 - 6 可以反映出西部各省区市由于地处偏远地区，因而绿色城镇化发展水平整体不高，尤其是西藏自治区，其绿色城镇化水平在 12 省区市中最差，与其他地区有很大的发展差距。

（四）青海省六州二市绿色城镇化发展水平测度

1. 测度方法

因子分析法就是指通过少数几个因子描述多个指标的信息达到降维的目的。本节选取了因子分析法对青海省六州二市 2020 年绿色城镇化发展水平进行了测度，计算得出青海省六州二市的综合因子得分，分析青海省各州市的绿色城镇化发展水平。

2. 评价指标体系的确定

由于实际采集数据过程中六州二市部分数据不完整，因此以青海省绿色城镇化指标体系为基础，依据数据可获得性以及地区特殊性，同时加入了化肥施用量等指标，运用 SPSS 软件，最终筛选出可以进行因子分析的指标见表 11 - 7：

表 11 - 7 青海省六州二市绿色城镇化发展水平评价指标体系

要素层	指标层	指标序号
经济绿色化	GDP（亿元）	X_1
	地方财政收入（亿元）	X_2
	社会消费品零售总额（万元）	X_3
社会绿色化	城镇化率（%）	X_4
	分地区村卫生室机构数（个）	X_5
基础设施绿色化	城镇公共用水量（亿立方米）	X_6
生态环境绿色化	化肥施用量（实物吨）	X_7
	水资源总量（亿立方米）	X_8
	生态环境用水量（亿立方米）	X_9

3. 主要步骤

（1）计算得出相关系数矩阵。

首先对选取的指标数据进行标准化处理，其次，通过 SPSS24.0 软件对标准化处理后的数据进行分析，得出相关系数矩阵（见表 11 - 8）。

表 11 - 8 　　　　　　　　　　　　相关系数矩阵

指标	X_1	X_2	X_3	X_4	X_5	X_6	X_7	X_8	X_9
X_1	1.000	0.872	0.949	0.850	0.626	0.956	0.610	-0.410	0.671
X_2	0.872	1.000	0.722	0.973	0.301	0.706	0.322	-0.210	0.875
X_3	0.949	0.722	1.000	0.697	0.580	0.984	0.531	-0.377	0.432
X_4	0.850	0.973	0.697	1.000	0.279	0.674	0.327	-0.273	0.845
X_5	0.626	0.301	0.580	0.279	1.000	0.704	0.965	-0.521	0.351
X_6	0.956	0.706	0.984	0.674	0.704	1.000	0.643	-0.398	0.479
X_7	0.610	0.322	0.531	0.327	0.965	0.643	1.000	-0.617	0.355
X_8	-0.410	-0.210	-0.377	-0.273	-0.521	-0.398	-0.617	1.000	-0.228
X_9	0.671	0.875	0.432	0.845	0.351	0.479	0.355	-0.228	1.000

从表 11 - 8 可以看出，很多指标的相关系数都很高，变量之间具有很强的相关性，这意味着所选择的指标满足了因子分析的基本要求。

（2）计算并提取公共因子。

通过求特征值、方差贡献率，确定了公共因子个数（见表 11 - 9）。

由表 11 - 9 可以看出，前 2 个因子的累计方差贡献率达到了 84.363% 。由此可以看出前 2 个因子表达了全部指标 84.363% 的信息，具备可靠性，因此本书将前 2 个公因子作为研究对象进行分析。

表 11 - 9 　　　　　　　　　　　　解释的总方差

成分	初始特征值			提取载荷平方和			旋转载荷平方和		
	总计	方差百分比	累积（%）	总计	方差百分比	累积（%）	总计	方差百分比	累积（%）
1	5.874	65.262	65.262	5.874	65.262	65.262	4.340	48.226	48.226
2	1.719	19.101	84.363	1.719	19.101	84.363	3.252	36.137	84.363
3	0.758	8.423	92.786	—	—	—	—	—	—

续表

成分	初始特征值			提取载荷平方和			旋转载荷平方和		
	总计	方差百分比	累积（%）	总计	方差百分比	累积（%）	总计	方差百分比	累积（%）
4	0.542	6.020	98.806	—	—	—	—	—	—
5	0.088	0.979	99.785	—	—	—	—	—	—
6	0.017	0.193	99.978	—	—	—	—	—	—
7	0.002	0.022	100.000	—	—	—	—	—	—
0	0	0	100.000	—	—	—	—	—	—
9	0	0	100.000	—	—	—	—	—	—

注：提取方法为主成分分析法。

由图 11 - 3 可知，特征值大于 1 的因子只有前 2 个，而其余因子的特征值均小于 1。所以说本书选取的 2 个公因子符合要求。

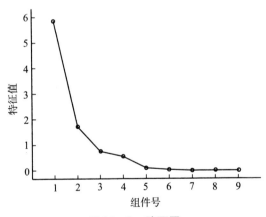

图 11 - 3　碎石图

（3）计算旋转因子载荷矩阵。

由表 11 - 10 可以看出，第一个公因子在指标 X_1、X_2、X_3、X_4、X_6、X_8、X_9 的载荷值均大于第二个公因子。因此，第一个公因子包含了 GDP、社会消费品零售总额、城镇化率和城镇公共用水量等 7 个指标的主要信息，将第一个公因子命名为"经济绿色发展水平因子"。而第二个公因子在指标 X_5、X_7 和 X_8 的载荷值大于第一个公因子，其主要包括分地区村卫生室机构数、化肥施用量、水资源总量等 3 个指标的信息，故可将公因子 2 命名为"社会和环境绿色发展水平因子"。

表 11-10　　　　　　　旋转因子载荷矩阵

指标	1	2
X_1	0.835	0.522
X_2	0.984	0.120
X_3	0.707	0.545
X_4	0.962	0.128
X_5	0.194	0.924
X_6	0.677	0.637
X_7	0.190	0.928
X_8	-0.094	-0.721
X_9	0.842	0.104

（4）计算因子得分。

由表 11-11 得到的两个因子得分函数分别为：

$$F_1 = -0.165X_1 + 0.293X_2 + 0.119X_3 + 0.285X_4 - 0.121X_5 + 0.091X_6 - 0.123X_7 + 0.113X_8 + 0.250X_9 \tag{11-8}$$

$$F_2 = 0.059X_1 - 0.144X_2 + 0.094X_3 - 0.136X_4 + 0.359X_5 + 0.139X_6 + 0.361X_7 - 0.291X_8 - 0.122X_9 \tag{11-9}$$

表 11-11　　　　　　　因子得分系数矩阵

指标	1	2
X_1	0.165	0.059
X_2	0.293	-0.144
X_3	0.119	0.094
X_4	0.285	-0.136

指标	1	2
X_5	−0.121	0.359
X_6	0.091	0.139
X_7	−0.123	0.361
X_8	0.113	−0.291
X_9	0.250	−0.122

将原始数据标准化后分别代入 F_1 和 F_2 中，可以计算出青海省六州二市的各因子得分（见表 11 – 12）。

表 11 – 12 各市州单因子得分情况

地区	F_1	F_2
西宁市	−5270.67	15297.05
海东市	−8012.71	23413.32
海北州	−1258.83	3721.92
黄南州	−196.88	584.95
海南州	−3139.06	9192.43
果洛州	5.19	64.92
玉树州	11.41	101.93
海西州	−1496.23	4317.13

（5）计算综合因子得分。

由于单个因子得分不能准确地反映青海省六州二市的绿色城镇化发展水平，因此，要通过加权汇总得出综合因子得分。

$$F = (0.482F_1 + 0.361F_2)/0.843 \qquad (11 - 10)$$

将数据代入式（11 – 10）中，可以得出青海省六州二市的绿色城镇化综合因子得分（见表 11 – 13）。

表 11 –13　　　　青海省各市州绿色城镇化综合因子得分及排序

地区	综合因子得分	排序
西宁市	3537.1	2
海东市	5444.94	1
海北州	874.09	5
黄南州	137.92	6
海南州	2141.69	3
果洛州	30.77	8
玉树州	50.18	7
海西州	993.24	4

（五）评价结论

基于绿色可持续发展理论，本书选取了经济绿色化、社会绿色化、基础设施绿色化以及生态环境绿色化四个一级指标构建了评价指标体系，运用熵值法分析青海省 2010～2020 年绿色城镇化发展水平，同时运用因子分析法分析了青海省六州二市的绿色城镇化水平。具体结论如下：

1. 青海省总体绿色城镇化水平分析

（1）整体呈上升态势，发展速度较慢。通过熵值法的分析结果可以看出，2010～2020 年青海省总体绿色城镇化发展水平呈现上升趋势，但其发展速度较慢，甚至在 2013 年还有所下降。

（2）各子系统之间发展不平衡。一方面，基础设施绿色化和环境绿色化的发展水平指数相对较低，而经济绿色化和社会绿色化的发展水平指数相比较而言要高一点，说明青海省在绿色城镇化建设进程中对基础设施建设和环境保护方面的投入不高。同时，有关绿色可持续发展方面的政策还不够完善。另一方面，经济和社会绿色化发展水平增速较快，这表明青海省的绿色城镇化发展主要依靠经济绿色化和社会绿色化的发展支持。基础设施绿色化发展水平波动性较大，大致呈先下降后小幅上升的趋势，这归因于城市用水普及率和燃气普及率的波动。

（3）总体绿色城镇化水平不高。在西部十二省市区中，青海省绿色城镇化发展水平排在第六位，这表明青海省绿色城镇化水平目前相对比较落后，绿色城镇化建设还有很大的进步空间。

2. 青海省各州市绿色城镇化水平分析

青海省六州二市的绿色城镇化水平相差较大，存在着明显的不平衡。通过因子分析，可以看出青海省玉树藏族自治州和果洛藏族自治州的绿色城镇化水平相较于其他地区较低，两地在绿色城镇化建设方面严重滞后。特别是玉树州，其综合因子得分显示其绿色城镇化水平在全省8个市州中最差。海西州和西宁市的绿色城镇化发展水平较高，与全省其他地区相比处于靠前的位置。特别是海西州，它是全省中绿色城镇化水平最高的一个地区，这是因为其经济总量大，从而带动了其绿色城镇化发展，这也从侧面反映出了经济发展是绿色城镇化发展的原动力。海东、海北等地区的绿色城镇化发展处于中间水平。对此，政府部门应给予高度重视，加强落后地区绿色城镇化建设，缩小其间的差距，实现青海省城镇化的均衡、绿色、可持续发展。

3. 青海省绿色城镇化主要影响因素

（1）绿色经济发展。通过观察2020年24个指标中排在前十位的指标权重，可以明显看到万元GDP能耗和第三产业增加值比重两个指标的权重在24个指标中分别排在了第一位和第三位，这表明了绿色城镇化的发展离不开经济发展，但是为了让资源得到有效利用，必须在绿色可持续发展理念的基础上，发展以资源有效利用和低碳减排为特征的绿色经济，与此同时，要用绿色城镇化建设代替传统的城镇化建设。

（2）绿色基础设施的建设与完善。建成区绿化覆盖率和污水处理率两个指标的权重在24个指标中分别排在了第八位和第十七位，这说明绿色基础设施的建设有利于以资源有效利用和低碳减排为特征的绿色经济的发展，对绿色城镇化的发展起到了带动作用。

（3）政府的推动。城市用水普及率和城市燃气普及率两个指标的权重在24个指标中分别排在了第十三位和第十六位，这表明政府可以推动绿色城镇化的建设，对绿色城镇化发展起到了积极的推动作用。

（4）社会发展水平。绿色城镇化发展要求将以人为本的思想作为根本宗旨，而在权重排名前十的指标中包括了城市居民最低生活保障人数和城镇登记失业率，这两个指标反映出青海省社会发展水平不高，城镇人口吸引力较弱，从而限制了青海省的经济发展和绿色城镇化建设。

四、青海省绿色城镇化发展路径

当前，青海省绿色城镇化发展水平总体而言还不高，而且各州市之间存在着发展不平衡的问题。因此，根据以上的研究，提出了可以提高青海省绿色城镇化发展水平的对策建议，希望能够对青海省绿色城镇化建设有所帮助。

（一）推动产业绿色转型

要实现城镇化的绿色发展，必须大力发展绿色产业，优化产业结构。改变以往高污染、高排放、高消耗的产业结构，转型升级为低碳环保节能型的绿色产业。首先，大力发展高新技术，加强科研及创新能力，以此提升要素产出率。其次，充分利用互联网及云计算等现代信息技术，优化传统产业结构，创新企业经营管理模式。发展循环经济做好城市垃圾及工业废水的处理。最后，充分利用本地资源，发展具有本地特色的绿色产业。结合青海省各城镇的资源及交通特点，充分利用旅游资源、农业资源、科技资源、能源资源等实现绿色产业的发展。

（二）完善绿色基础设施建设，增加城镇绿色生态空间

绿色基础设施的完善能够加快绿色城镇的建设进程。绿色基础设施

的作用是节约资源及保护生态环境，其囊括了城镇基础设施的方方面面，如交通、建筑、空间、公共设施等。要完善绿色基础设施的建设，首先，要提倡绿色出行，通过合理地规划道路使用范围，划分机动车、自行车、公交车等交通工具的通行路线，来减少拥堵情况。与此同时，鼓励低碳交通，低碳出行，缓解城镇交通高峰期的压力。其次，扩大城镇绿化面积，加强城镇绿化管理工作，确保各城镇绿化覆盖率。最后，开展绿色建筑工程，在节能环保减排的前提下，完成工程建设。传统交通运输及建筑业的发展导致了青海省资源的过度消耗，绿色建筑工程作为城镇化工作中的核心内容，推行绿色建筑产业的发展是实现绿色城镇化的重要举措。

（三）建立健全绿色制度与政策，强化绿色城镇化保障体系

经济活动在完善的制度及政策的约束、激励下会彰显出新的活力。建立完善绿色制度及政策，能够推动城镇化的绿色进程，并能为绿色城镇化工作的开展提供政策支持。绿色制度及政策主要指与节能、环保、生态文明、绿色产业等相关的一系列制度及政策。全面建立完善绿色制度及政策，需要做好城镇人口管理、福利保障制度建设等工作来加强城镇化进程。改革户籍制度、完善社会福利及基本保障制度，开展以人为核心的城市管理工作，以此促进城镇稳定、和谐的发展，使人民共享绿色城镇化的成果。还有，要建立完善与生态环境相关的碳排放、污染物治理等制度。结合市场及政府两种力量，来严格管控企业废水、工业垃圾、生活垃圾的排放及处理工作。除此以外，还要从经济效益发展的角度出发，通过建立绿色财政、金融、采购、税收等政策及制度来引导消费者和生产者进行绿色消费及生产，以此促进绿色城镇化的进程。

（四）坚持以人为本，促进社会绿色城镇化

以人为本是实现绿色城镇化的前提和最终目的。但是目前，青海省

实行绿色城镇化建设工作的主要难题是，青壮年劳动力少，经济发展速度慢，城镇化质量有待提升。所以，青海省应该提高城镇化质量，提升城镇吸引力。首先，深化产业改革，创造更多的就业岗位，吸引劳动力。目前，青海省城镇化的产业结构出现了不平衡现象，第三产业，尤其是服务业的发展严重落后，所以导致就业岗位不足，造成青壮年劳动力流失的现象。所以，青海省应该大力发展第三产业，以提高城镇吸引力，提高劳动力资源储备。其次，确立劳动者权益保障制度，提升城镇绿色就业水平。通过切实保护劳动者的权益，能够改善就业环境，提高劳动者的就业积极性，从而确保绿色城镇化工作能够在社会稳定、经济发展的前提下稳步推进。

附　　录

居民对建设现代美丽幸福大西宁的认知调查问卷

尊敬的受访者,

您好!

"十四五"时期,西宁将在国家大格局、大目标、大战略中找准结合点,借势发力、乘势而上,主动融入国家战略,不断提升战略位势、区域能级和发展格局,开展现代美丽幸福大西宁建设。为了更深层次了解青海省西宁市城市建设状况,我们青海大学财经学院师生在青海省各地区开展调研。您是我们根据随机原则挑选出来的被访问者,您提供的信息与建议将作为提高西宁城市建设水平的重要参考。本次调查为匿名形式,我们将对所有信息进行严格保密,您对问卷中问题的回答无对错之分,调查获得的资料只作研究之用,请您如实说明自己的情况和看法,无须顾虑。

请在括号内选出适合自己的选项,真诚感谢您的合作!

一、个人基本情况（单选）:

1. 您的性别是（　　　）

A. 男　　　　　　　B. 女

2. 您的年龄是（　　　）

A. 18 岁以下　　　　　B. 18～29 岁　　　　　C. 30～49 岁

D. 50～69 岁　　　　　E. 70 以上

3. 您的文化程度（　　　）

A. 初中及以下　　　　　　B. 高中（或中专）　　　C. 本科（或大专）

D. 本科以上

4. 您的家庭月收入（　　　）

A. 3000 元以下　　　　　　B. 3000～5000 元　　　　C. 5000～10000 元

D. 10000 元以上

5. 您在西宁居住的时长是（　　　）

A. 1 个月以内　　　　　　B. 1 个月～4 年　　　　　C. 4～10 年

D. 长期居住

6. 您的民族（　　　）

A. 汉族　　　　　　　　　B. 藏族　　　　　　　　　C. 蒙古族

D. 回族　　　　　　　　　E. 其他少数民族

7. 您的身份是（　　　）

A. 常住居民（包含在校大学生）

B. 临时居住（包含游客和中转人员）

8. 您以后会继续在西宁居住吗（　　　）

A. 会　　　　　　　　　　B. 可能会　　　　　　　　C. 不确定

D. 不会

二、居民生活状况（单选）：

9. 您家里有几口人（　　　）

A. 1 人　　　　　　　　　B. 2 人　　　　　　　　　C. 3 人

D. 4 人　　　　　　　　　E. 5 人及以上

10. 您目前的居住状况是（　　　）

A. 自有商品房　　　　　　B. 租房　　　　　　　　　C. 自建住房

D. 其他

11. 您的个人就业状况是（　　　）

A. 在岗　　　　　　　　　B. 待（下）岗　　　　　　C. 失业

D. 退休或离休　　　　　　E. 其他

12. 您个人的平均月收入是（　　　）

A. 3000 元以下　　　　B. 3001 ~ 6000 元　　　C. 6001 ~ 9000 元

D. 9000 元以上

13. 您家每年的支出主要花费在（　　　）

A. 食品及衣物支出　　B. 医疗支出　　　　　C. 教育支出

D. 房屋购置　　　　　E. 车辆购置　　　　　F. 其他

14. 您平均每月在食物方面的花费大概是（　　　）

A. 500 元以下　　　　B. 500 ~ 1000 元　　　C. 1001 ~ 1500 元

D. 1500 元以上

15. 您家一年中在医疗方面的花费是多少（　　　）

A. 0.5 万元　　　　　B. 0.5 万 ~ 1 万元　　　C. 1.1 万 ~ 2 万元

D. 2 万元以上

16. 您家的住宅面积是（　　　）

A. 80 平方米以下　　　B. 81 ~ 120 平方米　　C. 121 ~ 160 平方米

D. 160 平方米以上

17. 您家目前拥有机动车数量（　　　）

A. 0 辆　　　　　　　B. 1 辆　　　　　　　C. 2 辆

D. 3 辆及以上

18. 您每周平均工作时长是（　　　）

A. 5 天　　　　　　　B. 6 天　　　　　　　C. 7 天

D. 4 天　　　　　　　E. 3 天及以下

19. 您的闲暇时间主要从事以下哪些活动（　　　）

A. 看电视　　　　　　B. 看电影　　　　　　C. 运动

D. 阅读　　　　　　　E. 其他

20. 您在日常生活中是否会进行垃圾分类（　　　）

A. 是　　　　　　　　B. 否

21. 您是否会使用一次性产品，如一次性筷子（　　　）

A. 是　　　　　　　　B. 否

22. 您家产生厨余垃圾的数量是（　　　）/天

A. 1 袋　　　　　　　B. 2 ~ 3 袋　　　　　　C. 3 ~ 4 袋

D. 4 袋以上

三、满意度调查：（该部分问题为满意度打分，1 分为最差，9 分为最好）

23. 您对目前自己的收入水平满意程度是

24. 您对西宁市的物价满意程度是

25. 您对西宁市房价的满意程度是

26. 您对西宁市幼儿园布局的满意程度是

27. 您对西宁市中小学布局的满意程度是

28. 您对西宁市的医疗服务水平的满意程度是

29. 您对西宁市商业网点的满意程度是

30. 您对西宁市出行便利的满意程度是

31. 您对西宁市城市卫生的满意程度是

32. 您对西宁市政府管理水平的满意程度是

33. 您对西宁市食品安全的满意程度是

34. 您对西宁市空气质量的满意程度

35. 您对西宁市气候条件的满意程度是

36. 您对西宁市公园绿地建设的满意程度是

37. 您对西宁市环境污染治理成效的满意程度是

38. 您对西宁市就业情况的满意程度是

39. 您对西宁市社会安全的满意程度是

40. 您对西宁市居民整体素质的满意程度是

41. 您对您每周的闲暇时长是否满意

四、对西宁城市发展情况的评价（多选）：

42. 您认为西宁近几年最大变化表现在（　　　）

A. 居民素质　　　　　B. 制度政策　　　　　C. 经济发展水平

D. 生态环境质量　　　E. 基础设施水平　　　F. 生活质量

G. 其他

43. 您认为近几年西宁的发展变化主要归功于（　　　）

A. 政府引导　　　　　B. 产业发展　　　　　C. 专家、人才贡献

D. 民众配合　　　　　E. 其他

44. 您认为西宁发展的优势主要包括（　　　）

A. 环境　　　　　　　B. 气候　　　　　　　C. 经济

D. 政策　　　　　　　E. 其他

45. 您认为建设现代美丽幸福大西宁将会带来哪些效果（　　　）

A. 收入增加　　　　　B. 生态环境改善　　　C. 经济发展

D. 医疗水平提高　　　E. 公共设施改善　　　F. 其他

46. 您认为西宁市发展最大的制约因素是（　　　）

A. 基础设施　　　　　B. 环境质量　　　　　C. 产业结构

D. 技术创新水平　　　E. 教育条件　　　　　F. 医疗水平

G. 自然地理条件　　　H. 其他

47. 以下是 2020 中国最具幸福感城市榜单，您认为西宁市在其中的排名是（　　）

幸福城市榜单：成都、杭州、宁波、广州、长沙、南京、郑州、西宁、青岛、西安

48. 将以上城市与西宁对比，您认为西宁的绿色程度排名是（　　）

49. 将以上城市与西宁对比，您认为西宁的幸福程度排名是（　　）

50. 将以上城市与西宁对比，您认为西宁的现代化程度排名是（　　）

51. 您认为影响现代化美丽幸福大西宁建设的因素还有哪些，请写在下方，非常感谢！

我们的问卷到此结束，感谢您的支持与配合！

祝您工作顺利！生活愉快！

参 考 文 献

[1] 安虎森，陈明. 工业化、城市化进程与我国城市化推进的路径选择 [J]. 南开经济研究，2005（1）.

[2] 蔡绍洪，魏媛，等. 西部地区绿色发展水平测度及空间分异研究 [J]. 管理世界，2017（6）：174-175.

[3] 钞小静，任保平. 中国经济增长质量的时序变化与地区差异分析 [J]. 经济研究，2011，46（4）：26-40.

[4] 陈胜利，王东. 中国城市群经济韧性的测度、分解及驱动机制 [J]. 华东经济管理，2022，36（12）：1-13.

[5] 陈伟，修春亮. 新时期城市群理论内涵的再认知 [J]. 地理科学进展，2021（5）：1-5.

[6] 陈文，陈华. 成都地区城乡居民主观幸福感的调查研究 [J]. 农村经济，2013（3）：11-15.

[7] 陈一筠. 城市化与城市社会学 [M]. 北京：光明日报出版社，1986.

[8] 陈志霞. 城市幸福指数及其测评指标体系 [J]. 城市问题，2012（4）：9-13.

[9] 陈志霞，徐杰. 基于 TOPSIS 与灰色关联分析的城市幸福指数评价 [J]. 统计与决策，2021，13（9）：59-62.

[10] 仇保兴. 新型城镇化：从概念到行动 [J]. 行政管理改革，2012（11）：11-18.

[11] 邓楚雄，谢炳庚，李晓青，等. 基于投影寻踪法的长株潭城市群地区耕地集约利用评价 [J]. 地理研究，2013，32（11）：2000-

2008.

[12] 邓先奇. 从马克思的人性论出发解读个人幸福和社会幸福 [J]. 信阳师范学院学报（哲学社会科学版），2010，30（5）：14-17.

[13] 丁生喜. 青海省经济与生态环境协调发展研究 [M]. 北京：中国经济出版社，2023.

[14] 丁生喜，等. 区域经济学 [M]. 西宁：青海人民出版社，2012.

[15] 丁生喜. 兰西城市群西宁市统筹城乡发展研究 [R]. 青海省发展改革委员会委托课题，青海高源发展研究院，2017.

[16] 丁生喜，李双元，赵玲，等. 中国区域特色经济协调发展研究：以青海省为例. [M]. 北京：中国经济出版社，2023.

[17] 丁生喜. 青藏高原资源型区域新型城镇化研究：以柴达木盆地为例 [M]. 北京：中国经济出版社，2017.

[18] 丁生喜. 青海省以人为核心的新型城镇化建设实现路径研究 [R]. 青海省智库项目 ZK19009，青海省社科规划公室，2021.

[19] 丁生喜，王晓鹏，秦真凤，等. 基于人口-经济-生态协调发展的青海省新型城镇化研究 [J]. 生态经济，2015（3）：74-77.

[20] 丁生喜，刘亚天，周静雯. 现代美丽幸福大西宁建设路径研究 [R]. 绿色发展重大专项课题，西宁市绿色发展研究院，2021.

[21] 段浩，许思炜. 新型城镇化中的"人地钱"挂钩制度：回应、困境与完善 [J]. 农村经济，2018（10）：36-43.

[22] 方创琳. 中国城市群研究取得的重要进展与未来发展方向 [J]. 地理研究，2014（4）：1130-1144.

[23] 冯奎，贾璐宇. 我国绿色城镇化的发展方向与政策重点 [J]. 经济纵横，2016（7）：27-32.

[24] 付春雨. 兰西城市群县域土地利用绿色效率评价及其影响因素分析 [D]. 兰州：西北师范大学，2021.

[25] 高佩义. 中外城市化比较研究 [M]. 天津：南开大学出版社，1991.

[26] 高翔宇. 河北省产业转移承接力评价与产业集群耦合分区研究

［D］. 武汉：中国地质大学，2016.

［27］ 辜胜阻. 非农化与城镇化研究［M］. 浙江：浙江人民出版社，
1991.

［28］ 郭凤华. 关于构建牡丹江市"和谐幸福城市"评价考核体系的思考与研究［C］. 黑龙江省统计学会会员代表大会，2012.

［29］ 郭旭东，邱扬，连纲，等. 基于"压力 - 状态 - 响应"框架的县级土地质量评价指标研究［J］. 地理科学，2005（5）：69 - 73.

［30］ 海东市发展和改革委员会. 海东市国民经济和社会发展第十三个五年规划纲要，2016.

［31］ 韩康. 构建"中国幸福城市评价体系"："2012 为大多数人幸福"的城市发展评价体系［J］. 国家行政学院学报，2012（5）：13 - 23.

［32］ 韩倩文. 城市群产业空间联系定量研究［D］. 武汉：武汉理工大学，2019.

［33］ 赫兆琪. 基于数据包络分析方法下云南省农业保险经营效率研究［D］. 昆明：云南财经大学，2022.

［34］ 胡晓鹏. 产业共生：理论界定及其内在机理［J］. 中国工业经济，2008（9）：118 - 128.

［35］ 黄开腾. 新型城镇化推进精准扶贫：内在逻辑及实现途径［J］. 西部论坛，2018，28（1）：29 - 37.

［36］ 姜长军，李贻学. 基于熵值法 TOPSIS 模型的陕西省资源环境承载力研究［J］. 资源与产业，2017（3）：5 - 10.

［37］ 姜玉山，朱孔来. 现代化评价指标体系及综合评价方法［J］. 统计研究，2002（1）：50 - 54.

［38］ 姜作培. 城乡统筹发展的科学内涵与实践要求［J］. 经济问题，2004（6）：44 - 46.

［39］ 金碚. 关于"高质量发展"的经济学研究［J］. 中国工业经济，2018（4）：5 - 18.

［40］ 康丽玮，王晓峰，甄江红. 基于 AHP 法的城市现代化水平综合评

析：以鄂尔多斯市为例［J］.干旱区资源与环境，2013（2）：43－47.

［41］勒施.城市经济学［M］.中国社会科学院研究生院译.北京：经济科学出版社，1999：141.

［42］黎昕，赖扬恩.国民幸福指数指标体系的构建［J］.东南学术，2011（5）：66－75.

［43］李秉毅.构建和谐城市：现代城镇体系规划理论［M］.北京：中国建筑工业出版社，2006.

［44］李宏贵，曹迎迎，陈忠卫.新创企业的生命周期、创新方式与关系网络［J］.外国经济与管理，2017，39（8）：16－27.

［45］李金昌，程开明.中国城市化与经济增长的动态计量分析［J］.财经研究，2006（9）：19－30.

［46］李金昌，史龙梅，徐蔼婷.高质量发展评价指标体系探讨［J］.统计研究，2019，36（1）：4－14.

［47］李沛.绿色发展背景下兰西城市群水资源利用效率及影响因素研究［D］.兰州：西北师范大学，2020.

［48］李萍，曾令可，税安泽，等.基于 MATLAB 的 BP 神经网络预测系统的设计［J］.计算机应用与软件，2008（4）：149－150，184.

［49］李秋敏，肖雯心.基于有序逻辑回归模型的成都地区流动人口幸福感分析［J］.经贸实践，2016（15）：262.

［50］李文正.基于层次分析法的陕西省城市绿色发展区域差异测度分析［J］.水土保持研究，2015（5）：152－157.

［51］李晓娟.西北地区新型城镇化发展的地方性内涵与路径：以陕西省为例［J］.未来与发展，2014（11）：91－97.

［52］李佐军，盛三化.建立生态文明制度体系推进绿色城镇化进程［J］.经济纵横，2014（1）：39－43.

［53］联合国人居署.和谐城市：2008/2009 世界城市状况报告［M］.北京：中国建筑工业出版社，2008.

［54］梁华，赵勇."十三五"时期西北地区新增长极培育思路、战略重

点与政策举措［J］. 开发研究，2016（4）：11－16.

［55］廖重斌. 环境与经济协调发展的定量评判及其分类体系：以珠江三角洲城市群为例［J］. 热带地理，1999（2）：76－82.

［56］林毅夫. 关于制度变迁的经济学理论：诱制性制度变迁和强制性制度变迁［M］. 上海：上海三联书店，1999：274－275.

［57］蔺雪芹，王岱，任旺兵，等. 中国城镇化对经济发展的作用机制［J］. 地理研究，2013，32（4）：691－700.

［58］刘波，黄勤，杨理珍. 高质量发展背景下长江经济带"人—水—地"系统耦合协调效应评价［J］. 软科学，2021，35（5）：27－34，42.

［59］刘杰，李继波，黄希庭. 城市幸福指数问卷的编制［J］. 西南大学学报（社会科学版），2012，38（5）：92－99.

［60］刘潇. 开发区政策的企业技术创新效应研究［D］. 上海：上海财经大学，2022.

［61］刘亚天，丁生喜. 基于投影寻踪模型权重优化的城市高质量发展评价及其影响因素分析.［J］. 数学的实践与认识，2021，51（24）：53－63.

［62］刘亚天，殷颂葵，丁生喜. 基于投影寻踪法的城镇化质量与经济发展协调性研究：以西部城市群为例［J］，青海师范大学学报（自然科学版），2022（3）：59－69.

［63］刘逸舟. 基于西安居民美好生活需要的安全生活评价研究［D］. 西安：西安科技大学，2020.

［64］卢海元. 实物换保障：完善城镇化机制的政策选择［M］. 北京：经济管理出版社，2002.

［65］陆相林，孙中伟，马世猛. 京津冀区域城市旅游共生关系分析与协同发展对策［J］. 经济地理，2016（4）：181－187.

［66］罗荣渠. 现代化新论［M］. 北京：北京大学出版社，1993.

［67］马国强，汪慧玲. 共生理论视角下兰西城市群旅游产业的协同发展［J］. 城市问题，2018（4）：65－71.

[68] 马潇 . 江苏省绿色城镇化发展的空间演化特征及动力机制研究 [D]. 徐州：江苏师范大学，2019.

[69] 马雪梅 . 黄河流域经济开发区空间集聚水平及其影响因素研究 [D]. 兰州：兰州大学，2022.

[70] 马勇 . 长江中游城市群绿色发展指数测度及时空演变探析：基于 GWR 模型 [J]. 生态环境学报，2017（5）：794 – 807.

[71] 毛雪艳，王平 . 青海省新型城镇化影响因素的实证研究 [J]. 西北人口，2014（6）：110 – 114.

[72] 孟东方 . 高品质生活的居民感知与创造路径：基于重庆市 39 个区县的调查分析 [J]. 西部论坛，2021，31（3）：44 – 56.

[73] 闵开元，尤莉莉，潘钰婷，等 . 四川省泸州市居民健康城市建设满意度与主观幸福感的关系 [J]. 中国健康教育，2019（9）：813 – 817.

[74] 倪鹏飞 . 中国城市竞争力报告 [M]. 北京：社会科学文献出版社，2008.

[75] 鸟成云 . 规避虹吸效应，促进融合发展：探索省域内区域协调发展新路 [N]. 人民日报（理论版），2016 – 12 – 14.

[76] 鸟成云 . 政府工作报告 [R]. 海东市第二届人民代表大会第二次会议，2017.3.11

[77] 庞晶，叶裕民 . 城市群形成与发展机制研究 [J]. 生态经济，2008（2）：97 – 99.

[78] 彭小雷，刘剑锋 . 大战略、大平台、大作为：论西部国家级新区发展对新型城镇化的作用 [J]. 城市规划，2014（2）：20 – 26.

[79] 彭志宏，陈志刚，张国林，等 . 城市现代化模型的建立及实证分析 [J]. 上海经济研究，2012（7）：104 – 112.

[80] 秦攀博，秦桂平 . 论幸福城市评价指标体系的构建 [J]. 城市观察，2015（3）：154 – 163.

[81] 秦青 . 基于 DEA 交叉评价的新型城镇化水平研究：以河南省为例 [J]. 湖北农业科学，2014，53（8）：1959 – 1964.

[82] 青海省新型城镇化规划 [N]. 青海日报, 2014 - 05 - 22 (5).

[83] 邱丽丽, 朱永君, 等. 云南省区域绿色发展水平评价 [J]. 绿色科技, 2018 (20): 218 - 224.

[84] 任致远. 关于我国城市现代化发展建设问题的思考 [J]. 城市发展研究, 2015, 21 (5): 1 - 5, 19.

[85] 沈坤荣, 蒋锐. 中国城市化对经济增长影响机制的实证研究 [J]. 统计研究, 2007 (6): 9 - 15.

[86] 沈清基, 沈贻. 《Ecocity Berkeley—Building Cities for a Healthy Future》一书评介 [J]. 城市规划汇刊, 2002 (3): 75 - 78.

[87] 沈正平. 优化产业结构与提升城镇化质量的互动机制及实现途径 [J]. 城市发展研究, 2013 (5): 20 - 23.

[88] 宋慧琳, 彭迪云. 绿色城镇化测度指标体系及其评价应用研究: 以江西省为例 [J]. 金融与经济, 2016 (7): 4 - 9, 15.

[89] 苏旭峰, 冉启英. 西北地区城镇化系统耦合协调发展分析: 基于高质量发展视角 [J]. 技术经济与管理研究, 2021 (10): 98 - 103.

[90] 孙建业, 徐静. 以人为本的新型城镇化发展路径研究: 基于沧州市 16 个区县市的调查 [J]. 山西农经, 2018 (4): 38 - 39.

[91] 孙祁祥, 王向楠, 韩文龙. 城镇化对经济增长作用的再审视: 基于经济学文献的分析 [J]. 经济学动态, 2013, (11): 20 - 8.

[92] 田美荣, 高吉喜. 城乡统筹发展内涵及评级指标体系建立研究 [J]. 中国发展, 2009 (4): 62 - 66.

[93] 万媛媛, 苏海洋, 刘娟. 生态文明建设和经济高质量发展的区域协调评价 [J]. 统计与决策, 2020, 36 (22): 66 - 70.

[94] 王保贤, 刘毅. 基于灰色BP神经网络模型的人力资源需求预测方法 [J]. 统计与决策, 2018, 34 (16): 181 - 184.

[95] 王长生. 重庆市城乡统筹发展模式研究 [D]. 长春: 东北师范大学, 2012.

[96] 王成新, 姚士谋, 王书国. 现代化城市的生态枢纽建设实证分析

［J］．地理研究，2007（1）：149－156．

［97］王慧慧．中等城市居民幸福感评价指标体系及实证［J］．求索，2016（12）：67－71．

［98］王劲峰，费希尔，刘铁军．经济与社会科学空间分析［M］．北京：科学出版社，2012：77－79．

［99］王凯，陈明．中国绿色城镇化的认识论［J］．城市规划学刊，2021（1）：10－17．

［100］王丽，邓羽，牛文元．城市群的界定与识别研究［J］．地理学报，2013，68（8）：1059－1070．

［101］王茜茜，周敬宣，李湘梅，等．基于投影寻踪法的武汉市"两型社会"评价模型与实证研究［J］．生态学报，2011，31（20）：6224－6230．

［102］王茹．补齐城镇环境基础设施短板［J］．宏观经济管理，2020（10）：24－29．

［103］王淑佳，孔伟，任亮，等．国内耦合协调度模型的误区及修正［J］．自然资源学报，2021，36（3）：793－810．

［104］王颂吉，白永秀．丝绸之路经济带建设与西部城镇化发展升级［J］．宁夏社会科学，2015（1）：51－59．

［105］魏敏，李书昊．新时代中国经济高质量发展水平的测度研究［J］．数量经济技术经济研究，2018，35（11）：3－20．

［106］吴彩宏．木桶原理的应用及其扩展效应［J］．企业技术开发，2013（11）：7－9．

［107］吴殿廷．中国三大地带经济增长差异的系统分析［J］．地域研究与开发，2001（2）：10－15．

［108］吴江．重庆新型城镇化推进路径研究［D］．重庆：西南大学，2009．

［109］吴颖婕．中国生态城市评价指标体系研究［J］．生态经济，2012（12）：52－56．

［110］谢乃明，刘思峰．离散GM（1，1）模型与灰色预测模型建模机

理 [J]. 系统工程理论与实践, 2005 (1): 93 – 99.

[111] 中共中央 国务院. 国家新型城镇化规划 (2014—2020 年) [EB/OL]. [2014 – 3 – 16]. http: //www. gov. cn/gongbao/content/.

[112] 熊国斌, 李井会, 王建奎, 等. 浙江省绿色城镇建设评价指标体系初探 [J]. 浙江建筑, 2013, 30 (1): 55 – 57, 60.

[113] 徐超平, 李昊, 马赤宇. 国家级新区兰州新区发展路径的再思考 [J]. 城市发展研究, 2017, 24 (3): 148 – 152.

[114] 许红, 吴寅恺. 幸福城市建设评价指标体系构建与实证 [J]. 统计与决策, 2020 (10): 172 – 175.

[115] 许云霄, 麻志明. 对帕累托效率的再思考 [J]. 财经研究, 2005 (8): 9 – 12.

[116] 薛菲, 王淑艳, 吴秋峰. 基于熵值 – TOPSIS 法的黑龙江省县域农业经济评价及研究 [J]. 黑龙江畜牧兽医, 2017 (6): 16 – 19.

[117] 扬琴. 城市现代化评价指标体系构建 [J]. 商业时代, 2012 (30): 17 – 18.

[118] 杨角. 中国绿色城镇化发展水平评价及实现路径研究 [D]. 西安: 西北大学, 2020.

[119] 杨培峰. 城乡一体化系统初探 [J]. 城市规划汇刊, 1999 (2): 51 – 54, 35.

[120] 杨清丽. 青海省绿色城镇化发展研究 [J]. 攀登, 2022, 41 (2): 79 – 87.

[121] 杨永春. 中国河谷型城市研究 [J]. 地域研究与开发, 1999 (3): 61 – 65.

[122] 杨重光. 新型城镇化是必由之路 [J]. 中国城市经济, 2009 (11): 38 – 43.

[123] 姚士谋, 陈爽, 陈振光. 关于城市群基本概念的新认识 [J]. 现代城市研究, 1998 (6): 15 – 17, 61.

[124] 姚月. 论现代化城市建设的评价体系与 "因城施策" [J]. 规划师, 2019, 35 (4): 45 – 50.

[125] 叶裕民. 中国城镇化质量研究 [J]. 中国软科学，2001（7）：27 - 31.

[126] 殷醒民. 高质量发展指标体系的五个维度 [N]. 文汇报，2018 - 02 - 06（12）.

[127] 于建峰，曾俊伟，钱勇生，等. 不同交通方式对兰西城市群空间分布影响研究 [J]. 铁道运输与经济，2019（1）：7 - 13.

[128] 曾九利，唐鹏. 成都市城乡统筹规划实践十年回顾与探索 [J]. 城市规划，2013（8）：93 - 96.

[129] 张东玲，范伟丽，陈景帅. 农村产业融合、绿色城镇化与城乡均衡发展的协同效应：基于线性与非线性关系的实证分析 [J]. 重庆社会科学，2021（5）：53 - 70.

[130] 张海虎. 加大兰西经济带青海东部城市群市政基础设施建设支持力度 [N]. 青海日报，（出席十二届全国人大四次会议我省代表团建议），2016.

[131] 张冀新，柳静. 基于效能评价的创新型产业集群成长模式研究 [J]. 科技进步与对策，2019，36（11）：54 - 63.

[132] 张韦萍，石培基，尹君锋. 兰西城市群土地利用效益时空演变及耦合协调关系 [J]. 生态学杂志，2022，41（11）：2226 - 2235.

[133] 张学良，周加来. 安徽省城市现代化水平的综合评价 [J]. 财贸研究，2009，20（1）：22 - 27.

[134] 张岩. 长三角城市化、金融发展和劳动效率耦合关系的时空演进 [D]. 青岛：青岛大学，2020.

[135] 张永生. 基于生态文明推进中国绿色城镇化转型：中国环境与发展国际合作委员会专题政策研究报告 [J]. 中国人口·资源与环境，2020，30（10）：19 - 27.

[136] 张占斌. 新型城镇化的战略意义和改革难题 [J]. 国家行政学院学报，2013（1）：33 - 37.

[137] 赵晓囡，张兴林，张钰浩. 深入推进黄河流域城市群绿色发展的对策建议：以兰西城市群为例 [J]. 环境保护，2022，50（24）：

56 - 60.

[138] 甄江红, 杜淑芳. 内蒙古城市现代化水平综合评价与分析 [J]. 干旱区地理, 2008, 31 (1): 153 - 158.

[139] 中共西宁市委、西宁市人民政府. 关于统筹城乡经济社会发展一体化的实施意见 [Z]. 2009 - 06 - 02.

[140] 中共中央 国务院关于新时代推进西部大开发形成新格局的指导意见 [J]. 中华人民共和国国务院公报, 2020, (15): 6 - 14.

[141] 中国城市规划设计研究院. 青海省海东市核心区规划 (2013 ~ 2030) [R]. 2013. 9.

[142] 周亮, 车磊, 孙东琪. 中国城镇化与经济增长的耦合协调发展及影响因素 [J]. 经济地理, 2019, 39 (6): 97 - 107.

[143] 周南南, 张可. 我国绿色城镇化发展水平综合评价 [J]. 青岛科技大学学报 (社会科学版), 2021, 37 (1): 33 - 40.

[144] 祖婷钰. 长三角城市群协同创新的空间关联网络及其形成机制 [D]. 大连: 东北财经大学, 2022.

[145] ELHORST J P. Linear Spatial Dependence Models for Cross - Section Data [M]//Spatial Econometrics: From Cross - Sectional Data to Spatial Panels. Berlin, Heidelberg: Springer Berlin Heidelberg. 2014: 5 - 36.

[146] HUBER P J. Projection Pursuit [J]. The Annals of Statistics, 1985, 13 (2).